北大版对外汉语教材·商务汉语教程系列

中级商务汉语教程

（下）

主　编　王惠玲　黄锦章
编　委　（按姓氏笔画排序）
　　　　丁俊玲　王丽娜　卢惠惠　刘　焱
　　　　李劲荣　李春普　周　红　周　虹
　　　　姚　鹰　徐　巍　薛　侃

北京大学出版社
PEKING UNIVERSITY PRESS

图书在版编目(CIP)数据

中级商务汉语教程(下)/王惠玲,黄锦章主编.—北京:北京大学出版社,2007.6

(北大版对外汉语教材·商务汉语教程系列)

ISBN 978-7-301-12401-7

Ⅰ.中… Ⅱ.①王…②黄… Ⅲ.商务—汉语—对外汉语教学—高等学校—教材 Ⅳ.H195.4

中国版本图书馆CIP数据核字(2007)第083186号

书　　　名:中级商务汉语教程(下)
著作责任者:王惠玲　黄锦章　主编
责　任　编　辑:邓晓霞
标　准　书　号:ISBN 978-7-301-12401-7/H·1785
出　版　发　行:北京大学出版社
地　　　　　址:北京市海淀区成府路205号　100871
网　　　　　址:http://www.pup.cn
电　子　信　箱:zpup@pup.pku.edu.cn
电　　　　　话:邮购部 62752015　发行部 62750672　出版部 62754962　编辑部 62752028
印　　刷　　者:北京大学印刷厂
经　　销　　者:新华书店
　　　　　　　787毫米×1092毫米　16开本　17.5印张　446千字
　　　　　　　2007年6月第1版　2007年6月第1次印刷
印　　　　　数:0001～3000册
定　　　　　价:45.00元

未经许可,不得以任何方式复制或抄袭本书之部分或全部内容。
版权所有,侵权必究
举报电话:010-62752024　电子信箱:fd@pup.pku.edu.cn

目　录

前　言 …………………………………………………………………… (1)

第一单元

第1课　黄金周不一定要出门旅游 ………………………………… (3)
　　　语法漫谈　"的"字结构 …………………………………… (11)
　　　阅读材料　休假制需要科学规划　带薪灵活休假能否实现 … (17)
第2课　新年百姓投资理财前瞻 …………………………………… (22)
　　　语法漫谈　插入语 ………………………………………… (32)
　　　阅读材料　"纸黄金"亮相申城 …………………………… (37)
第3课　记者亲历短信信用卡诈骗 ………………………………… (42)
　　　语法漫谈　惯用语 ………………………………………… (50)
　　　阅读材料　信用卡消费　胡乱签名竟能刷 ……………… (56)

第二单元

第4课　网络广告增长,新闻网站再次走红 ……………………… (63)
　　　语法漫谈　句子的主干成分和附加成分 ………………… (71)
　　　阅读材料　专家调低广告市场预期　网络广告逆势增长 …… (76)
第5课　企业公关部门的7个主要职能 …………………………… (80)
　　　语法漫谈　"比"字句 ……………………………………… (89)
　　　阅读材料　索尼危机公关　被媒体拒绝启示了什么? …… (95)
第6课　招聘面试中如何进行有效的提问? ……………………… (99)
　　　语法漫谈　准词缀 ………………………………………… (106)
　　　阅读材料　网上求职应聘,各有各的妙招 ……………… (111)

第三单元

第 7 课　湖南卫视四轮驱动整合营销 …………………………………… (119)
　　　语法漫谈　定语和结构助词"的" …………………………… (129)
　　　阅读材料　IT 企业需要怎样的形象代言人 ………………… (135)
第 8 课　解读烟草走私 ………………………………………………… (139)
　　　语法漫谈　状语和结构助词"地" …………………………… (149)
　　　阅读材料　走私洋烟的危害 ………………………………… (156)
第 9 课　中国汽车产业知识产权诉讼案例分析 ……………………… (160)
　　　语法漫谈　补语和结构助词"得" …………………………… (168)
　　　阅读材料　案例两则 ………………………………………… (174)

第四单元

第 10 课　牛市、熊市及其市场特征 …………………………………… (181)
　　　语法漫谈　语言结构的层次性 ……………………………… (192)
　　　阅读材料　股票的价格 ……………………………………… (198)
第 11 课　跨国投资对母国产业结构的影响 …………………………… (202)
　　　语法漫谈　总起分说的表达方式 …………………………… (210)
　　　阅读材料　中国企业跨国投资出现新趋势 ………………… (215)
第 12 课　HR 部门如何应对跨文化整合 ……………………………… (218)
　　　语法漫谈　注释性成分的表达方式 ………………………… (227)
　　　阅读材料　解读企业文化 …………………………………… (232)

附录 1　部分练习参考答案 …………………………………………… (237)

附录 2　生词表 ………………………………………………………… (257)

前　　言

《商务汉语教程》系列教材是上海财经大学 211 重点学科建设项目之一，全套教材分初、中、高三个等级，每个等级分上下两册，共计 6 册。

该系列教材面向对外汉语专业（经贸方向）本科生。由于本科生课时有严格限制，同时，在预科阶段，学生已经在听说读写各方面受过严格训练，所以，本教程重点扩充学生的专业汉语知识。在编写原则上，把"听、说、读、写"融为一体，以阅读为主。在大量阅读的基础上组织专题讨论，以培养学生的高级会话能力，并可在此基础上进行议论文的写作训练。

本系列教材所涵盖的知识面较广，具体涉及以下 16 个功能区域：日常购物、家庭理财、银行存储、办公室事务、招聘与应聘、经营管理、市场营销、国际贸易、电子商务、商务谈判、文化产业、旅游、保险、证券、投资、诉讼等。使用本教材可按每周 4—6 节课，在一学期内完成，并可根据学生汉语水平酌情详简处理。

每篇课文分主课文和阅读课文两大块。主课文由生词、课文、注释、预习题、词汇例释、语法漫谈、综合练习六大部分构成。其中，"生词"和"词汇例释"的区别在于，"生词"是新出现的词语，只要求理解，不要求运用。"词汇例释"则是学生已经习得的词语，着重讲解其用法，要求学生不仅理解词语的意思，而且能够灵活运用。"注释"部分着重介绍有关商务方面的背景知识，一方面帮助学生理解课文，另一方面，可以扩大学生的知识面。"语法漫谈"与学生的"现代汉语"专业课程互补。"现代汉语"课程强调知识的系统性，而"语法漫谈"则着重于汉语语法中的疑难之处，作深入讲解。不求系统，但求实用。"综合练习"题型较丰富，客观题在命题方式上模拟 HSK 的试题，以满足学生考试需要。主观题有两种类型，一种结合课文内容，通过师生之间的问答互动，帮助学生进一步理解课文。另一种供主题讨论之用，要求学生在课文的基础上加以发挥，以培养学生的思辨能力和语言表达能力。

阅读课文与主课文在内容上属于同一商务功能域，具有扩大专业词汇量的功能。同时，可以帮助学生练习快速阅读。后面配备适量练习，可用以检测学生的阅读效果。主课文虽然要求精讲，但建议在预习阶段先让学生快速阅读，课文后面的"预习题"可用以检测学生快速阅读的效果。然后，再深入讲解，可以有事半功倍之效。

本系列教材的编写得到我校有关领导的大力支持，在此谨表示衷心的感谢。在成书过程中，北京大学出版社的沈浦娜和邓晓霞两位老师从编辑的角度，给我们提出了许多有价值的建议，也在此一并致谢。

教材中课文所用稿件来源于《人民日报》、《解放时报》、《市场报》、《中国经营报》、《经济参考报》、新华网、中国新闻网等新闻媒体。在此，谨对各稿件来源媒体及相关部门、撰稿者一并致谢。

编　者

2007 年 5 月

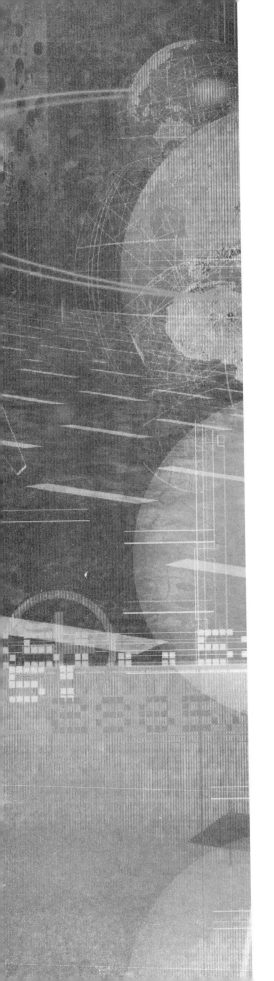

第一单元

第 1 课

黄金周不一定要出门旅游

生 词

1. 一望无际　yíwàng-wújì　（成）　一眼看不到边。
2. 脊背　jǐbèi　（名）　人或其他脊椎动物的背部。
3. 嘈杂　cáozá　（形）　声音杂乱扰人，也指喧闹。
4. 心有余悸　xīnyǒuyújì　（成）　指经历一场危险之后，想起还会心跳害怕。
5. 把控　bǎkòng　（动）　把握，控制，调节。
6. 斟酌　zhēnzhuó　（动）　反复考虑以后决定取舍的行为。
7. 心思　xīnsi　（名）　主意，想法。
8. 应对　yìngduì　（动）　课文中指采用某种方法来解决所面临的问题。
9. 紧缩　jǐnsuō　（形）　缩小，减少。课文中指市场上流通的钱币数量小于应该流通的数量。
10. 局面　júmiàn　（名）　原指在棋局上所下棋子的形势，后用以比喻事态、形势。
11. 感慨　gǎnkǎi　（动）　心灵受到某种感触或刺激而发出慨叹。

12.	闲适	xiánshì	（形）	清闲，安适。
13.	基于	jīyú	（介）	以……为基础，以……为依据。
14.	扎堆	zhāduī	（动）	许多人聚拢在一块。
15.	现实	xiànshí	（名、形）	客观存在的事物,合乎客观情况。
16.	配置	pèizhì	（动）	根据具体需要而对现有的人力、物力作出安排。
17.	生态	shēngtài	（名）	生物在一定的自然环境下生存和发展的状态，课文中指人的生活状态。
18.	劫难	jiénàn	（名）	原为佛教语，指人世间恶业所导致的灾难。后泛指灾难。
19.	关注	guānzhù	（动）	关心并重视。
20.	青睐	qīnglài	（动）	垂青，喜欢。
21.	惬意	qièyì	（形）	称心如意的状态。
22.	拍手称快 pāishǒu-chēngkuài		（成）	拍着手大喊痛快，形容人们对某事觉得非常满意，非常高兴。
23.	调整	tiáozhěng	（动）	重新调配整顿，使适应新的情况和要求。
24.	不约而同 bùyuē'értóng		（成）	指事先没有商量而彼此的言论或者行动却完全一致。
25.	元素	yuánsù	（名）	要素。

课　文

　　黄金周长假制度实行到2005年，似乎走到了"七年之痒"[1]的份儿上。回想黄金周期间那一望无际的脊背，嘈杂的人声，真令人心有余悸。于是，对黄金周表示不满的声音日渐多了起来。有喊取消的，有建议搞普遍带薪休假的，还有严肃声称黄金周存废应该根据国家整体利益进行宏观把控和斟酌的，等等。明年旅游的天气如何尚不明确，但可以确定

的是,国家旅游局目前还没有动"取消黄金周"的心思。

1999年9月,为了刺激消费以应对当时的通货紧缩² 局面,政府出台了新的法定休假制度,规定每年劳动节、国庆节和春节期间全国放长假。从此,黄金周掀起的旅游消费热成为人们经济生活的新亮点。然而今年国庆节前夕,北京市统计局社情民意调查中心的专项调查显示,78.1%的北京人表示黄金周不出游。

也许位居皇城根下的北京人还不足以说明问题。笔者一位朋友今年新到北京,国庆期间急急忙忙赶着上天安门,眼见着人山人海。除了被人推着走,就是喝矿泉水;喝饱了水,就急着排队入厕。事后,朋友大发感慨说,再不选黄金周游北京了,都要被挤成肉饼了。还不如坐在自家门口看炊烟,听鸡打鸣呢!³

笔者这位朋友要的只是一种闲适。黄金周的最初提出,更多的是立足于商家,而不是基于旅游者本身的需求。在大多数旅游胜地,满眼扎堆的人群能给自己带来闲适吗?旅游并不是看热闹。看来现实的黄金周旅游,并不是现代生活的一种补充和调剂,倒像是一个沉重的包袱。集体休假、集中消费带来的公共资源配置失衡、服务供求矛盾突出等问题,使得黄金周被戏称为生态、文化、金钱、体力四大劫难。

值得关注的是,黄金周至少从今年五一起,在国人的观念中,已不再像往日那样"金光灿灿"了。来自全国各地的报道显示,从今年五一黄金周开始,不仅传统的"快餐式"、"牧羊式"的旅游方式正被越来越多的自驾游、农家游、探险游、市内游等"个性化休闲旅游"所取代,而且,旅游也已经不再是国人度假的唯一选择。多样化和理性化的度假方式越来越多地受到人们的青睐,体育馆、健身房、图书馆、驾驶学校训练场地和各种短期培训班成为人们在黄金周的"度假胜地"。甚至看书、睡觉、散步、购物也以其轻松惬意而成为"不出门过节"的度假方式。国人度假方式的多样化在今年悄然出现,业界人士为之拍手称快。

中国旅游的发展,长期以来存在着重观光游、轻休闲游的老毛病。有业内专家说,需求决定市场,国人度假方式的多样化选择,不仅会促使中国的旅游结构向"休闲"调整,更重要的是,会使国人形成一种更为健康的生活方式,这对于消费市场的良性长远发展是大有益处的。

尽管"黄金周"初期,我们不约而同地选择了去旅游。然而在多元化、个性元素活跃的今天乃至未来,谁也没逼你一定要干这干那。在七天的长假里,睡个好觉又有什么不好呢?在乎的就是梦的香甜啊!

(来源:中国产经新闻,作者:严娟娟。引自人民网 http://finance.people.com.cn)

注 释

1. 七年之痒

"七年之痒"原指男女结婚七年时互相因为审美疲劳以及新鲜感消失而产生的厌倦感和危机感,也用来比喻再美好的东西也有受到冷落的一天。这里指黄金周刚开始时大家抱着一种新鲜的态度来对待它,可随着时间的流逝,也逐渐没有了刚开始的热情。

2. 通货紧缩

"通货紧缩"指市面上流通的钱币数量少于市场商品流通需要的数量。通货紧缩发生时,一般的表现是大众购买力下降,商品库存较多卖不出去。

3. 事后朋友掰着指头大发感慨说,再不选黄金周来北京了,都要被挤成肉饼了。还不如坐在自家门口看炊烟,听鸡打鸣呢!

"掰着指头"指说话时刻意细数,强调其所说的话。"肉饼"形容人多,拥挤不堪。"看炊烟,听鸡打鸣"并不是说真的看炊烟听鸡打鸣,而是用来形容一种像乡村一般安适宁静的生活状态。

预习题

一、根据课文内容,给下面的每一道题选择正确的答案。

1. 1999年,政府制定黄金周的主要原因是什么?(　　)

　　A. 让消费者过一个闲适的长假

　　B. 刺激消费,拉动国内需求以应对通货紧缩

　　C. 规定两个法定的节假日

　　D. 调节现代社会快节奏的生活

2. 目前,消费者对黄金周不满的原因主要是什么?(　　)

　　A. 假期太短,不能玩得痛快尽兴

　　B. 假期太长,导致节后不能快速适应繁重的工作

C. 黄金周集中消费带来了很多麻烦和矛盾,假日并不轻松
D. 黄金周花费太多,消费者承受不了
3. 最初提出规定假日黄金周是基于谁的利益?(　　)
A. 百姓　　　　　　　　　　B. 旅游者
C. 商家　　　　　　　　　　D. 政府
4. 如今哪种过节方式最被国人嫌恶?(　　)
A. 个性化休闲旅游　　　　　B. 快餐式旅游
C. 去商场购物　　　　　　　D. 去健身房锻炼
5. 中国的旅游结构正向休闲调整,是什么原因促使了这一转变?(　　)
A. 政府出台的新政策　　　　B. 旅游业的自主革新
C. 旅游市场的现实需求　　　D. 随世界潮流而动

二、根据课文内容,判断下面句子的正误。
1. 目前人们对黄金周越来越不满意,因为黄金周并没有给他们带来舒适和安逸。(　　)
2. 作者对黄金周旅游的态度是极为赞成的。(　　)
3. 如今个性化休闲方式正在取代传统的旅游方式,越来越多地受到人们的喜爱。(　　)
4. 黄金周的集体放假、集中消费造成了公共资源配置不平衡。(　　)
5. 现实的黄金周旅游是现代生活的一种补充和调剂。(　　)
6. 中国的旅游结构正向"休闲"调整,这反映了需求决定市场这一真理。
(　　)

三、根据课文内容,问答下面的问题。
1. 黄金周为什么不一定要出门旅游?结合课文谈谈自己的看法。
2. 中国旅游业的出路在哪里?结合课文谈谈自己的看法。

词汇例释

一、嘈杂

形容词。指声音杂乱扰人;喧闹。例如:

周围的嘈杂声让他无法安心学习。

菜市场上一片嘈杂,人声鼎沸。

与"喧闹"是同义词。

二、声称

动词。表示公开对外宣称。例如:

搜狐执行总裁张朝阳声称已亲自兼任总编辑。

记者接到恐吓电话,声称等李宇春来到重庆时,要制造混乱让她难堪。

三、心思

名词。

(1)主意、智慧、想法。例如:

他挖空心思地想办法也没想出来。

你的心思我已猜出来了。

(2)愿望,想做某事的心境。例如:

眼下他可没心思去看电影。

我有心思去爬山,可没人和我一起去。

四、人山人海

成语。形容汇聚的人非常多。例如:

庙会的那一天,山脚下人山人海,密密实实的都是人。

今年的招聘会盛况空前,可以用"人山人海"来形容了。

五、立足(于)

动词。从某种立场出发或把某事物的利益放在第一位。常和介词"于"一起用。例如:

我们必须立足于市场本身,才能在竞争中生存。

新政策的出台是立足于广大消费者的。

六、现实

1. 名词。客观存在的事物。例如:

网络是现实的一种虚拟形式。

虽然现实很残酷,可你无法改变它。

2. 形容词。符合客观情况的。例如:

这部电影有着很深刻的现实意义。

这个计划很现实,一定可以实现。

七、取代

及物动词。在某个领域或位置上,排除原有的人或物,由新的人或物来占据这个领域或位置。例如:

据报道,俄罗斯将取代美国,成为世界第一武器出口大国。

近几年,彩电迅速取代了黑白电视机,成为家庭必备生活用品。

八、青睐

及物动词。表示器重、赏识、喜欢。一般用于上对下、女性对男性以及消费者、客户对所接受的商品、服务或商品、服务的提供者等关系。例如:

外商特别青睐徐家汇一带的楼盘。

小张工作很勤奋,老板对他特别青睐。

这款新型手机一上市就得到广大消费者的青睐,销量直线上升。

帅小伙当然更容易受到女性的青睐。

九、悄然

形容词。

(1) 形容忧愁的样子。例如:

每次伤心时,她只是悄然落泪。

(2) 形容寂静无声。例如:

这个家电公司悄然完成了重大战略调整。

据可靠消息透露,新一轮的国家调控已悄然来临。

十、调整

及物动词。表示重新调配整顿,为适应新的情况和要求加以改变。例如:

为了迎接五一黄金周,好多商场都调整了价格。

夏天到了,我想调整一下作息时间表。

十一、逼

及物动词。施加压力迫使某人干某事,强迫。例如:

几名歹徒逼着他交出身上所有的财物。

时间逼人,得赶紧采取一定的措施来应对这复杂的局面。

十二、关注

及物动词。表示关心重视。比"注意"的程度高一点。书面语。例如:

我国政府密切关注这一地区事态的发展。

当地公安局对这件事情表示严重关注。

辨析："关注"、"注意"与"关心"

"注意"。及物动词。把意志放在某一方面。使用范围广，一般用语。例如：

他的异常举动引起了警察的注意。

注意不要闯红灯！

"关心"。及物动词。关怀、挂念。例如：

妈妈很关心我的健康问题。

这位气象学家很关心气候的变化。

十三、前夕

名词。前一天晚上。用于名词或短语的后面，不能单独使用。例如：

国庆节前夕，公司通知他节日期间得加班三天。

春节前夕，政府出台了一系列政策以确保广大人民过个愉快又安全的春节。

辨析："前夕"与"以前"

"以前"。指时间上某点、某个转折或某个事件之前。一般用语。可用于名词或短语的后面，也可单独使用。例如：

新产品上市以前必须要做好市场调查。

我以前来过这里。

前夕还有比喻的用法，比喻事情即将发生的时刻。例如：

现在已经到了大决战的前夕。

股市面临崩溃前夕。

十四、掀起

及物动词。比较急剧地、大规模地兴起。例如：

韩国电视剧在中国掀起了一股收视热潮。

这家电器公司率先掀起了降价风。

辨析："掀起"与"引起"

"掀起"往往是一种有意识的行为，而"引起"则表示客观的因果关系，不一定是有意识的。此外，"掀起"所引发的结果范围广，程度高。"引起"所表示的

结果在范围与程度上没有限制。例如:

他出色的表现引起了不少人的嫉妒。

骑车人的反常行为引起了警察的注意。

十五、促使

动词。表示推动某物或某事使达到一定目的。例如:

我们应该促使企业自身成为技术创新主体。

国有企业的困境促使政府采取了一系列补救措施。

辨析:"促使"与"促进"

"促进"表示推动使之进一步向前发展,后面的宾语通常是一个定心结构,中心语是一个双音节或多音节的动词,定语和中心语之间有逻辑上的主谓关系。"促使"则不同,要求后面加上名词和动词,形成兼语结构。例如:

新的对外政策将有利于促进两国关系的正常化。

新的对外政策将促使两国关系向正常化方向发展。

"的"字结构

1. "的"字结构的构成方式

名词、代词、动词、形容词等各种实词以及主谓、动宾、偏正等各种词组后面加上结构助词"的",可以构成"的"字结构。"的"字结构是名词性短语。

由各种名词性成分(词或词组)加上"的"构成的"的"字结构,语法功能不变,依然是名词性的,但意义发生了变化,例如:

中国→中国的 小刘→小刘的 自己→自己的 你们→你们的

各种谓词性成分(词或词组)转变为"的"字结构以后,不仅意义发生变化,其语法功能也发生变化,由谓词性成分转变为名词性成分,例如:

吃→吃的 大→大的 你看→你看的 唱歌→唱歌的 最好→最好的

2. "的"字结构的指称对象

有些"的"字结构,指称对象已经约定俗成,离开上下文也能明白它的意思。例如,"卖菜的"指"卖菜的人","教书的"指"从事教学工作的人"(即教师)。用"的"字结构指称从事某一工作的人,口语色彩很强。如果用来指称自己,表示自谦。指称他人,则带有比较随意、不够尊重甚至轻视的意味。

大部分"的"字结构的指称对象比较灵活,需要结合特定的语境才能确定。例如:

① 苹果他挑了一个大的。("大的"指"大的苹果")

② 这双鞋太小,那双大的给我试试。("大的"指"大的鞋子")

有些"的"字结构的指称对象比较抽象,比较模糊,很难用明确的词语来表达,例如:

③ 笔者这位朋友要的只是一种闲适。

这句话里面,"要的"究竟是指某种心情还是某种环境或某种生活方式,很难确定。

3. "……的是……"强调句式

"的"字结构和判断动词"是"结合,可以表示强调。在这类句式中,"……的"是句子的主语,判断动词"是"是谓语动词,"是"后面的部分是宾语,也是整个句子中受到强调的部分。谓语动词"是"前面可以加上"就"、"只"等副词,以增强语气。

比较常见的是动宾词组分裂,形成"……的是……"句,例如:

④ a. 可以确定,国家旅游局目前还没有动"取消黄金周"的心思。

　　b. 可以确定的是,国家旅游局目前还没有动"取消黄金周"的心思。

⑤ a. 在乎梦的香甜。

　　b. 在乎的就是梦的香甜啊!

此外,主谓词组分裂并易位,也可以形成"……的是……"强调句式,例如:

⑥ a. 做买卖,<u>诚信最重要</u>。

　　b. 做买卖,<u>最重要的是诚信</u>。

综 合 练 习

一、用正确的语调朗读下列句子。

1. 黄金周长假制度实行到 2005 年,似乎走到了"七年之痒"的份儿上。

2. 有喊取消的,有建议搞普遍带薪休假的,还有严肃声称黄金周存废应该根据国家整体利益进行宏观把控和斟酌的,等等。

3. 事后,朋友大发感慨说,再不选黄金周游北京了,都要被挤成肉饼了。

还不如坐在自家门口看炊烟,听鸡打鸣呢!

4. 黄金周的最初提出,更多的是立足于商家,而不是基于旅游者本身的需求。

5. 集体休假、集中消费带来的公共资源配置失衡、服务供求矛盾突出等问题,使得黄金周被戏称为生态、文化、金钱、体力四大劫难。

6. 多样化和理性化的度假方式越来越多地受到人们的青睐,体育馆、健身房、图书馆、驾驶学校训练场地和各种短期培训班成为人们在黄金周的"度假胜地"。

7. 国人度假方式的多样化选择,不仅会促使中国的旅游结构向"休闲"调整,更重要的是会使国人形成一种更为健康的生活方式,这对于消费市场的良性长远发展是大有益处的。

8. 在七天的长假里,睡个好觉又有什么不好呢?在乎的就是梦的香甜啊!

二、给下列词语选择正确的解释。

1. 一望无际（　　）　　A. 垂青,喜欢。
2. 人山人海（　　）　　B. 心灵受到某种感触或刺激而发出慨叹。
3. 不约而同（　　）　　C. 由新的人或物来占据这个领域或位置。
4. 立足（　　）　　　　D. 处于某种立场,以某人或某事为出发点。
5. 嘈杂（　　）　　　　E. 形容人非常多。
6. 斟酌（　　）　　　　F. 想法,主意。
7. 心思（　　）　　　　G. 声音杂乱扰人,喧闹。
8. 感慨（　　）　　　　H. 寂静地,不声张地。
9. 取代（　　）　　　　I. 重新调配整顿,使适应新的情况和要求。
10. 青睐（　　）　　　J. 事先没有商量而彼此行动相同。
11. 调整（　　）　　　K. 反复考虑以后决定取舍。
12. 悄然（　　）　　　L. 一眼看不到边,形容很大很广阔。

三、从所给的词语中,选出最合适的填入句中的括号里。

| 声称　心思　一望无际　立足于　现实　取代　嘈杂 |
| 青睐　斟酌　人山人海　感慨　不约而同　悄然 |

1. 回到多年未归的故乡,这位老人不禁（　　）道:"真是翻天覆地的变化啊!"

2. 在（　　）的大草原上，生活着勤劳善良的游牧民族。

3. 他动了去国外旅游的（　　），可在母亲的反对下，还是留在家里看书了。

4. 这家伙（　　）自己是华人，可他金发碧眼的，怎么看也不像。

5. 当老师问到谁愿意去医院帮生病的小明同学补课时，我们都（　　）地举起了手。

6. 人民政府作任何决定都是（　　）人民大众的利益。

7. 我真佩服你，这么（　　）的地方也看得进书。

8. 他才华横溢又风度翩翩，自然是赢得了不少姑娘的（　　）。

9. 此事不能仓促，我们还是仔细（　　）一番再作决定吧。

10. 元宵节的晚上，广场上到处都是来看花灯的市民，真可以用（　　）四个字来形容。

11. 把受伤的小朋友送到医院后，这位见义勇为的出租车司机（　　）离去，没有留下任何姓名或联系方式。

12. 新来的小张仗着自己是领导的亲戚，一心想（　　）老张成为办公室的新主任。

13. 书上描写的母亲大都和蔼、慈祥、善良，可（　　）中的母亲并非个个如此。

四、下面几组词语意义或用法相近，很容易混淆，请把它们区别开来。

1. 前夕 / 以前

   A. 圣诞节（　　），这个可怜的小乞丐还是没有要到任何果腹的食物，喜庆的日子不属于他。

   B. 睡觉（　　）喝杯奶可以提高睡眠质量。

   C. 二十年（　　）他还只是个青涩的毛头小伙子，如今已经是叱咤一方的人物了。

   D. 我们现在正处于理论上巨大发展的（　　），千万不能松劲。

2. 掀起 / 引起

   A. 好友一席话在我心头（　　）了巨大的波浪，令我久久不能平静。

   B. 为了避免（　　）误会，小方这几天一直不肯和我说话。

   C. 这家伙鬼鬼祟祟地溜进储藏室，（　　）了传达室大爷的怀疑。

   D. 大金舍己救人的感人故事在这个小城市里（　　）了新一轮向英雄人物学习的热潮。

3. 促使 / 促进
   A. 多多赚钱的动机（　　）他愿意担负这项吃力又不讨好的工作。
   B. 按摩可以（　　）血液循环,对身体大有好处。
   C. 为了（　　）两国关系正常化,周总理付出了常人难以想象的努力。
   D. 远处那微黄的灯光（　　）我加快了回家的脚步。

4. 关注 / 注意 / 关心
   A. 红灯已经亮了,可他没（　　）到,仍然往前走。
   B. 他对这件事表现出的异乎寻常的（　　）引起了人们的怀疑。
   C. 身为外交人员你要时刻（　　）自己的言行举止。
   D. 我国政府对这一地区事态发展表示密切的（　　）。
   E. 几乎所有的商家都在（　　）这个商标侵权案的进展。
   F. 妈妈很（　　）我的身体健康,她时刻提醒我加衣穿衣。

五、用所给词语改写下列句子。
   1. 每个国家的外交政策都是以自己国家的利益为前提的。（立足于）
   2. 这件事太重要了,我得考虑一番再给你答复。（斟酌）
   3. 春节黄金周快到了,各大旅行社仿佛商量好了似的,齐刷刷地推出了许多新的旅游线路。（不约而同）
   4. 带着泥土气息的清风拂过一眼看不边的麦田。（一望无际）
   5. 这个地方太喧闹了,根本不适合晨练。（嘈杂）
   6. 这个新产品推向市场后,得到了广大消费者的喜欢。（青睐）

六、指出画线的词语在句子中的意思。
   1. 经过再三<u>斟酌</u>,我决定公开这个不为人知的秘密。（　　）
      A. 倒酒　　　　　　　　B. 喝酒
      C. 考虑　　　　　　　　D. 处理
   2. 工作时间不允许<u>扎堆</u>聊天。（　　）
      A. 一大群人　　　　　　B. 很多人聚拢在一起
      C. 使生根固定　　　　　D. 把东西堆放在一起
   3. 检察院终于把这个贪官法办了,众人无不<u>拍手称快</u>。（　　）
      A. 拍着手说好快啊　　　B. 拍拍手就不见了
      C. 拍着手叫好　　　　　D. 鼓掌欢迎

4. 虽然继母待她极好,可她还是动了离家出走的<u>心思</u>。(　　)
   A. 愿望　　　　　　　　　B. 思想
   C. 想法　　　　　　　　　D. 心事

七、用正确的语序把所给的词语排列成句子,并加上适当的标点符号。

1. 旅游　我们　四川　选择了　不约而同地　去
2. 出台了　相关　新的　政策　政府
3. 调剂　生活　的　旅游　是　一种　补充　和
4. 度假　越来越　方式　国人　多元化　的
5. 受到　新产品　青睐　的　消费者
6. 掀起的　亮点　消费热　成为　黄金周
7. 他　表现　引起了　出色的　嫉妒　不少人的
8. 要　新产品　以前　必须　市场调查　上市　做好

八、把所给的句子改编成"……的是……"强调句,然后,比较一下,改变后的句子在意义和用法上有哪些变化。

1. 昨天,他买了一本汉语语法教材。
2. 我这次坐火车去北京。
3. 这种款式的裙子今年夏天最流行。
4. 上学期数学考试他得了全班最高分。
5. 她特别喜欢跟朋友们一起聊天。
6. 对于每个人来说,健康最重要。

九、造句。

1. 基于——
2. 应对——
3. 关注——
4. 不约而同——
5. 青睐——
6. 拍手称快——

十、社会实践。

把学生按国别或所在城市分组,请各组学生收集本国(或本市)旅游旺季的相关资料。然后,每组选派一位同学作代表,向全班同学介绍本国(或本市)旅游的发展情况、本国(或本市)人们的假日活动等情况,并回答大家的问题。代表介绍时,本组同学可以在一旁协助。

休假制需要科学规划　带薪灵活休假能否实现

 生　词

1.	规划　guīhuà	(名)	计划,尤指比较全面的长远的发展计划。
2.	反思　fǎnsī	(动)	回头、反过来思考,也有反省的意思。
3.	炙手可热 zhìshǒukěrè	(成)	手一挨近就感到热,比喻气焰盛,权势大。
4.	门庭冷落 méntínglěngluò	(成)	形容宾客很少,家里很安静或社会交往很少,课文中是无人问津的意思。
5.	时尚　shíshàng	(名)	当时的风尚;一时的习尚,比较流行的事物。
6.	稳定　wěndìng	(形)	不容易发生变化的意思。
7.	收益　shōuyì	(名)	指营业收入。
8.	境地　jìngdì	(名)	所遭遇的情况。
9.	衡量　héngliáng	(动)	考虑并斟酌事物的轻重得失。
10.	丰富多彩 fēngfù-duōcǎi	(成)	形容种类、花色繁多。
11.	无暇　wúxiá	(动)	没有空闲时间。
12.	疗养　liáoyǎng	(动)	治疗、休养以恢复健康或体力。
13.	结合　jiéhé	(动)	彼此紧密联系,合为一体。
14.	放松　fàngsōng	(动)	控制或注意力由紧变松而松弛、松懈或轻松。

课 文

放眼望去,动物园里最多的不是动物而是人,这是国庆期间逛北京动物园的游客们的最大感受。七天长假下来,许多人不但没有休息好,反而感觉"比平时还累"。有关专家学者认为,应该反思一下国庆长假,建立更科学的休假制度。

根据最近完成的对北京、上海、广州等十大城市的调查,在"集中休假"和"自由灵活的带薪休假"两种方式中,选择后者的人要多出一半。由零点调查公司提供的数据表明,"单位每年给职工10到15天的带薪休假,但具体在什么时候用,由职工自己与单位商量决定"的休假方式有44%的人喜欢,"假期集中休假"的方式只受到三成人的喜欢。而在20到39岁的年轻人当中,对"自由灵活假期"的喜爱度更是超过一半。

接受调查的3000多位市民普遍认为,集中休假问题不少。问题一:"集中休假"方式不利于资源的合理有效配置,短期内各种旅游、交通、食宿资源炙手可热,而在更长一段时间内则门庭冷落。问题二:集中长假期内,由于接待人数过多,各个旅游景点的服务质量普遍有所下降。问题三:集中假期外出旅游的"时尚",不利于旅游业的长期稳定发展。问题四:集中休假有可能加剧部分企业管理者和职员的矛盾,每年的5月和10月是许多企业的销售旺季,集中休假的代价之一就是会影响企业收益,这也使许多经营者陷入两难境地。

"科学休假是衡量社会进步程度的尺度之一"。专家认为,休假绝不只是旅游,而是更好地调整自我,"做一些平时想做而没时间做的事情",亟待推出丰富多彩的带薪休假方式。对于科研人员以及其他与学术研究有关的人员,应该把学术交流和假期结合起来,休"学术假";对于外企员工、公务员,平时工作繁忙,无暇充电[1],可以将假期和学习结合起来,休"充电假";对于中老年人,可以把假期和疗养锻炼结合起来,休"健康假";其他人既可以利用假期旅游,也可以借机放松自己,休一个"休闲假"。

(来源:北京晚报,作者:王学锋。引自CCTV新闻频道http://www.cctv.com)

注 释

1. 充电

"充电"原意是让直流电从放电相反的方向通过,以使(蓄电池)中活性物质恢复作用。这里的"充电"指的是成年人参加工作以后,利用业余时间继续学习,以提高自己的能力。

思考和练习

一、根据课文内容,给下列各题选择正确的答案。

1. 调查表明,更多的人喜欢的度假方式是什么?(　　)

   A. 集中休假

   B. 自由灵活的带薪休假

   C. 假期集中放假

   D. 逛动物园

2. 下列选项中,哪个不是集中休假带来的问题?(　　)

   A. 资源得不到合理有效的配置

   B. 旅游景点服务质量下降

   C. 加剧部分企业管理者和职员之间的矛盾

   D. 引发一系列阶级矛盾

3. 老李今年56岁,是某公司的职员,平时身体不太好。下面最适合他的休假方式是哪种?(　　)

   A. 学术假　　　　　　　　B. 充电假

   C. 健康假　　　　　　　　D. 休闲假

4. 在这篇文章中,作者对休假的态度是什么?(　　)

   A. 带薪休假不利于企业管理,应予以抵制

   B. 自由灵活的带薪休假虽好,但不可能实现

   C. 休假应该根据个人的不同情况作不同的选择

   D. 科学休假指的就是学术假

二、根据课文内容,判断下列句子的正误。

   1. 动物园里人比动物多的原因是中国人口数量太大。(　　)

2. 集中休假虽然引发了一系列矛盾,可还是有超过一半的人喜欢这种休假方式。(　　)

3. 集中休假导致了旅游资源得不到合理有效的配置。(　　)

4. 休假就是指旅游,出门去看山看水看风景,放松自己。(　　)

5. 科研人员就应该休"学术假",不能休"休闲假"。(　　)

三、下面几组词语意义或用法相近,很容易混淆,请把它们区别开来。

1. 收益 / 收入 / 收获

　　A. 大张是个很睿智的人,和他谈话总有不少(　　)。

　　B. 这小店最近(　　)不太好,很早就关门打烊了。

　　C. 在这个(　　)水平普遍偏低的小城市里,你的工资已经很不错了。

　　D. 秋天是个(　　)的季节。

　　E. 销售量每增加一个单位,总(　　)就会发生变化。

　　F. 改革开放以来,国人的人均(　　)提高了很多。

2. 疗养 / 治疗 / 休养

　　A. 我国拥有丰富的自然(　　)资源,如矿泉、海滨、湖泊、名山、森林等等。

　　B. 大病一场之后,他只得放弃了工作呆在家里(　　)。

　　C. 在医生们精心的(　　)之下,他很快恢复了健康

　　D. 这种(　　)糖尿病的特效方法挽救了无数病人的生命。

　　E. 这座度假山庄是个(　　)胜地。

　　F. 足够时间的(　　)对一个病人恢复健康是很重要的。

3. 衡量 / 比较

　　A. 幸福感不是用金钱来(　　)的。

　　B. 购买数码产品时最好(　　)一下各个商场的价格再作决定。

　　C. 经过仔细的(　　),我觉得逛商场比出去旅游更能放松自己。

　　D. 最有效的(　　)客户价值的方法之一就是沟通。

4. 组合 / 结合

　　A. 中医和西医(　　)起来会有更好的治疗效果。

　　B. 词语和句子的随便(　　)不能产生一篇好文章。

　　C. 学习理论知识还是要(　　)实际,不能纸上谈兵。

　　D. 这本集子是由诗歌、散文和短篇小说三部分(　　)而成的。

四、根据课文内容,回答下面的问题。

1. 为什么越来越多的人对自由灵活的带薪休假感兴趣?

2. 集中休假的弊端主要表现在哪几个方面?

3. 举例说明怎么样才是科学休假?

第 2 课

新年百姓投资理财前瞻

一 生 词

1. 前瞻	qiánzhān	（动）	向前边远处看。
2. 出风头	chū fēngtou		表现自己，得意地显示自己。
3. 甜头	tiántou	（名）	比喻好处或利益。
4. 焦点	jiāodiǎn	（名）	问题的关键或争论、注意力的集中点。
5. 挂钩	guàgōu	（动）	两者之间建立联系。
6. 行情	hángqíng	（名）	指市面上商品的一般价格。也指金融市场上利率、汇率、证券价格等的一般情况。
7. 偃旗息鼓	yǎnqí-xīgǔ	（成）	比喻停止做某事。
8. 勘探	kāntàn	（动）	寻找有开采价值的矿床。
9. 供给	gōngjǐ	（动）	提供生产或生活所需要的物质、设备或资金等。
10. 航天	hángtiān	（名）	指人造卫星、宇宙飞船等在地球附近空间或太阳系空间飞行。
11. 晦涩	huìsè	（形）	文辞等不流畅、不易懂。
12. 启用	qǐyòng	（动）	开始使用。

13. 敏感	mǐngǎn	（形）	对外界事物反应很快。
14. 压缩	yāsuō	（动）	加上压力，使体积缩小。
15. 定位	dìngwèi	（动）	把事物放在适当的地位并作出某种评价。
16. 依托	yītuō	（动）	依靠；凭借。
17. 低廉	dīlián	（形）	便宜。
18. 取而代之	qǔ'érdàizhī	（成）	指一事物取代另一事物。
19. 稳健	wěnjiàn	（形）	稳重；不轻举妄动。
20. 指数	zhǐshù	（名）	数值的比数，表明某一经济现象变动的程度。
21. 缓解	huǎnjiě	（动）	剧烈、紧张的程度有所减轻；缓和。
22. 延续	yánxù	（动）	照原来的样子继续下去。
23. 规模	guīmó	（名）	事业、机构等所具有的格局、形式或范围。

课　文

2005年，外汇理财产品大出风头，债券市场红红火火，投资黄金也让不少市民尝到甜头。2006年，众多理财产品仍将是市民关注的焦点。

银行理财产品多

虽然根据银监会的新规定，银行销售的理财产品门槛大幅提高。人民币理财产品的起点金额在5万元以上，外币理财产品起点金额在5000美元以上。[1] 但人民币理财产品和外币理财产品市场，仍是中外银行的必争之地。

外汇理财产品新品频出，给市民很大的选择余地。目前，各家银行推出的外汇理财产品收益率的计算方式很多。有的与汇率挂钩，有的与利率挂钩，有的与金价挂钩，有的与股市或债市行情挂钩。

去年，人民币理财产品曾一度"偃旗息鼓"。有业内人士预测，随着政策的逐渐放开，将有更多的外资银行加入到人民币理财产品的市场中。

黄金涨价风头劲

虽然黄金的身价在过去的一年中已经蹿高了不少,但业内普遍认为它还有很大的上升空间。经过几年的发展,市民投资黄金已有"贺岁金条"、"高赛尔金条"等投资型金条和"纸黄金"等多个选择。2

业内人士分析,前几年因为金价比较低,全球金矿的勘探和投资大幅减少,造成现在全球黄金产量下滑,短期内供给也很难有大的增长。而随着首饰市场对黄金需求的迅速增长,以及黄金在手机、手提电脑、航天飞船等工业领域的广泛应用,黄金的供给速度已逐渐跟不上需求增长的脚步。在这个大背景之下,国际市场黄金身价的上涨似乎就在情理之中。

买保险看清合同

虽然在保监会的要求下,已经有越来越多的"晦涩保单"变成了"通俗保单",但如果不留意,市民仍然可能忽略一些比较重要的保险条款3。所以,买保险时一定要看清合同条款。

从今年开始,新的人寿保险业生命表开始启用。对此,业内人士指出,整体而言,以定期寿险为代表的保障类产品价格可能下降。但对于保险公司认为死亡风险较高的人群,价格反而可能上涨。而对死亡率不敏感的储蓄类产品,价格的变化可能很小。以终身年金为代表的年金类产品可能涨价,但市场竞争的压力将压缩涨价的空间。

基金繁多要慎选

曾在2004年出尽风头的货币市场基金,收益率在去年终于从4%以上逐步回落至2%左右,重归其作为"现金蓄水池"的角色定位。投资者在今年可以继续依托其交易快捷、成本低廉的优势,将其作为投资其他类型基金品种的"中转站"4。

但在收益率和安全性方面,投资者则可以更多地考虑以新近诞生的短债基金取而代之。由于短债基金的投资领域更加广泛,因此有望获得比货币市场基金更高的收益率。对稳健型投资者而言,投资于那些中长期收益稳定并且能够慷慨分红的债券基金依然是理想选择。

债券牛市难复制

2005年,交易所国债指数出现罕见的长线牛市5。不过业内人士达成共识称:"过剩的流动性将会在2006年得到缓解,债券市场的牛市很难再延续。"

申银万国研究所预计,2006年的财政部国债规模将达到8000亿元以上,并将着重培育5年期和7年期品种。另外,以中长期为主的企业债也被众多业内人士所广泛看好,其发行规模的增大有助于改善我国债券市场中长期品种尚显不足的局面。

可见,虽然2006年的债市将不太可能继续单边上涨的行情,但投资价值和投资机会仍然值得关注和把握。

(来源:楚天金报,作者:佚名。引自湖北新闻网
http://www.hb.chinanews.com.cn)

注　释

1. 虽然根据银监会的新规定,银行销售的理财产品门槛大幅提高,人民币理财产品的起点金额在5万元以上,外币理财产品起点金额在5000美元以上。

"银监会"为"中国银行业监督管理委员会"的简称。是中国国务院直属的事业单位。"银监会"根据授权,统一监督管理银行、金融资产管理公司、信托投资公司以及其他存款类金融机构,维护银行业的合法、稳健运行。"银监会"自2003年4月28日起正式履行职责。

"门槛",文中用来比喻银行销售的理财产品所必须具备的条件和要求。为进一步规范国内个人理财市场,"银监会"颁布了两项重要规定——《商业银行个人理财业务管理暂行办法》和《商业银行个人理财业务风险管理指引》,并于2005年11月1日开始正式实施。其中,新理财产品的门槛被限定在人民币5万元以上、外币5000美元(或等值外币)以上。"银监会"此举旨在防范商业银行恶性竞争。"警示"各家银行要注意风险控制。因为单笔业务的金额越低,银行的成本就越高,最终将影响银行的服务能力和质量,损害客户的利益。

2. 经过几年的发展,市民投资黄金已有"贺岁金条"、"高赛尔金条"等投资型金条和"纸黄金"等多个选择。

"贺岁金条"是以中国的十二生肖为题材的金条,从2004年开始,由中国金币总公司在每年岁末年初发行。贺岁金条制造标准十分严格,并承诺回购保证变现,因此,很适合于投资和收藏。

"高赛尔金条"是由中国印钞造币总公司长城金银精炼厂制造,招商银行代理买卖的投资型金条。其交易价格以伦敦贵金属市场的黄金报价为基准,参考上海黄金交易所价格。由于该金条可以提供回购服务,因此具有较强的

投资性。

"纸黄金"就是个人记账式黄金,它的报价类似于外汇业务,即跟随国际黄金市场的波动情况进行报价,客户可以通过把握市场走势低买高抛,赚取差价。纸黄金作为一种黄金凭证,客户黄金账户上的黄金只能作买入卖出交易,不能提取黄金实物。

3. 虽然在保监会的要求下,已经有越来越多的"晦涩保单"变成了"通俗保单",但如果不留意,市民仍然可能忽略一些比较重要的保险条款。

"保监会"为中国保险监督管理委员会的简称,成立于1998年11月18日,是国务院直属事业单位。根据国务院授权履行行政管理职能,依照法律、法规统一监督管理全国保险市场,维护保险业的合法、稳健运行。

目前中国的保单条款基本上都是由国外的保单直接翻译而来,保单条文比较晦涩难懂,并使用大量专业术语,很容易因为理解不同产生保险纠纷。为此,保监会一直在做推进保单通俗化和标准化的工作,2004年5月,保监会颁布了《保险公司管理规定》,要求保险公司使用的保险条款和保险费率采用的语言应当通俗易懂,便于理解。2005年底,保监会发布《人身保险保单标准化工作指引(试行)》,就一年期以上的人身险合同的内容和格式进行了规定,以此提升保险行业整体服务水平,保护消费者利益。

4. 中转站

"中转站"本义是指中途转换交通运输工具的站点。文中意思是:因为货币市场基金交易快、成本低,投资者可以先投资货币市场基金,作为投资的中转过渡,然后再转为投资其他品种的基金,以获取更大的收益。

5. 2005年,交易所国债指数出现罕见的长线牛市。

短线、中线、长线的定义是以股票买入和卖出的时间长短来进行划分的。"牛市"指证券市场行情强劲有力。相反,"熊市"则是指证券市场疲软无力。

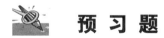

预 习 题

一、根据课文内容,给下列各题选择正确的答案。

1. 2005年,人民币理财产品(　　　)。

    A. 大出风头　　　　　　　　B. 品种丰富

    C. 收益率高　　　　　　　　D. 不太景气

2. 以下哪个不是与外汇理财产品收益率挂钩的计算方式?( )
   A. 汇率　　　　　　　　　B. 金价
   C. 销售量　　　　　　　　D. 股市行情
3. 哪类寿险产品价格的变化可能很小?( )
   A. 保障类　　　　　　　　B. 储蓄类
   C. 年金类　　　　　　　　D. 分红类
4. 货币市场基金有什么优势?( )
   A. 投资领域广泛　　　　　B. 交易方便迅速
   C. 安全性能较高　　　　　D. 收益最为稳定

二、根据课文内容,判断下列各题的正误。
   1. 比起2005年,2006年的理财市场不再吸引市民的眼光。( )
   2. 银监会规定,外资银行只能做外汇理财产品的业务。( )
   3. 国际市场黄金的价格短期内将难有大的增长空间。( )
   4. 保监会要求保险公司的保单做到通俗易懂。( )
   5. 货币市场基金的收益率一直呈上升趋势。( )
   6. 短债基金虽然收益率高,但风险性较高。( )
   7. 据分析,2006年,证券市场还将持续牛市的局面。( )
   8. 我国的债券市场一直以中长期品种为主。( )

三、根据课文内容,回答下面的问题。
   1. 文中谈到了哪几个方面的理财产品?
   2. 银行销售的理财产品都有什么门槛?
   3. 根据业内人士的分析,黄金价格的行情如何?为什么?
   4. 新的一年,人寿保险方面将会有什么变化?
   5. 如何理解货币基金是"现金蓄水池"和投资的"中转站"?
   6. 你有理财方面的经历吗?谈谈你的心得。

词汇例释

一、出风头
   习惯用语。意思是表现自己,得意地显示自己。例如:

近几年塑料包装在饮料行业大出风头,但金属罐在软饮料市场仍占据主导地位。

不少爱出风头、喜欢抛头露面的企业老板,往往个人的名声比企业名声还响亮。

"出风头"常在前边加上"大"或在中间加上"尽、足"等以表示程度。例如:

宝龙数码凭借其领先硬件技术在市场竞品中大出风头。

随着T628等让人为之疯狂的产品不断推出之后,索尼爱立信在业界可谓出尽了风头。

本次展会上,浙江企业共有上百家参展,出足了风头。

二、~率

名词后缀。指两个相关的数在一定条件下的比值。例如:

对于普通百姓来说,在选择理财产品的时候,不仅要关注收益率,更要关注手续费。

在澳大利亚,如果留学生的出勤率达不到80%,又无正当理由,则学生签证将被取消。

近两年,IT业的平均流动率高达25%,有的甚至超过40%。

三、反而

副词。表示产生了跟一般规律、情理、设想与相反情况更进一层的结果。一般用在后一个小句子里,在句中起转折作用。语气比较强烈。例如:

如果买房子负担太重,有了房子反而会丧失安全感。

在企业平均利润率下降的情况下,为什么投资反而增长得很快呢?

尽管一般贸易出口份额提高,但出口单价并未随之下降,反而出现小幅上升态势。

"反而"有时与"不但不/不但没/非但没"一起使用。例如:

消费者陷入了对促销的"审美疲劳"之中,不但不为促销所动,反而经常心生不满。

投资者总体上不但没盈利,反而损失十分严重。

春季房展过后,房价非但没降,反而大涨。

与"反而"意思相同的"反倒",则多用于口语。例如:

他说:"我在演艺圈内摸爬滚打了这么多年,反倒觉得自己越来越年轻了。"

四、广泛

形容词。指涉及的方面广、范围大;普遍。例如:

展会结束后,名流品牌设计机构受到了业界的广泛关注。

协会为行业谋利益的务实做法赢得了企业的广泛支持。

兴趣广泛的人会对很多职业产生浓厚兴趣。

辨析:"广泛"与"广大"

"广泛"指的是兴趣、内容、基础等方面涉及的范围大;普遍。"广大"也是形容词,是指范围、规模巨大,或人数众多,或面积、空间宽阔。例如:

南沙高尔夫球场在规模广大、环境优越、交通便利等各方面,都是出类拔萃的。

目前房地产产品结构不太合理,广大消费者急需的中低档次商品房供应不足。

西藏有很突出的优势,有广大的土地,有丰富的水利资源,有丰富的地上、地下资源。

五、~上

"动词+上",其中"上"是表示结果的补语。

1. 表示合拢,与"开"相反。例如:

他听着听着,就闭上眼睛睡着了。

2. 达到一定的目的或标准。例如:

他拼命地挣钱,经过几年的奋斗,开上了自己梦寐以求的车。

3. 表示存在或添加到某处。例如:

一看到有人出来,他立刻骑上车,飞也似的跑了。

4. 接近某人或某个事物。例如:

科学教育应不断丰富发展,努力跟上科学技术的迅猛发展。

5. 表示动作开始并继续下去,强调的是开始。例如:

会议还没有开,他们俩就开始聊上了。

六、整体而言

从整个事物的全部来说。"言"是"说"的意思。可以独立成句。有时前面用"就、从"等词。例如:

整体而言,海外上市对于内地企业和经济发展均有益处。

整体而言,物价涨幅小于成本增加,即使有涨价现象也不普遍。

就社会整体而言,休闲产业已是发达国家国民经济收入的重要来源。

七、作为

1. 名词。

(1) 所作所为;行动。例如:

评论一个人,不但要根据他的谈吐,而且更需要根据他的作为。

(2) 出成绩;可以做的事。常说"有所作为""大有作为"。例如:

大凡有所作为的人,都是勤奋的人。

随着人们对理财规划的需求日趋旺盛,财务规划师将大有作为。

2. 动词。

(1) 当做。常用于"把"字句或"被"字句。例如:

在北京市政府的计划中,二手房市场将被作为稳定住房价格的重要手段。

(2) 就人的某种身份或事物的某种性质来说。例如:

作为一种新兴的旅游方式,自驾车旅游已在国内旅游市场呈现出明显的升温势头。

作为一个人,他天生享有下列神圣而不可侵犯的基本权利。

八、延续

动词。

意思是照原来的样子继续下去;延长下去。例如:

在古运河边聚会,正切合了这一传统民俗,是传统民俗的延续和发展。

2006年的汽车市场将延续2005年的平稳增长态势,不会有什么"新的崛起"。

辨析:"延续"与"继续"

"继续"也是动词。是指活动、工作、发展、努力等连下去。与"延续"不同,"继续"的宾语常为动词词组。例如:

今年第一季度,该公司营业收入和盈利继续较大幅度增长。

公司的资产负债和现金流情况继续保持稳健。

九、稳定

形容词。

指形势、物价、质量、工作、情绪等稳固安定。例如:

我国2005年电子商务步入稳定增长期。

作为共同借款人的父母和子女均须具有稳定的职业和收入。

辨析:"稳定"与"固定"

"固定"表示资产、时间等不变动,不移动。跟"流动、变动"相对,而"稳定"与"动荡、波动"相对。例如:

新的贷款利率公布后,固定利率房贷优势凸现。

我是SOHO一族,每天不固定的时候整理一些资料就可。

比较知名的品牌一般在各自的领域都拥有自己的固定消费群。

十、被……所……

"被/为+名词+所+动词"这个格式表示被动,带有文言色彩,多在书面语里使用。动词不再带其他成分。而且,如果动词是双音节动词,"所"可以省略;如果动词是单音节动词,则"所"不能省略,例如:

我被他的执著和勇气所打动,接受了采访。("所"可以省略)

他为好奇心所驱使,跟着一群人走了进去。("所"可以省略)

因被风雨所阻,我们的行程延长了一个星期。("所"不能省略)

十一、值得

动词。

1. 价钱相当;合算。可带动词宾语。例如:

这款电子词典质量好,价钱也便宜,值得买。

2. 有好处;有价值;有意义。后一般跟动词或小句。例如:

丝宝是中国日化的源头企业,产品质量值得信赖和长期使用。

值得肯定的是,所有套餐内所涉及的短信都是不分网内、网外的。

"值得"可以受程度副词修饰,如"很值得""相当值得"等。"值得"的否定形式是"不值得"。例如:

说实话,为这种小事吵架我真的觉得很不值得。

我认为花几十元的票价看大片实在不值得。

十二、慷慨

形容词。

1. 充满正气,情绪激昂。例如:

会上代表们个个滔滔不绝,慷慨陈词。

这些慷慨激昂的语句振奋人心,将演讲比赛推向一个又一个高潮。

2. 不小气,不吝啬。例如:

在今年的爱心捐助活动中,海关全体工作人员纷纷慷慨解囊,奉献爱心。

色泽斑斓的高原湖泊,其间古木丛荫,流光飞瀑,是大自然最慷慨的赐予。

插 入 语

为了使句子严密化,补足句意,表明说话者对话语的态度,或引起听话者的注意,会插入一些词语,这些词语跟前后别的词语没有结构关系,但又是句意上所必需的成分,这就是插入语。

插入语主要有以下作用:

1. 插入语有表达语意的作用,可以表示说话人主观的想法或态度、对情况的推测、意想不到、引起对方的注意、消息的来源、举例补充说明、总括等。例如:

① 这件事,依我说,就算了吧。

② 看来现实的旅游,并不是现代生活的一种补充和调剂,倒像是一个沉重的包袱。

③ 谁想,刚搬来半个月,家里又遇到了一个更头疼的问题。

④ 值得注意的是,这一业务不进行黄金实物交割,这也是纸黄金业务和实物黄金业务的本质区别。

⑤ 据悉,实物黄金业务也在沪上银行的计划产品之列中。

⑥ 从国际上看,个人黄金投资是黄金市场的最重要组成部分。

⑦ 现在,世界上每小时就有五千个婴儿出生,也就是说,每天地球上就要多出十二万人。

⑧ 总的来说,这部电影从剧本到银幕是成功的。

2. 插入语具有篇章连接作用。例如:

⑨ 他为企业多赚了十万元,满以为自己会受到表扬。哪里想到,总经理听完他的汇报,生气地说:"王科长,咱们企业的信誉才值十万元,是不是太便宜了!"

⑩ 这个人的年纪,一眼望去,约莫在四十岁左右,若就性格来说,又似乎不到一半岁数。

例⑨插入语"哪里想到"将前后的句子连接了起来,若没有插入语,"他的想法"与"总经理的意见"不能很好地融合在一起。例⑩插入语是"一眼望去"和"若就性格来说",如果没有这两个插入语,句子的意思是在"这个人"的年纪方面没理由无关联地猜测,有了插入语,就把这两种猜测联系起来了,辨明了外形上的年龄和性格上的年龄的不同,言语的各个部分的语义连贯融合成一个相对完整的语篇。

综合练习

一、用正确的语调朗读下面的句子。

1. 2005 年,外汇理财产品大出风头,债券市场红红火火,投资黄金也让不少市民尝到甜头。

2. 有业内人士预测,随着政策的逐渐放开,将有更多的外资银行加入到人民币理财产品的市场中。

3. 虽然黄金的身价在过去的一年中已经蹿高了不少,但业内普遍认为它还有很大的上升空间。

4. 经过几年的发展,市民投资黄金已有"贺岁金条"、"高赛尔金条"等投资型金条和"纸黄金"等多个选择。

5. 随着首饰市场对黄金需求的迅速增长,以及黄金在手机、手提电脑、航天飞船等工业领域的广泛应用,黄金的供给已逐渐跟不上需求增长的脚步。

6. 投资者在今年可以继续依托其交易快捷、成本低廉的优势,将其作为投资其他类型基金品种的"中转站"。

7. 对于稳健型投资者而言,投资于那些中长期收益稳定并且能够慷慨分红的债券基金依然是理想选择。

8. 虽然 2006 年的债市将不太可能继续单边上涨的行情,但投资价值和投资机会仍然值得关注和把握。

二、给下列词语选择正确的解释。

1. 出风头(　　)　　A. 稳重;不轻举妄动。

2. 晦涩(　　)　　B. 问题的关键或争论、注意力的集中点。

3. 甜头（　　）　　C. 表现自己，得意地显示自己。

4. 低廉（　　）　　D. 文辞等不流畅、不易懂。

5. 焦点（　　）　　E. 指一事物取代另一事物。

6. 稳健（　　）　　F. 对外界事物反应很快。

7. 取而代之（　　）　G. 便宜；价值水准不高。

8. 敏感（　　）　　H. 比喻好处或利益。

9. 偃旗息鼓（　　）　I. 向前边远处看。

10. 前瞻（　　）　　J. 比喻停止做某事。

三、从所给的词语中，选出最合适的填入句中的括号里。

挂钩　依托　缓解　定位　规模　供给
诞生　勘探　压缩　启用　风险　慷慨

1. 随着经济型轿车利润空间的（　　），不少汽车厂家开始把业务重点转向中高级车。

2. 广交会是中国最大（　　）的对外贸易交易会，齐集了中国几乎所有对外出口的制造及出口企业。

3. 持卡人希望理财更轻松简单，更能（　　）自身财务压力和紧急性需求。

4. 后来证实，那是地质（　　）引发的震动，不是发生了地震。

5. 绩效工资制度的基本特征是将雇员的薪酬收入与个人业绩（　　）。

6. 在现场有不少热心人伸出了援助之手，（　　）解囊。

7. 业内人士预计，今年进口汽车（　　）数量有望增加，价格也将出现一定幅度下降。

8. 惠普将（　　）在消费市场已经取得的经验，以满足从高端商务到低端应用的不同用户群的需求。

9. 中国民生银行的成立标志着中国首家主要由民营企业参股的股份制商业银行正式（　　）。

10. 欧姆龙制定的十年长期经营构想中，已将中国（　　）于事业发展最重要的地区。

11. 飞涨的房价虽然能够带来房地产业的一时繁荣，但其背后却隐藏着巨大（　　）。

12. 1995年开始（　　）的珠海机场是全国第一个纯地方政府投资的机场。

四、下面几组词语意义或用法相近,很容易混淆,请把它们区别开来。

1. 广泛／广大

   A. 美奇国际儿童城自面市以来,就吸引了社会各界的(　　)关注。

   B. "技嘉主板"一直都以精良的做工和较好的性价比而受到(　　)消费者的喜爱。

   C. 诸如此类的"手机短信诈骗",已成为(　　)手机用户挥之不去的"梦魇"。

   D. 目前以商务出行预订为主的网站模式已经得到了市场的(　　)接受。

2. 延续／继续

   A. 去年3月出现并(　　)至今的手机短信诈骗,几乎覆盖了全国所有的省份。

   B. 厂商推出"美丽假期,快乐随行"的促销活动将(　　)至5月20日。

   C. 希望双方今后能够(　　)加强合作,共同抵制假冒伪劣产品。

   D. 我们将(　　)加大在研发方面的投入,不断为用户提供新的网络增值服务。

3. 稳定／固定

   A. 据统计,首季GDP增速高达10.2％,(　　)资产投资增长27.7％。

   B. 银行将确保节日期间网络畅通(　　),持卡人可放心使用。

   C. 中国已经建成了全球数一数二的大规模(　　)和移动网络。

   D. 目前深圳房价高,租金却相对比较(　　),租房无疑会比买房更合算。

五、指出画线的词语在句子中的意思。

1. 我要争取在本职岗位上有所作为。(　　)

   A. 开始工作　　B. 争取升迁　　C. 做出成绩　　D. 回报单位

2. 作为今年来最为成功的经典机型,V3在手机界可谓出尽了风头。(　　)

   A. 行动　　B. 当做　　C. 看做　　D. 就某种性质看

3. 一个好的企业会尽可能找到合适的人作为自己的董事,并发挥其积极作用。(　　)

   A. 当做　　B. 提拔　　C. 选举　　D. 推荐

4. 微软希望这套软件能再一次让用户慷慨解囊。（　　）
   A. 难堪　　　B. 大方　　　C. 吝啬　　　D. 激昂
5. 他因为慷慨陈词为人家打抱不平而被辞退。（　　）
   A. 令人难堪　B. 感慨万分　C. 极为吝啬　D. 充满正气
6. 挣钱速度跟不上房子涨价速度。（　　）
   A. 挣钱速度跟房子涨价速度一样
   B. 挣钱速度没有房子涨价速度快
   C. 挣钱速度随着房子涨价速度变化
   D. 挣钱速度越慢房子涨价速度越快

六、用正确的语序把所给的词语排列成句子。
1. 新疆　积极　矿产　依托　资源　丰富的　招商引资
2. 了　越来越　存款　花钱　反而　不敢　增多
3. 他们家　住上　了　终于　明亮的　新　宽敞　房子
4. 的　反而　学生　挣得多　期望　花得少
5. 人们的目光　吸引　被　广告　奇异　的　所　门口
6. 很　整体　程度　而言　展会的　国际化　高

七、找出下列语句中的插入语，思考一下，这些插入语在句子或篇章中起了什么作用。
1. 不瞒你们说，我也挺想去看这场球赛的，可是重任在身啊。
2. 这个消息，依我看嘛，不怎么可靠。
3. 本想周末好好地庆祝一番，哪想到他却出了车祸。
4. 据了解他以前不是作家。他曾经做过多种工作，比如：卖报、开车、打零工等，他都干过。
5. 我正在想，支部书记轻轻地、蹑手蹑脚地走了过来。看样子他以为我们一定疲倦得蒙头大睡。可是看到我们一个个睁了眼睛，谁也不说话地躺着，也不由得笑了起来。
6. 高明的音乐家，能够从他指挥的乐队的演奏当中，听出某一个乐手偶尔的差错。一句话，他对于音乐的感觉是灵敏过人的。
7. 三元宫是云台山的最大寺庙。据说，它就是当年诞生《西游记》的摇篮。
8. 要是让我自己定价钱，那就好了。凭良心说，八块钱一担，我也不想多要。

八、造句。

1. 出风头——
2. 反而——
3. 跟不上——
4. 整体而言——
5. 值得——
6. 被……所——

八、社会实践。

请学生组成小组,制定一份关于投资理财方面的调查计划,并进行一次社会调查。然后,在课堂上总结各小组的调查结果,以此展开讨论。

"纸黄金"亮相申城

生　词

1. 亮相	liàng xiàng	(动)	比喻公开露面。
2. 进展	jìnzhǎn	(动)	(事情)向前发展。
3. 报价	bàojià	(名、动)	提出所需的价款;出价。
4. 波动	bōdòng	(动)	起伏不定;不稳定。
5. 赚取	zhuànqǔ	(动)	获得利润。
6. 差价	chājià	(名)	某商品由于发售方式与地点相异出现的价格之差。

7. 交割	jiāogē	（动）	买卖双方结清手续。
8. 渠道	qúdào	（名）	比喻门路或途径。
9. 凸现	tūxiàn	（动）	表现非常明显、突出。
10. 亏损	kuīsǔn	（名）	支出超过收入。
11. 尴尬	gāngà	（形）	处于两难境地无法摆脱。
12. 几率	jīlǜ	（名）	概率；表示事件发生的可能性大小的量。
13. 盈利	yínglì	（动）	获得利润。同"赢利"。
14. 保值	bǎozhí	（动）	指保持货币购买力的原有价值。
15. 平台	píngtái	（名）	工作或经营的空间和环境。

课　文

"千呼万唤不出来"的个人黄金业务，终于有了突破性进展。记者获悉，中国银行2003年11月18日起在上海试点推出个人实盘黄金交易业务，即所谓的"纸黄金业务"。投资者只需一个活期存折账户，就可进行黄金投资，这也是首个真正意义上的个人黄金投资工具。

这一名为"黄金宝"的个人纸黄金业务，其报价类似于外汇宝业务，即跟随国际黄金市场波动情况进行报价，个人通过把握市场走势低吸高抛[1]，赚取黄金价格的波动差价。该业务交易以克为单位，交易门槛在10克黄金以上。值得注意的是，这一业务不进行黄金实物交割，这也是纸黄金业务和实物黄金业务的本质区别。除银行柜面交易外，投资者可通过电话银行和网上银行[2]等渠道进行交易，并通过柜面电子屏、电话或者网络获取实时报价。

个人黄金业务包括实物黄金业务和纸黄金业务两种。与本次推出的纸黄金相比，实物黄金品种早已出现，包括现场提金和"黄金存折"两种。黄金存折虽然也是书面凭证，但与纸黄金大不一样：一方面，前者计存金利息，后者不计；另一方面，前者是黄金实物柜面存储支取的记账凭证，而后者无实物交易。据悉，实物黄金业务也在沪上银行的计划产品之列中。

实物黄金交易不畅,凸现出纸黄金的品种优势。由于"贺岁金条"、"纪念金币"等实物形式处于主体黄金市场之外,投资者必须花费中间费用,因此亏损面较大。今年6月,中国金币总公司回购"羊年贺岁金条",由于回购价格偏低,导致有价无市的尴尬局面。[3]而黄金投资往往以获取黄金差价为主要目标,实物交割的几率较小,因此和实物黄金相比,纸黄金是目前最佳的个人黄金投资品种。但专家也提醒投资者,由于黄金价格波动不会过于猛烈,因此这一品种除一定的差价盈利机会外,保值避险功能仍占重要地位。

从国际上看,个人黄金投资是黄金市场的最重要组成部分。目前我国以交易所为主要平台的黄金市场,主要还是满足金饰品加工企业的用金需求。个人黄金投资业务的引入,将大幅度增加黄金需求量,有利于进一步完善黄金价格的市场定价体系。

据悉,除中行率先推出个人纸黄金业务外,工、农、建等银行的个人黄金业务操作流程、技术支持、交易方式等准备工作也已基本就绪,投资者个人炒金的选择面将进一步扩大。

(来源:国际金融报,作者:卫容之。引自新华网 http://news.xinhuanet.com)

注　释

1. 低吸高抛

"低吸高抛",指投资者以低价买进,价格上涨时再卖出。

2. 电话银行和网上银行

"电话银行"是指使用计算机电话集成技术,采用电话自动语音和人工坐席等服务方式为客户提供金融服务的一种业务系统,它集个人理财和企业理财于一身,是现代通信技术与银行金融理财服务的完美结合。客户拨打银行开设的全国统一电话银行号码,即可随时随地享受银行提供的各种金融服务。

"网上银行"又称网络银行、在线银行,是指银行利用Internet技术,通过Internet向客户提供开户、销户、查询、对账、行内转账、跨行转账、信贷、网上证券、投资理财等传统服务项目,使客户可以足不出户就能够安全便捷地管理活期和定期存款、支票、信用卡及个人投资等。可以说,网上银行是在Internet 上的虚拟银行柜台。

3. 今年 6 月,中国金币总公司回购"羊年贺岁金条",由于回购价格偏低,导致有价无市的尴尬局面。

"羊年贺岁金条"是中国金币总公司于 2002 年 12 月初发行的。按照发行方的承诺,在金条发行后的一定时期回购,回购价格是根据上海黄金交易所 9999 金价及国际金价并扣除回收业务中涉及的相关费用后制定的。但实际上回购的金条并不多。"有价无市"指价格有吸引力,但市场需求量不大。

思考和练习

一、根据课文内容,给下列各题选择正确的答案。

1. 最早推出"纸黄金业务"的银行是（　　）。
   A. 中国银行　　　　　　　B. 中国工商银行
   C. 中国农业银行　　　　　D. 中国建设银行
2. 以下哪个不是投资者获得实时报价的渠道？（　　）
   A. 柜面电子屏　　　　　　B. 网络
   C. 电话　　　　　　　　　D. 电视
3. 黄金投资的主要目标是（　　）。
   A. 保值避险　　　　　　　B. 个人收藏
   C. 获取黄金差价　　　　　D. 回购金饰品
4. 中国金币总公司不容易回购"羊年贺岁金条"的主要原因是（　　）。
   A. 回购价格较低　　　　　B. 黄金价格上涨
   C. 交易方式不便　　　　　D. 回购门槛偏高

二、根据课文内容,判断下列各题的正误。

1. "纸黄金业务"是第一个真正意义上的个人黄金投资工具。（　　）
2. 个人纸黄金业务是外汇宝业务的一种。（　　）
3. "纸黄金业务"的交易至少要在 10 克黄金以上。（　　）
4. 从时间来看,纸黄金比实物黄金早出现。（　　）
5. 目前最佳的个人黄金投资品种是实物黄金。（　　）
6. 除中行外,投资者今后还可在其他银行办理个人纸黄金业务。（　　）

三、指出画线的词语在句子中的意思。

1. "纸黄金"<u>亮相</u>申城（   ）
   A. 出现　　　B. 装扮　　　C. 照亮　　　D. 热销

2. 该业务交易以克为单位,交易<u>门槛</u>在10克黄金以上。（   ）
   A. 单位　　　B. 数量　　　C. 要求　　　D. 门路

3. 除银行柜面交易外,投资者可通过电话银行和网上银行等<u>渠道</u>进行交易。（   ）
   A. 地方　　　B. 数量　　　C. 条件　　　D. 途径

4. 值得注意的是,这一业务不进行黄金实物<u>交割</u>,这也是纸黄金业务和实物黄金业务的本质区别。（   ）
   A. 指买卖双方交换实物　　　B. 指买卖双方结清手续
   C. 指买方向卖方结账　　　　D. 指卖方向买方交货

5. 实物黄金交易不畅,<u>凸现</u>出纸黄金的品种优势。（   ）
   A. 隐藏　　　B. 突出　　　C. 出现　　　D. 发挥

6. 今年6月,中国金币总公司回购"羊年贺岁金条",由于回购价格偏低,导致<u>有价无市</u>的尴尬局面。（   ）
   A. 价格有吸引力,但市场需求量不大
   B. 既无价格优势,也无市场需求
   C. 价格没有吸引力,但市场需求量大
   D. 价格上有优势,市场方面也有需求

四、根据课文内容,回答下面的问题。

1. 什么是"纸黄金业务"？
2. 投资"纸黄金业务"如何才能赢利？
3. "纸黄金业务"和实物黄金业务有什么区别？
4. 可以通过哪些途径进行"纸黄金"交易？
5. 从黄金市场来说,个人黄金投资起到什么样的作用？

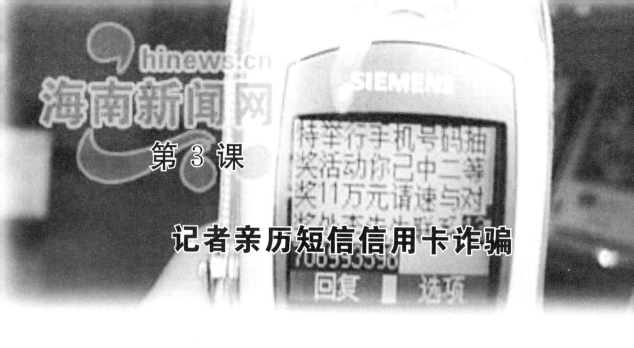

第 3 课

记者亲历短信信用卡诈骗

生　词

1.	诈骗	zhàpiàn	（动）	讹诈骗取。
2.	不详	bùxiáng	（形）	（事情）不清楚。
3.	手段	shǒuduàn	（名）	待人处世的不正当方法。
4.	诱骗	yòupiàn	（动）	诱惑欺骗。
5.	操	cāo	（动）	文中指用某种语言或方言说话。
6.	蹩脚	biéjiǎo	（形）	本文指说的普通话不标准。
7.	挪用	nuóyòng	（动）	把原定用于某方面的钱移作他用。
8.	盗用	dàoyòng	（动）	非法使用公家的或别人的名义、财物等。
9.	犯罪	fànzuì	（动）	做出犯法的应受刑法处罚的事。
10.	核对	héduì	（动）	检查或核实以确认。
11.	彻底	chèdǐ	（形）	形容深透、完全而无所遗留。
12.	拖延	tuōyán	（动）	延长时间，不及时办理。
13.	报警	bào jǐng	（动）	向治安机关报告危急情况。
14.	反映	fǎnyìng	（动）	把情况、意见等告诉上级或有关部门。
15.	抓获	zhuāhuò	（动）	逮住；捕获。

16. 钻空子	zuān kòngzi		利用漏洞进行对自己有利的活动。
17. 虚拟	xūnǐ	(形)	不符合或不一定符合事实的。
18. 统统	tǒngtǒng	(副)	全,都。
19. 遥控	yáokòng	(动)	利用无线电、有线传输或声波进行的远距离控制。
20. 提示	tíshì	(动)	把对方没有想到或想不到的提出来,引起对方注意。
21. 若干	ruògān	(代)	多少;一些。

课 文

"您好,这里是上海建设银行服务电话,您于 2005 年 12 月 12 日在上海沃尔玛超市刷卡消费 4800 元,该笔费用将于本月扣除,情况如有不详,请致电 021-61149752。"昨日上午 10 时许,记者的手机上收到了来自 13559267788 的这样一条短信。由于记者在 12 月 12 日未离开南京,更不可能在上海沃尔玛刷卡消费,因此很明显,该条短信系诈骗的又一手段。这类案件,在媒体上已多次曝光。尽管如此,仍有一些市民受骗,那么这些诈骗犯是如何实施他们的诱骗行为的呢?

"你好,这里是上海建设银行查询电话。"一位操着蹩脚普通话的小姐开始了诈骗之旅。在确认了记者的手机号码之后,该小姐称要为记者在电脑中查询一下,10 秒钟后,该小姐查到了记者并不存在的建设银行卡。该小姐告诉记者,该卡曾于近日被挪用过一大笔资金,怀疑被人盗用。记者随即故作紧张,询问如何是好。该小姐十分热情地告知记者一个号码:021-61021344,来自"上海市公安局金融犯罪调查科"。

接第二个电话的是一名男子,自称是上海市公安局的警官。听完记者急切的讲述后,该"警官"再次核对了手机号码,告知记者,如果发现有人盗用信用卡,警方将进行彻底检查。同时,又告知记者一个号码:021-61021857,来自"上海市银联[1]管理中心"。此外,还给了记者一个代码:98329。第三个接电话的也是一个男子。核对代码后,该男子称,银联中心已收到来自上海市公安局的传真,将帮助记者在信用卡上提供免费的加密服务。在一再询问记者卡号及密码未果后,该男子开始不耐烦了,记者仍想拖延时间,但电话已被挂断。

记者随即拨打上海市110报警2。接线员告知记者,按照国家公安部的文件规定,收到诈骗短信的市民在所在城市报警即可,无需跨省市报案。南京市110接警后,瑞金路派出所给记者打来电话。负责民警告知记者,派出所将把记者反映的情况上报,再由公安内部信息系统处理,以求抓获诈骗犯。

"一号通"帮了骗子忙

据办案民警介绍,骗子们钻了通信行业"一号通"等业务的空子3。这个业务可以在一个虚拟的号码下面挂多个电话号码,也可以将座机号码和手机、小灵通的号码"绑定"。说白了,你拨打的明明是北京、上海的固定电话,实际上统统被转移到了骗子的手机或小灵通上。也就是说,这些骗子可以在一间屋子里,用几部电话,三四个人将远在千里之外的受害人遥控得团团转。

如何免入短信诈骗陷阱

南京市建设银行一负责人在接受记者采访时提醒客户:

(1)诈骗短信中都未明示卡号,而银行的消费提示短信均会明确告知发生交易的银行卡卡号(或卡号的若干位数)。

(2)当你与诈骗短信提供的号码联系时,对方可能会询问银行卡密码等信息,而银行方面从来不会向持卡人询问此类信息。

(3)对方可能要求你拨打××电话报案,当你拨打该电话时对方可能会提供一个卡号(账号),诱骗你通过ATM机转账,将本人卡内资金转入该卡(账户),并迅速取走该卡(账户)资金,完成诈骗活动。

(4)诈骗短信中多有"扣划款项"之说,事实上只有银行发卡机构才有权从该行银行卡账户中扣划款项,其他任何机构(如银联中心)均无权扣划。

(来源:金陵晚报,作者:洪唯。引自龙虎网 http://www.longhoo.net)

注　释

1. 银联

指中国银联股份有限公司,是经国务院同意、中国人民银行批准,由全国80多家金融机构共同发起设立的一家股份制金融服务机构。公司于2002年3月26日挂牌,总部设在上海。

2. 记者随即拨打上海市110报警

社会上一些不法分子通过发送短信,编造貌似合理的理由,对银行卡资金进行诈骗。如果持卡人收到诈骗短信,可以直接向110报警,也可以向中国银联客户服务中心(95516)或银联各地分公司进行举报。

3. 骗子们钻了通信行业"一号通"等业务的空子

"一号通"业务又称"多号一号通",运营商开通此项业务之后,用户可以将自己常用的各种通信号码(手机、寻呼机、办公电话、语音信箱、住宅电话)统一为一个新电话号码,以后任何人只需拨打该号码就能找到用户。使用此项业务时,用户可上网设置、通过任何固定电话或者手机根据语音提示随时调整通话情景模式(在家、办公室、外出),也可设定时间段、节假日模式,自由设定每种来电的转接顺序和接听方式,在任何住宅或者公司固定电话上接通设置号码免收通话费,因此,"一号通"用户可省去接听电话时产生的诸多不便。

骗子们利用"一号通"的先进技术以及管理上的缺陷,在一个地方就可以接听多个电话,从而进行短信诈骗。

预　习　题

一、根据课文内容,给下列各题选择正确的答案。

1. 当那位小姐告诉记者他的银行卡资金被盗用时,记者(　　)
   A. 感到非常担心紧张　　　　B. 识破了小姐的用意
   C. 打电话到银行核实　　　　D. 马上向公安局报案

2. 课文中提到的几个电话号码其实是(　　)。
   A. 骗子进行诱骗的电话　　　B. 一部电话的几个分机
   C. 几个单位的固定电话　　　D. 记者虚拟的几个电话

3. 骗子们为什么要通过所谓的"警官"等进行诱骗?(　　)
   A. 不易被警察抓住　　　　　B. 获得警官的代码

C. 容易提取资金　　　　　　　　D. 骗取人们的信任

4. 如果是银行发给客户的提示消费短信,一般会(　　　)。
   A. 询问客户银行卡的密码　　　B. 告知交易的银行卡卡号
   C. 告知交易的商场名字　　　　D. 提供银行的热线电话

二、根据课文内容,判断下列各题的正误。

1. 记者在上海沃尔玛超市刷卡消费了4800元。(　　)
2. 电话中的小姐和男子其实都是合伙的骗子。(　　)
3. 记者上当受骗,他的建设银行卡被挪用了一大笔钱。(　　)
4. "一号通"是短信诈骗犯进行诈骗的电话代号。(　　)
5. 骗子们可以跨省市对持卡人进行短信诈骗。(　　)
6. 银行从来不会向持卡人询问银行卡的密码。(　　)
7. 得到受害人的银行卡号和密码,骗子就可以直接到银行柜台取钱。(　　)
8. 银联中心有权从银行卡个人账户中扣划款项。(　　)

三、根据课文内容,回答下面的问题。

1. 简要叙述短信诈骗犯是如何实施诈骗行为的。
2. 如果收到诈骗短信,该怎么报警?
3. 骗子们是怎样利用"一号通"等业务来操纵受害者的?
4. 文中介绍了哪些可供持卡人识别诈骗短信的方法?
5. 您或您周围的人遇到过类似的情况吗?
6. 对于杜绝短信诈骗行为,您有什么好的建议?

词 汇 例 释

一、明显

形容词。表示清楚地显露出来,容易让人看出或感觉到。可直接作谓语,也可以作定语,例如:

今年年初以来,北京、深圳等地的房价涨幅明显。

中国的房地产有着明显的发展周期。

辨析:"明显"与"显然"

两者意思一样,但用法不同。"显然"带有推断性质,多修饰动词、形容词短语作状语。也可以单独出现在句首。例如：

仅从对产品的介绍来说,奔驰的销售顾问显然更专业、更务实。

给中小企业做印刷代理,显然是一个绝好的商机。

显然,并不是每个人都可以有效地理财的。

＊明显,并不是每个人都可以有效地理财的。

二、随即

副词。表示紧接着、立即。多修饰动词、动词性短语。例如：

我们在掌握了"绿地21城"房产的初步资料后,确定行驶路线,随即出发。

情急之下,他拨通了平安全国统一服务电话,上海平安随即启动全国通赔流程。

三、一大笔

"笔",量词。用于钱款、账目、交易。"一大笔"表示数量多。例如：

尽管这个数字还承受得起,但算下来,利息支出已经多了一大笔。

"订阅"可以使报社事先获得一大笔流动资金,发行量也比较稳定。

最近他及时出售了一批股票,挣了一大笔钱。

四、一再

副词。表示相同的行为或情况一次又一次地发生、出现。用在动词或动词性短语前,后面一般可加可不加"地"。例如：

在她的一再呼吁下,这一提议得到了社会上的广泛响应和支持。

月末,随着国际油价一再冲高,市场成交气氛明显好转。

她一再地嘱咐笔者要表达她的感谢之情。

五、反映

动词。

1. 客观事物的实质表现出来。例如：

足球比赛最后的比分并没有反映出两个队的真实水平。

这次的检查反映出了在生产安全方面存在的一些问题。

2. 情况、意见等告诉上级或有关部门。例如：

植物园领导当场向反映情况的游客表明了态度。

据客车司乘人员反映,最近一个多月来发生过多起类似的诈财事件。

辨析:"反映"与"反应"

"反映"与"反应"意思完全不同。"反应"是指事情所引起的意见、态度或行动。例如：

银行上调住房贷款利率后，广州市场反应不一。

汽车行业产能过剩的不良反应在今年继续显现。

另外，"反应"不能重叠，"反映"有ABAB重叠式。例如：

你把这个情况向上级有关部门反映反映。

六、以

连词。表示目的。常用于后一分句前，后跟动词短语。多用于书面语。例如：

我们要加快经济的发展，以提高人民的生活水平。

中介公司将会加大推广力度，以尽快促成交易。

七、说白了

习惯用语。将不便明说的、隐藏的事情或想法直接说出来，让人们知道真实的情况。例如：

我赚取的佣金和寄存费，说白了就是信息费，寄卖店卖的其实就是一个信息。

业内人士介绍，商家打出所谓的"免费"，说白了还是商家请客顾客埋单。

买房除了要善于把握时机之外，还要有长远的眼光，说白了就是要看房子的升值潜力。

八、明明

副词。表示显然这样。用"明明"的小句前或后常有反问或表示转折的小句。"明明"也可用在主语前。例如：

明明是已经用合同确定下来的事情，怎么能说变就变呢？

明明自己是第一个进店购买的，却被商家告知东西卖光了。

这哪里是"水池"，明明是一座水库。

辨析:"明明"和"分明"

副词性"分明"主要用于动词或动词性短语前，一般不能用于主语前。"分明"还有形容词的用法，意为清楚，在动词前有时可加"地"。例如：

立体音响效果，声音富有空间感，远近高低层次分明，声音很具有穿透力。

本书条理分明地讲述了先进的业务基础成本法的全面功用和能力。

九、实际

1. 名词。表示客观存在的事物或情况。例如：

搞好新农村建设一定要立足实际，循序渐进，注重实效。

公司管理人员根据实际灵活应对市场，并对经销商提出了新的要求。

2. 形容词。表示合乎事实的。例如：

购房实际面积与约定面积不符时该如何处理？

在面试过程中代理商问到应试者一个很实际的问题。

"实际上"副词，意思是"从事实的真实情况来看"。例如：

业内一直认为，海宇投资实际上就是管理层在运作。

辨析："实际"与"现实"

"现实"作名词时，表示现有的客观事物。作形容词时，"现实"也表示合乎客观的、眼前的。它不能作状语。例如：

"海水引进家门，代替淡水冲厕。"这一美好设想将在烟台开发区成为现实。

我经常产生一种困惑，就是现实变化太快，而且现实太复杂。

如果发现理想与现实生活有差距，你会怎么办？

现在很多女性择偶的标准越来越现实，越来越关注房子、车子。

十、团团转

本义为在原地来回转圈儿，多用来形容忙碌、焦急的样子。在句中常作状态补语。例如：

这两天，市民邓先生和刘女士分别弄丢了包，两人急得团团转。

几名接待人员忙得团团转，连记者也被拉着"客串"接待员。

十一、接受

动词。意思是对事物容纳而不拒绝。例如：

普通消费者日益觉得商品房价格难以接受。

各家商业银行今起接受新的申请贷款时，就要按照调整后的利率水平执行。

辨析："接受"与"接收"

都是动词，但两者意思不同，搭配的词语也不同。"接收"意为收受东西，接纳人员或根据法律把机构、财产等拿过来。例如：

掌上游戏机用户可以在家里和外出时用网络接收电视节目。

这个活动推出一周以来，本报已接收会员三十余名。

既然接收他人财产，就得在其接收财产范围内承担连带责任。

十二、提醒

动词。意思是从旁指点，促使注意。常用的句型为"提醒某人做某事"。例如：

医生提醒球迷们，看电视时应与电视屏幕保持不少于1.5米的距离。

业内人士提醒消费者，如果决定购买名贵的实木地板，一定要问清材种，仔细辨识。

惯 用 语

惯用语是口语中形成的表达一种习惯含义的固定词组。惯用语是人民群众口头创造的，它准确、生动、形象、概括地反映了某些社会现象和某种行为，许多惯用语善于抓住事物特征进行传神的描述，例如把"痛哭"戏称为"一把鼻涕一把泪"。许多惯用语贴切地运用比喻、夸张、借代等手法，例如"泼冷水"、"摸老虎屁股"、"胡子眉毛一把抓"用的是比喻，"鼻子都气歪了"、"喝凉水都塞牙"用的是夸张，"揭不开锅"、"说到曹操曹操就到"用的是借代。

惯用语以三个字的居多，它的语法结构大致可分为偏正结构、动宾结构、主谓结构和并列结构四种类型。

偏正结构：大锅饭　纸老虎　半瓶醋　挡箭牌　死胡同　铁饭碗
　　　　　墙头草　软骨头　马后炮　绣花枕头

动宾结构：碰钉子　开绿灯　吹牛皮　敲竹杠　戴高帽　炒鱿鱼
　　　　　走后门　穿小鞋　跑龙套　倒胃口　磨洋工　借东风
　　　　　吃定心丸　捅马蜂窝　揭不开锅　不管三七二十一

主谓结构：驴打滚　鬼画符　天晓得　桃李满天下　八竿子打不着

生米煮成熟饭　蚂蚁啃骨头

并列结构：雷声大雨点小　挂羊头卖狗肉　高不成低不就

丁是丁卯是卯　东家长西家短

惯用语口语色彩较浓，惯用语定型性较弱，常可插入一些词语，或者颠倒其中成分的次序，成为一般的语句，而它所表达的习惯意义不受影响。例如：

① 据办案民警介绍，骗子们钻了通讯行业"一号通"等业务的空子。

② 2005年，外汇理财产品大出风头，债券市场红红火火，投资黄金也让不少市民尝到甜头。

例①"钻空子"是指利用某些漏洞为自己谋利，含贬义。例②"尝到甜头"是指得到做某事的好处。两个惯用语都可以进行适当的插入，或者颠倒其中成分的次序，例如"通信行业'一号通'等业务的空子被骗子们钻了"、"投资黄金的甜头不少市民尝到了"。

综合练习

一、用正确的语调朗读下面的句子。

1. 尽管如此，仍有一些市民受骗，那么这些诈骗犯是如何实施他们的诱骗行为的呢？

2. "你好，这里是上海建设银行查询电话"，一位操着蹩脚普通话的小姐开始了诈骗之旅。

3. 按照国家公安部的文件规定，收到诈骗短信的市民在所在城市报警即可，无需跨省市报案。

4. 负责民警告知记者，派出所将把记者反映的情况上报，再由公安内部信息系统处理，以求抓获诈骗犯。

5. 据办案民警介绍，骗子们钻了通讯行业"一号通"等业务的空子。

6. 说白了，当你拨打的明明是北京、上海的固定电话，实际上统统被转移到了骗子的手机或小灵通上。

7. 这些骗子可以在一间屋子里，用几部电话，三四个人将远在千里之外的受害人遥控得团团转。

8. 当你与诈骗短信提供的号码联系时，对方可能会询问银行卡密码等信息，而银行方面从来不会向持卡人询问此类信息。

二、给下列词语选择正确的解释。

1. 钻空子（　　）　　A. 不符合或不一定符合事实的。
2. 操（　　）　　　　B. 形容深透、完全而无所遗留。
3. 实际（　　）　　　C. 利用漏洞进行对自己有利的活动。
4. 手段（　　）　　　D. 比两个多但比许多要少的一个不定数目。
5. 犯罪（　　）　　　E. 非法使用公家的或别人的名义、财物等。
6. 彻底（　　）　　　F. 讹诈骗取。
7. 虚拟（　　）　　　G. 做出犯法的应受刑法处罚的事。
8. 诈骗（　　）　　　H. 用某种语言或方言说话。
9. 盗用（　　）　　　I. 真实的情况。
10. 若干（　　）　　　J. 待人处世的不正当方法。

三、从所给的词语中，选出最合适的填入句中的括号里。

抓获　拖延　迅速　提醒　挪用　怀疑
遥控　诱骗　统统　核对　报警　规定

1. 银行将为客户建立身份登记制度，审查（　　）并登记客户身份。

2. 用人单位解除劳动合同或故意（　　）不订立劳动合同的，将由劳动行政部门责令改正。

3. 工商部门（　　）广大消费者，遇到此类问题要理性思考，不给骗子们以可乘之机。

4. 按（　　），公司应支付其经济补偿，即每工作一年，补偿一个月工资。

5. 据悉，袭击事件中被警方（　　）的两名嫌疑人已被释放。

6. 李明卿的绝技更是惊人，他居然能（　　）木偶写出漂亮的书法，令人叹为观止。

7. 一些美容院用"免费美容"误导、（　　）消费者，从而达到推销产品或美容卡的目的。

8. 虽然提高了大排量汽车的消费税税率，但它对豪华车的消费抑制作用能有多大令人（　　）。

9. 有关人士认为，我国葡萄酒行业制定新国标，与国内葡萄酒市场的发展（　　）有着直接的关系。

10. 消防人员表示，汽车发生火灾时，司机朋友千万不要慌乱，应迅速拨打119（　　）。

11. 根据有关法律法规和规定,(　　)专项资金的行为是明显的违法行为。

12. 企业也应该将更多的"未分配利润"用于转移到居民或者政府的支出,而不是将其(　　)都用于投资。

四、下面几组词语意义或用法相近,很容易混淆,请把它们区别开来。

1. 明显／显然

　　A. 北京市羽绒服消费具有(　　)的品牌化倾向。

　　B. 我们公司在房地产行业的特色并不(　　)。

　　C. 像今天这样的会议把这类问题讨论清楚,(　　)是有好处的。

　　D. 经过几个月的推广,双核笔记本电脑(　　)已经被更多的消费者了解。

2. 反映／反应

　　A. 三星电子对新兴移动通信市场的用户需求作出了积极的(　　)。

　　B. 病历是(　　)医疗过程的客观记录,是处理医患纠纷的客观依据。

　　C. 如果同时使用,一旦引起不良(　　),就很难查出原因何在。

　　D. 据各地的消费者(　　),现在有的婚庆公司在服务中的"虚、高"成分占多数。

3. 实际／现实

　　A. 虚拟空间的生活是美丽的,(　　)的歌声会让我们感受真实。

　　B. 不少以合伙人形式组成的实体,(　　)上并不是法律意义上的合伙企业。

　　C. 研究人员认为,未来两三年内,这种技术很可能投入(　　)应用。

　　D. "环保、防毒",已成为中国企业无法回避的(　　)。

4. 接受／接收

　　A. 从(　　)简历的情况来看,接近70%都是应届生。

　　B. 全市爱心捐款活动圆满结束,累计(　　)社会各界捐款9521.33万元。

　　C. 如果要(　　)公众审视,价格部门应该站在最前面。

　　D. 近日她在家中(　　)了媒体专访,讲述了自己不同寻常的经历。

五、指出画线的词语在句子中的意思。

1. 一位操着蹩脚普通话的小姐开始了诈骗之旅。(　　)

A. 不标准的 　　B. 地道的 　　C. 流利的 　　D. 结巴的

2. 有一家店面的破旧标牌上<u>明明</u>写着"统一绿茶",却卖起了衣服。( )

A. 实际 　　B. 分明 　　C. 明确 　　D. 显然

3. 只要您是泡泡游戏用户,都有机会把这些奖品<u>统统</u>抱回家!( )

A. 统一 　　B. 全部 　　C. 暂时 　　D. 立刻

4. 这些交了钱的打工者急得<u>团团转</u>,并大呼上当,他们怀疑被人骗了。( )

A. 大家围成一团 　　　　B. 跑了一圈又一圈
C. 非常急的样子 　　　　D. 互相看来看去

5. 对于手机的"精确定位服务",有人认为这是老婆监视老公的工具,但也有人认为有了定位功能可以<u>给自己的伴侣吃一颗定心丸</u>,避免不必要的误会。( )

A. 给自己的伴侣服药,使她安心。
B. 给自己服药,使自己安心。
C. 用某种方法使自己的伴侣安心。
D. 用某种方法使自己安心。

6. 别再给我<u>泼冷水</u>了,我已经够难过了。( )

A. 泼凉的水 　　　　B. 喝冷的水
C. 打击人的热情 　　D. 让人冷静

7. 不能出一点儿差错,否则会被<u>炒鱿鱼</u>的。( )

A. 解雇 　　B. 误解 　　C. 忘却 　　D. 为难

8. 他连日奔波募款,却四处<u>碰钉子</u>,深感沮丧。( )

A. 没想到
B. 遭到拒绝或受到斥责
C. 头碰到了钉子上
D. 他们没在家,没见到人

9. 他装病逃课的事最后还是<u>露馅儿</u>了,看来以后应该坚持上课。( )

A. 露出里面的馅儿
B. 不愿让人知道的事暴露出来
C. 告诉别人
D. 显示自己的本领

10. 目前汽车修理行业乱<u>敲竹杠</u>现象比比皆是,漫天要价已让许多人深

恶痛绝。（　　）

A. 敲一种叫"竹杠"的乐器

B. 找某种借口和机会索要财物

C. 敲打竹子

D. 拿着竹杠打人

六、用正确的语序把所给的词语排列成句子。

1. 外汇理财产品　无法　显然　广大　满足　的　投资者　投资需求
2. 向　民警　随即　情况　茶楼　老板和服务员　了解　赶到
3. 欠了　非但　一大笔　还　我手里　外债　没钱
4. 本次　暂时　活动　和　固定电话　不接收　小灵通短信
5. 根据　的　应该　实际需求　来确定　自己　空调类型
6. 专家　投资　市民　黄金　谨慎　提醒　要

七、造句。

1. 尽管——
2. 随即——
3. 一再——
4. 说白了——
5. 实际——
6. 团团转——

八、主题讨论。

1. 你有没有收到过类似课文中的诈骗短信？你是怎么处理的？
2. 就你所知，在信用卡的安全使用方面，持卡人应该注意什么？
3. 现代信息科技给人们生活带来了便利，同时也给犯罪分子有可乘之机。如何看待这其中的利与弊，谈谈你的观点。

信用卡消费 胡乱签名竟能刷

生 词

1. 验证	yànzhèng	(动)	检验或测验精确性或准确性。
2. 试验	shìyàn	(动)	为了解某物的性能或某事的结果而进行的尝试性活动。
3. 误差	wùchā	(名)	测定的数值或计算中的近似值与准确值的差。
4. 在意	zài yì	(动)	留心,注意。
5. 连锁	liánsuǒ	(形)	一环扣一环,连续不断。
6. 粗略	cūlüè	(形)	大略的,仓促的,不经心的。
7. 体验	tǐyàn	(动)	在实践中认识事物;亲身经历。
8. 核实	héshí	(动)	审核是否属实。
9. 培训	péixùn	(动)	培养和训练,使体力和智力得到发展。
10. 咨询	zīxún	(动)	向专家或有关部门征求意见、获取信息。
11. 额度	édù	(名)	规定的数量限度。
12. 挂失	guà shī	(动)	到发证机关登记遗失票证的号码公开声明作废。
13. 资料	zīliào	(名)	可作依据的材料。
14. 承担	chéngdān	(动)	担当。

课 文

刘女士在一次消费经历中了解到,使用信用卡消费5万元金额以下不需要密码,仅靠个人签名来核对个人身份。如果信用卡丢失会不会有安全隐患？为了验证在使用信用卡时商家对持卡人的签字是否验证，记者在多家消费场所进行了试验。

记者首先来到美廉美超市，消费后使用信用卡时，收银员拿着信用卡背面的签名与账单上的签字，对比着看了一眼，对于签字上些许的误差，收银员并不在意。记者随后在西蜀豆花庄等商家结账时，也遇到了类似情况。

而且，当签字明显不符的，收银员也视而不见！当记者在屈臣氏连锁店用信用卡结账时，用草书连笔签了一个完全不同于信用卡背面的签字[1]，收银员只是粗略地看了一下，就确认了这次交易。

但记者也遇到了严格的商家。由于起初记者在信用卡背面并未签字，在阜成门华联，收银员表示没有签名的卡，必须出示身份证[2]才能使用。经过核对后，记者成功完成了交易。记者随后在中复电讯消费时，在账单上签字后，收银员请记者出示身份证，"这是我们的规定，也是尽可能保护持卡人的利益。"

记者在众多商家的体验中，仅遇到这两家核实严格的商家。一位超市的收银员表示，每天排队结账的人很多，无法对签字一一核对。而且据业内人士称，一般商家不会对收银员进行核对签名的培训。

有持卡人建议，能否在签字的同时，再增设密码作为保护呢？记者了解到，在一些国家以信用卡消费时，确实只须核对卡背后的签字和结账的签单是否一致，而不需要密码和身份证。在国内也是同样的规定。

那么兜里这张信用卡如何才能让持有者觉得安全呢？记者拨打了95588工商银行热线电话进行咨询。接线员告诉记者，目前国内的信用卡消费在一定额度以下都不需要密码，工行规定5万元人民币以下消费额度的不需要密码[3]。一旦发现信用卡丢失的情况，应及时打电话到银行进行口头挂失，在电话中提供个人资料以及卡内大约金额后，挂失即时生效，持卡人不再承担正式挂失后交易造成的任何经济损失。否则，在未挂失前造成的经济损失商家和银行无须负责。

（来源：北京晨报，作者：王彬、张涵。引自新浪财经纵横 http://finance.sina.com.cn）

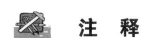

注　释

1. 用草书连笔签了一个完全不同于信用卡背面的签字

"草书",是为书写便捷而产生的一种字体。"连笔"指书写的时候笔画与笔画相连,中间没有断开。

2. 身份证

身份证,就是"居民身份证",在中国是证明居民身份的具有法律效力的证件。居民身份证由中国公安机关统一制作、发放。身份证号码有18位数,是每个公民唯一的、终身不变的身份代码。

居民身份证的有效期为十年、二十年和长期三种。十六周岁至二十五周岁的,发给有效期十年的居民身份证;二十六周岁至四十五周岁的,发给有效期二十年的居民身份证;四十六周岁以上的,发给长期有效的居民身份证。

3. 接线员告诉记者,目前国内的信用卡消费在一定额度以下都不需要密码,工行规定5万元人民币以下消费额度的不需要密码。

关于消费5万元人民币以上才要输入密码的规定,是中国工商银行(简称工行)试点时期的做法。后来工行根据市场反应又作出了调整,此项规定废止。除牡丹国际贷记卡外,持工行任何卡种通过POS机刷卡,均需输入个人密码。

一、根据课文内容,给下列各题选择正确的答案。

1. 哪个商家要求持卡人签名后必须出示身份证?(　　　)
   A. 美廉美超市　　　　　　　B. 西蜀豆花庄
   C. 屈臣氏连锁店　　　　　　D. 中复电讯

2. 关于信用卡消费,目前(　　　)。
   A. 所有国家都不要密码　　　B. 有的国家不需签名
   C. 国内到一定额度才要密码　D. 所有国家都需要证件

3. 如果信用卡挂失,(　　　)。
   A. 可以及时打电话口头挂失　B. 可以通过手机短信挂失
   C. 必须亲自到银行办理手续　D. 必须到银联中心办理手续

4. 文中没有谈到(　　　)。

A. 信用卡丢失所造成的矛盾

B. 商场对待信用卡签字的做法

C. 银行对于加设信用卡密码的规定

D. 信用卡丢失后的处理办法

二、根据课文内容,判断下列各题的正误。

1. 刘女士装扮成记者到多家消费场所了解情况。(   )
2. 记者至少去了五家商店进行刷卡消费试验。(   )
3. 几乎所有商家的收银员都没有对持卡人的身份作认真地核实。(   )
4. 为保护持卡人的利益,商家一般要对收银员进行核对签名的培训。(   )
5. 工行规定信用卡至少消费到5万元才需要密码。(   )
6. 只要信用卡丢失,所有的经济损失将由持卡人独自承担。(   )

三、指出画线的词语在句子中的意思。

1. 收银员拿着信用卡背面的签名与账单上的签字,比对着看了一眼,对于签字上<u>些许</u>的误差,收银员并不在意。(   )

   A. 允许　　　B. 一点儿　　　C. 许多　　　D. 一些

2. 收银员拿着信用卡背面的签名与账单上的签字,比对着看了一眼,对于签字上些许的误差,收银员并不<u>在意</u>。(   )

   A. 注意　　　B. 改正　　　C. 满意　　　D. 在行

3. 当签字明显不符的,收银员也<u>视</u>而不见!(   )

   A. 看　　　B. 视力　　　C. 眼睛　　　D. 发现

4. 收银员只是<u>粗略</u>地看了一下,就确认了这次交易。(   )

   A. 怀疑　　　B. 留心　　　C. 大致　　　D. 有意

四、根据课文内容,回答下面的问题。

1. 谈谈记者在不同商场信用卡消费时所遇到的情况。
2. 信用卡消费时,商场若需核对签字会遇到什么困难?
3. 如果发现信用卡丢失,该如何处理?
4. 您消费时喜欢用现金还是信用卡?为什么?

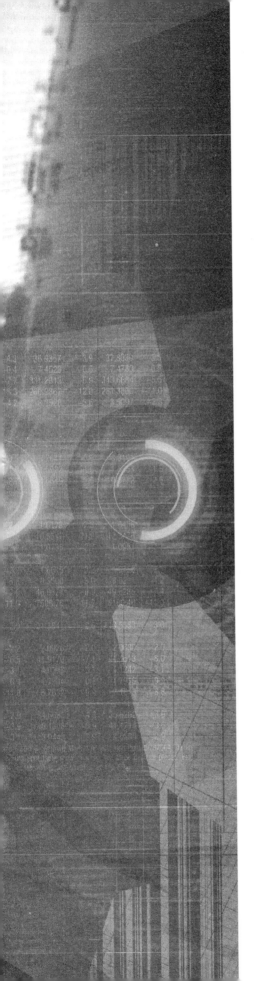

第二单元

第 4 课

网络广告增长，新闻网站再次走红

生　词

1.	走红	zǒu hóng	（动）	很受欢迎。
2.	总裁	zǒngcái	（名）	某些政党或大型企业领导人的名称。
3.	战略	zhànlüè	（名）	比喻决定全局的策略。
4.	方案	fāng'àn	（名）	工作的计划。
5.	启动	qǐdòng	（动）	（机器等）开始工作；（法令、规划、方案等）开始实施或进行。
6.	成本	chéngběn	（名）	生产一种产品所需的全部费用。
7.	抢占	qiǎngzhàn	（动）	抢先占领。
8.	收购	shōugòu	（动）	从各处买进。
9.	竞标	jìng biāo	（动）	通过投标的方式竞争承接某一项目。
10.	巨头	jùtóu	（名）	比喻具有雄厚实力、在某个领域处于强大地位的人或团体。
11.	中标	zhòng biāo	（动）	被招标方选中，可以承接项目。
12.	低谷	dīgǔ	（名）	比喻最低状态。
13.	势必	shìbì	（副）	根据形势推测必然会怎样。
14.	豪华	háohuá	（形）	非常高级漂亮。

15. 经纪人	jīngjìrén	(名)	促成买卖双方交易,或在交易中代他人进行买卖而获取佣金的人。
16. 投放	tóufàng	(动)	把人力、物力、资金等用于工农业或商业。
17. 磨合	móhé	(动)	新机器经过一定时期的使用,把摩擦面上的加工痕迹磨光而变得更加密合。比喻双方互相适应。
18. 预算	yùsuàn	(名)	国家机关、团体和事业单位等对于未来的一定时期内的收入和支出的计划。
19. 份额	fèn'é	(名)	整体中分占的数量,一般用分数或百分数表示。
20. 预计	yùjì	(动)	预先计算、计划或推测。
21. 不吝	búlìn	(动)	客套话,不吝惜(用于征求意见)。
22. 一掷千金	yízhìqiānjīn	(成)	原指赌博时下一次注就多达千金,后用来形容任意挥霍钱财。
23. 股权	gǔquán	(名)	股东(投资人)在其所投资的股份公司应该享有的权利和利益。
24. 方兴未艾	fāngxīngwèi'ài	(成)	事物正在发展,一时不会终止。
25. 首席	shǒuxí	(形)	职位最高的。
26. 待价而沽	dàijià'érgū	(成)	等待价格高的时候才出售。

专　名

1. 道琼斯电子出版集团：Dow Jones Electronic Publishing

2. 华尔街日报：The Wall Street Journal
3. 市场观察：CBS Market Watch
4. 纽约时报：The New York Times
5. 甘尼特公司：Gannett Co., Inc., 美国最大报业集团之一。
6. 维亚康姆：Viacom Inc., 全球最大的传媒集团。
7. 美林投资银行：Merrill Lynch Investment Banking
8. 华盛顿邮报：The Washington Post

课　文

东方网11月25日消息：去年春天，道琼斯电子出版集团总裁克洛维茨在讨论公司三年战略方案时说：如果网络广告需求持续增长，包括《华尔街日报》网络版在内的道琼斯网站，将不足以满足市场。他预言网络广告将是一个潜在的巨大市场。

不久，道琼斯集团就开始行动。最初克洛维茨考虑过创立自己公司的投资网站，但仅仅是项目的启动资金就需要几百万美元，"创立一个新品牌成本太高，风险极大，吸引一个理想的观众群更是要用很长时间。既然我们对网络广告如此乐观，那么必须要快速行动抢占市场"。

道琼斯决定收购哥伦比亚广播公司旗下的财经新闻网站——市场观察(CBS Market Watch)。但是收购竞争之激烈、对手之强大，都超乎该公司的意料。同时参与竞标该网站的，还有另外三家媒体巨头：《纽约时报》、甘尼特公司以及维亚康姆集团。最终，道琼斯以5.19亿美元中标。这个价钱相当于"市场观察"网站2004年收入的六倍。

有些分析师认为道琼斯高价收购"市场观察"存在风险性，一旦再次出现经济低谷，广告业势必会总体下滑。但分析师们基本一致承认，"市场观察"的观众群十分理想。经济分析师约翰·汀克认为，该网站不仅吸引了一大批忠实的富裕观众，还吸引了那些豪华汽车制造商和网络经纪人来投放广告。道琼斯的管理层表示，到目前为止，与"市场观察"的磨合非常顺利。《华尔街日报》网络版因为79美元的年费限制了访问人数，免费的"市场观察"将为道琼斯挽回更多的市场份额。预计这笔交易将使道琼斯网站的访问人数增长三倍，达到900万人。

根据美林投资银行最近的一份报告,2004年美国的网络广告预计达97亿美元,占全美广告支出的3.7%。2005年,随着美国各大广告商纷纷将预算从出版业、广播新闻转移到了有线电视和互联网,网络广告支出估计还会增长19%。

网络广告业务的日益增长,公司现有网站不足以承受网络广告业务增长需求,说明了四家媒体巨头不吝高价竞逐财经新闻网站的主要原因。而收购事件背后传递的信号也很清晰:2005年起,新闻网站开始复兴。因为广告商青睐那些最受大众欢迎,特别是受其利益群体欢迎的网站。所以传统媒体纷纷一掷千金,争抢此类网站。去年8月,维亚康姆公司以4600万美元购得体育在线(Sportsline.com)部分股权。12月,《华盛顿邮报》以1500万~2000万美元收购Slate杂志。这样的收购行动方兴未艾,近期召开的一次媒体大会上,维亚康姆董事长兼首席执行长雷石东表示,他们目前正在进行更多的网站收购。有消息称,由著名脱口秀主持人詹姆斯·克莱默创立的投资网站TheStreet.com目前也待价而沽。

(来源:东方财经 http://finance.eastday.com;作者:佚名)

预 习 题

一、根据课文内容,给下面的每一道题选择正确的答案。

1. 道琼斯决定收购财经新闻网站市场观察的原因之一是哪个?(　　)
   A. 市场观察价格比较便宜
   B. 市场观察没有其他购买者
   C. 网络广告需求增长缓慢
   D. 创立一个新品牌成本太高

2. Market Watch的观众群课文里没有提哪类人?(　　)
   A. 富裕观众　　　　　　　B. 豪华汽车制造商
   C. 经济分析师　　　　　　D. 网络经纪人

3. 关于道琼斯高价收购市场观察的分析,哪一个是对的?(　　)
   A. 这次收购存在风险性　　B. 市场观察的观众群不理想
   C. 广告业可能总体下滑　　D. 访问人数受到限制

4. 四家媒体巨头不吝高价,竞逐财经新闻网站的主要原因是什么?
(　　)

A. 网络广告支出不断下滑　　　B. 现有网站容量太小

C. 新闻网站开始复兴　　　　　D. 传统媒体争抢此类网站

二、根据课文内容,判断下面句子的正误。

1. 道琼斯收购了财经新闻网站 CBS Market Watch。(　　)
2. 市场观察的观众群不让人满意。(　　)
3. 免费的市场观察频道使道琼斯网站的访问人数增长了三倍。(　　)
4. 2005年,美国各大广告商的预算发生了转移。(　　)
5. 《华尔街日报》网络版的访问人数不如市场观察多。(　　)
6. 由著名脱口秀主持人詹姆斯·克莱默创立的投资网站 TheStreet.com 卖了很高的价钱。(　　)

三、根据课文内容,回答下面的问题。

1. 道琼斯集团为什么不创立自己公司的投资网站?
2. Market Watch 的优势和劣势分别是什么?
3. 传统媒体争抢收购新闻网站的原因是什么?
4. 目前收购新闻网站的公司多不多?

词 汇 例 释

一、创立

动词。表示初次建立。例如:

"森姆"牌系统产品成为企业自行设计、自己生产、拥有自主知识产权的产品,并为创立名牌奠定了基础。

经过前期紧张的筹备,公司成功召开了创立大会,会议决定成立股份有限公司。

辨析:"创立"与"建立"

都有开始形成的意思。区别在于搭配对象不同。"创立"的适用对象一般是前所未有的、意义重大的,多为抽象事物。如"～国家"、"～事业"、"～理论"、"～学说"等。"建立"适用范围较宽,适用对象也较多,可以用于抽

象事物,可以用于具体事物,还可以用于人际关系。如除适用于上述对象外,还可以用于"～组织"、"～友谊"、"～联系"等。

二、足以

动词。表示完全可以;够得上。否定方式为"不足以",后面为动词性宾语。例如:

我问父亲此刻心情如何?父亲说两个字足以表达——幸福。

只凭他对影院建设所作的贡献,就足以给人留下深刻印象。

房屋价格下调还不足以完全打动消费者。

三、预言

1. 动词。预先说出(将要发生的事情)宾语必须是句子,不能是词。例如:

美科学家预言15年后人类可以实现心脏再生的愿望。

2. 名词。预先说出的关于将要发生事情的话。例如:

他说房地产2006年可以再增加利润,这个预言一出,立刻引来了无数"批判"。

四、相当

1. 动词。两方面差不多;配得上。比较的两方面可以同时作主语。例如:

王先生和王太太年纪相当,兴趣相投。

他俩家境相当。

也可以一方作主语,另一方用"于"引入:A相当于B。例如:

上世纪二三十年代,胡适月收入有六百银元,相当于现在的两三万元。

拦河大坝高达一百一十米,相当于二十八层的大楼。

2. 副词

表示程度高,但不到"很"的程度。例如:

他曾经在公司打过工,相当有经验。公司董事长对他相当赏识。

五、投放

动词。

1. 放下去。例如:

去年广州市投放灭鼠毒谷的总量达上百吨。

2. 把人力、物力、基金等用于工农业或商业。例如：

我们通过电视广告投放的监播数据,回顾2004年银行业广告市场的投放盛况。

3. 工商企业向市场供应商品。例如：

国产奥迪A6将于6月投放市场。

他们公司向南方市场投放了一批新型汽车。

六、挽回

动词。

1. 扭转已成的不利局面。例如：

他的聪明为公司挽回经济损失5000余万元。

虽然我也知道这段感情挽回的可能性不大,但是,我还是希望她能理解我。

2. 收回（利权等）。例如：

说出去的话,泼出去的水,无法挽回。

辨析："挽回"与"收回"

（1）表义重点不同。"挽回"主要是改变已经存在的不利局面;"收回"主要指把发出去或借出去的东西、钱等取回来。

（2）搭配对象不同。"挽回"的宾语通常与本人的名誉、情感或经济方面的损失有关。如"～面子"、"～影响"、"～损失"等。"收回"的宾语通常和具体的财产、物品或话语有关,如"～贷款"、"～成本"、"～原议"

七、限制

1. 动词。规定范围,不许超过;约束。例如：

欧盟尝到了限制中国纺织品进口的恶果。

有些老板要求公司局域网能收发邮件,但是限制部分员工上因特网。

2. 名词。规定的范围。例如：

德国、荷兰、瑞典和丹麦等4个欧盟成员国要求欧盟委员会放松对中国纺织服装产品的进口限制。

辨析："限制"与"控制"

二者都含有对目标进行一定的约束的意思。不同点在于：

（1）表义重点不同。二者都有不超出范围的意思,但"限制"的范围是事先

加以规定,不许超出;"控制"侧重于不让某一情况无节制地发展或脱离自己的掌握。例如:

办刊物编辑方针应该很灵活的,别先把自己限制死了。

最重要的是大脑皮层,它控制着人的知觉、思维和记忆等心理活动。

(2)动作主体不同。"控制"这一动作的发出者一般是人;"限制"则比较广泛,可以是人,也可以是各种客观条件。例如:

希尔在转弯时未能控制好赛车,车辆撞在了跑道外的防护墙上。

空间小限制了追逐、奔跑之类的游戏,但扩大了孩子相互接触的可能性。

(3)宾语形式不同。"控制"的对象可以是具体的,也可以是抽象的;如"～机器"、"～疾病"、"～情绪"、"～行为"等。"限制"的宾语往往是表示范围、数量等概念的抽象名词。如"～字数"、"～自由"、"～人数"、"～时间"。

八、承受

动词。表示接受;禁受。例如:

承受岁月给予的快乐与忧伤,承受爱情给予的幸福与失落。

知道他病重已有好久,总是想看他去又不敢去。我怕承受不住这诀别的场面。

辨析:"承受"和"忍受"

"承受"和"忍受"都是动词,意义相近,都可以表示"接受",二者的差别在于:

1. "承受"的对象可以是好的、不好的,也可以是中性的。"忍受"的对象一般是不好的事情,如痛苦、困难、不幸的遭遇等无奈地接受下来。例如:

现在的大学学费已经超过了普通老百姓的经济承受能力。

生活给我们提供了那么多的快乐、成就和病痛、苦难,就是为了让我们练习承受的吧?

我们还必须学会忍受。我们要忍受,忍受失落,忍受贫穷,忍受疼痛,忍受背叛,忍受歧视,还要忍受寂寞,甚至忍受寒冷和高温。

2. 承受的对象不能是人,忍受的对象可以是事物,也可以是人。例如:

我们不能忍受自然环境被污染。

你只顾耍脾气,别人怎么忍受?

九、复兴

动词。指衰落以后再重新兴盛起来。例如:

他希望唤醒人民去重整河山,复兴祖国。

我们呼唤房地产营销的复兴,也期待营销界以行动为自己正名!

辨析:"复兴"和"振兴"

都是动词,都有"兴盛起来"的意思。不同的是:"复兴"有再次振兴的意思。例如:

振兴东北老工业基地不仅为黑龙江的企业带来机遇,也可为浙江商人带来不可多得的机遇。

刘备胸怀大志,总想创立大业,复兴汉室。

句子的主干成分和附加成分

分析句子,首先得分清楚句子的主语部分和谓语部分。如果句子的主语部分是一个偏正词组,得进一步找出主语部分的中心语(有时,直接称为"主语"),一般在下面用双画线表示。如果谓语部分是一个带有中心语的词组,也得找出它的中心语(有时,直接称为"谓语"),一般在下面用单画线表示。如果谓语中心语是一个及物动词,那么,还得找出它的宾语以及宾语部分的中心语(有时,直接称为"宾语"),一般在下面用波浪线表示。

名词前面的附加语是定语,一般用圆括号表示;动词或形容词前面的附加语是状语,一般用方括号表示;动词或形容词后面的补充成分是补语,一般用角括号表示。例如:

①(那个)(财经)网站[在不到半年的时间里][就]吸引了(一大批)(忠实的)(富裕)观众。

②[最近两年],(网络广告的)需求 增长得〈非常快〉。

主语中心语、谓语中心语以及宾语中心语是句子的主干成分,确定了句子的基本框架。在阅读的时候,简单的句子不一定要进行句法分析,也能理解。但如果句子比较长,比较复杂,那么,抓住句子的主干成分,对阅读有很大帮助。例如:

③ 一个公司通过长期不断地向客户提供优质产品和完善的售后服务而建立起来的客户关系与品牌形象,是企业在市场中竞争的长期有效的无形资产。

这个句子阅读时难度很大,所以,最好先找出句子的主干成分,即"……<u>客户关系与品牌形象</u>,<u>是</u>……<u>无形资产</u>"。然后,进一步分析主语中心语和宾语中心语各自所携带的定语,弄清楚是什么样的"客户关系与品牌形象"以及什么样的"无形资产"。这样,句子的意思就不容易搞错了。

综 合 练 习

一、用正确的语调朗读下列句子。

1. 如果网络广告需求持续增长,包括《华尔街日报》网络版在内的道琼斯网站,将不足以满足市场。

2. 收购竞争之激烈,对手之强大,都超乎该公司的意料。

3. 有些分析师认为道琼斯高价收购"市场观察"存在风险性,一旦再次出现经济低谷,广告业势必会总体下滑。

4. 2005年,随着美国各大广告商纷纷将预算从出版业、广播新闻转移到了有线电视和互联网,网络广告支出估计还会增长19%。

5. 网络广告业务的日益增长,公司现有网站不足以承受网络广告业务增长需求,说明了四家媒体巨头不吝高价竞逐财经新闻网站的主要原因。

6. 因为广告商青睐那些最受大众欢迎,特别是受其利益群体欢迎的网站。所以传统媒体纷纷一掷千金,争抢此类网站。

二、给下列词语选择正确的解释。

1. 走红(　　)　　　A. 事物正在发展,一时不会终止。
2. 启动(　　)　　　B. 根据形势推测必然会怎样。
3. 抢占(　　)　　　C. 很受欢迎。
4. 投放(　　)　　　D. 开始工作;开始实施或进行。
5. 不吝(　　)　　　E. 任意挥霍钱财。
6. 磨合(　　)　　　F. 职位最高的。
7. 势必(　　)　　　G. 抢先占领。
8. 首席(　　)　　　H. 把人力、物力、资金等用于工农业或商业。
9. 方兴未艾(　　)　I. 客套话,不吝惜。
10. 一掷千金(　　)　J. 比喻双方互相适应。

第4课　网络广告增长,新闻网站再次走红

三、从所给的词语中,选出最合适的填入句中的括号里。

> 创立　待价而沽　复兴　磨合　启动　投放
> 走红　抢占　低谷　势必　份额　预计

1. 据《远东经济评论》消息,Myrice.com 网站在经过大肆收购之后,现在自己却(　　)。

2. 两个完全陌生的人走到一起,难免会有摩擦,这需要一段时间的(　　)。

3. 一个名牌的真正(　　),需要企业数十年精心培育,需要历经一次又一次的市场考验。

4. 有人(　　)联想电脑本季度在中国市场的份额将有所增加。

5. 上海世博会筹备工作全面(　　),将打造"世博之最"。

6. 随着网络的发展,网络游戏也在全球迅速(　　)。

7. 如果真想带动整个公司的(　　),首先就必须告别过去。

8. 国产品牌在2004年初曾占据市场(　　)的50%以上。

9. 这个地区的旅游业跌落到了历史以来的(　　)。

10. 任何产品在网络上(　　)广告都需要选择相对应的网络广告网站。

11. 分析员认为,国际油价高涨和印尼盾大跌都不会影响我国今年的经济增长,但油价若居高不下,(　　)打击新加坡明年的经济表现。

12. 中药如何扬长避短,扩大竞争优势,(　　)更多国际市场份额,是一个值得业内人士深入探讨的问题。

四、下列几组词语意义或用法相近,很容易混淆,请把它们区别开来。

1. 创立 / 建立

   A. 过去我们消费者权益保护话题中讨论最多的是如何(　　)法律制度问题。

   B. 1894年11月24日孙中山在檀香山(　　)了中国最早的资产阶级革命团体——兴中会。

   C. 企业人力资源管理的一切工作要以(　　)雇主品牌为思考的出发点。

   D. 推销最重要的环节是(　　)跟顾客的信赖感。

2. 限制 / 控制

   A. 中国取消额度管理并不会导致销售量无(　　)膨胀,因为市场容量是客观存在的。

   B. 他能够(　　)自己的情绪,不把情绪带到工作中去。

C. 尽管我国在水污染防治方面做了很多工作,但水污染的发展趋势仍未得到有效(　　)。

D. 旅客托运行李或携带行李时,在各国都有重量(　　)。

3. 承受／忍受

A. 众所周知,电视里充斥着广告,可是我爸爸就是不能(　　)这一点,每次电视剧放到一半弹出广告时,他总要发一顿牢骚。

B. 我们(　　)着亲人朋友对自己寄予的期望和要求。

C. 他无法(　　)每次打开这个博客需要近十分钟的等待。

D. 中国是世界上所有大国中最严重的缺水国家,水价不能充分反映水的使用价值,会在老百姓许可和(　　)范围之内,通过水价改革还水价一个真实的"面孔"。

4. 复兴／振兴

A. 国有企业应该是中国经济的主流,由于国家的重视,面临着衰败的国有企业走上了(　　)的道路。

B. 发展乡镇企业,全面(　　)农村经济,是增加农民收入的必由之路。

C. 如今我们踏上了新世纪实现民族伟大(　　)的新起点。

D. 以名牌产品占领市场,带动不同行业的(　　)。

5. 挽回／收回

A. 《万里行》杂志为消费者(　　)566万元的经济损失。

B. 哥伦比亚总统府28日证实,哥伦比亚将从美国(　　)一件失落100多年的珍贵文物。

C. 银行如果无法(　　)资金,就难以负责自身的盈亏。

D. 全行业开展职业道德教育,提高职工素质,提高管理水平,以新的形象(　　)不良影响。

五、用所给的词语改写下列句子。

1. 企业必须在淡季后期的维护上倍加留意,否则有可能被其他进入者抢先进入市场。(占据)

2. 瑞典政府不惜花费巨资建设信息高速公路。(不吝)

3. 为了讨女朋友的欢心,他常常投入大笔资金。(一掷千金)

4. 据报道,电子冰箱虽然出现不久,但销路不错,越来越受普通家庭的欢迎。(方兴未艾)

5. 联邦最高法院最高法官主要承担行政工作,负责主持最高法院每周的

例会等。(首席)

6. 利润不断下滑,整个产业结构一定要作大幅度的调整。(势必)
7. 这项工程建设,我们实施公开竞争承接方式。(竞标)
8. 我俩的互相适应期还没过去,或许才刚刚开始。(磨合)

六、用正确的语序把所给的词语排列成句子并加上适当的标点符号。

1. 付费　认为　大众　访问　没有人　网站　愿意
2. 长期　广告　只靠　很难　产品的　运营　支撑
3. 图书　两百张　20万册　相当于　光盘
4. 以　增长　广告业务　将　翻倍的速度　大幅度　网络
5. 唯一标准　不再是　在线广告　效果　点击率　的　判断
6. 网络版　令　的　足以　报纸　啧啧称羡　这一成就

七、分析下列句子的主干成分(主语中心语、谓语中心语、宾语中心语)和附加成分(定语、状语、补语)。

1. 市场开拓是公司目前亟待解决的主要问题。
2. 竞争之激烈,对手之强大,超乎该公司的意料。
3. 广告商青睐那些最受大众欢迎的网站。
4. 小李的朋友昨天买了一本新出版的杂志。
5. 他这次没参加比赛的主要原因是最近身体不太好。
6. 近年来,亚洲各国经济取得飞速发展。

八、造句。

1. 不足以——
2. 超乎——
3. 复兴——
4. 传递——
5. 竞相——

九、课堂辩论:在以下论题中任选一题,组织课堂辩论。

1. 对于个人来说,网络广告是有用的信息还是无用的垃圾?
   正方:网络广告是有用的信息。
   反方:网络广告是无用的垃圾。

2. 如果你是网站的创办人,你对要求刊登的广告是否加以筛选?
正方:筛选。
反方:不筛选。

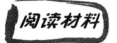

专家调低广告市场预期　网络广告逆势增长

生　词

1.	逆势	nìshì	(动)	与事情发展的方向相反。
2.	资讯	zīxùn	(名)	资料信息。
3.	业界	yèjiè	(名)	指企业界,也指企业界中各行各业或某个行业。
4.	预测	yùcè	(动)	预先推测或测定。
5.	谨慎	jǐnshèn	(形)	对外界事物或自己的言行密切注意,很小心,以免发生不利或不幸的事情。
6.	在线	zàixiàn	(动)	在互联网上。
7.	强劲	qiángjìng	(形)	强有力的。
8.	调低	tiáodī	(动)	调整降低。
9.	协会	xiéhuì	(名)	为促进某种共同事业的发展而组成的群众团体。
10.	零售	língshòu	(动)	把商品不成批地卖给消费者。
11.	涉足	shèzú	(动)	指进入某种环境或生活范围。
12.	威胁	wēixié	(动)	用武力逼迫使人屈服。
13.	攀升	pānshēng	(动)	(股票、市场等行情)在好的状态下逐渐往上升。

第4课　网络广告增长，新闻网站再次走红

专　名

1. 瑞银集团(UBS)：瑞士最大的银行，由瑞士联合银行(Union Bank of Switzerland)与瑞士银行(Swiss Bank Corp.)合并而成，总部在苏黎世。
2. 优势麦肯：Universal McCann 的中文译名。
3. 实力传播集团：Zenith Optimedia Group 的中文译名。
4. 媒体策略研究股份有限公司：MG Strategic Research Ltd. 的中文译名
5. Craigslist：著名的美国分类广告网站(http://www.craigslist.org)，目前尚无中文译名。

课　文

CNET科技资讯网2005年12月7日国际报道许多广告业界分析人士在预测广告支出时，大多数持谨慎态度，但只有互联网例外，这并不令人感到意外。

昨天，在第33届瑞银集团(UBS)全球媒体年会上发言时，许多人都降低了对今、明两年广告支出的预期。广告支出被认为是经济的晴雨表[1]，尽管不看好广告支出增长，但分析人士一致认为在线广告支出会强劲增长。

世界第3大传播集团优势麦肯的高级副总裁罗伯特将2005年美国广告支出的增长速度调低为4.6%；2004年美国广告支出较2003年增长了7.4%。罗伯特预计明年美国广告支出将较今年增长5.8%。

实力传播集团的全球首席执行官史蒂夫也调降了他对今、明两年美国广告支出的预期。但他预测，2005年互联网广告支出将较2004年增长15%，明年的增长速度将达到22%。在谈到网络媒体时，他说，即使是比较保守的广告主也开始频繁地利用它。

美国报业协会的詹姆士和媒体策略研究股份有限公司的迈尔斯表示，网站广告的光圈效应[2]提高了报纸的广告收入。詹姆士预测说，尽管2005年全国性广告收入下滑了2%，零售、分类广告等领域的增长速度较慢，而报纸广告支出较2004年增长了3.2%，原因就是报纸网站的广告支出较上年增长了29.5%。他对明年报纸广告支出也作出了类似的预测，明年报纸广告支出将增长4%，报纸网站广告支出的增长幅度

为25.1%。詹姆士还预测说,目前在线广告支出只占报纸广告支出的3%~5%,未来数年内这一数字可能提高至10%~15%。

迈尔斯则认为今明两年报纸广告支出的增长幅度都是3.4%,报纸网站广告支出的增长幅度都有大幅度提高:今、明两年的增长幅度分别为40%、31.2%。但他也表示,报纸网站广告支出的增长可能会受到Google、Craigslist等互联网竞争对手涉足本地广告市场的威胁。

业界分析人士还认为,2005年互联网广告支出的增长幅度将达到31%,明年这一数字将攀升到37%。

(来源:中华广告网http://www.a.com.cn;作者:佚名)

注 释

1. 晴雨表

晴雨表:一种预测天气的仪器。文中比喻广告支出的多少直接体现经济的繁荣与低落。

2. 光圈效应

光圈:摄影机等光学仪器的镜头中改变通光孔径的大小、调节进入光量的装置。光圈效应比喻人对某人某物的某一特征的好或不好的印象会扩大到其他方面。

思考和练习

一、根据课文内容,给下面的每一道题选择正确的答案。

1. 许多广告业界分析人士在预测互联网广告支出时的态度是(　　)。
   A. 谨慎　　　B. 意外　　　C. 不看好　　　D. 乐观
2. 罗伯特预计2006年美国广告支出将比2005增长(　　)。
   A. 4.6%　　　B. 5.8%　　　C. 7.4%　　　D. 3.2%
3. 明年报纸网站广告支出的增长幅度比报纸广告支出(　　)。
   A. 大　　　　B. 小　　　　C. 相同　　　　D. 不知道

二、根据课文内容,判断下面句子的正误。

1. 许多广告业界分析人士认为未来的广告支出不太理想。(　　)

2. 近两年的全球经济非常繁荣。(　　)

3. 报纸网站广告支出的增长幅度很大。(　　)

4. 2005年全国性广告收入增长缓慢。(　　)

三、指出画线的词语在句子中的意思。

1. 长期以来我们一直坚信股市是经济的<u>晴雨表</u>,现在,股市的持续萎靡已经为我国经济的可持续发展敲响了警钟。(　　)

　　A. 晴天与下雨的记录　　　B. 好与不好的预测

　　C. 晴天与下雨的表格　　　D. 晴天与下雨的预测

2. 随着高利润消息的日益明朗,许多汽车经销商纷纷<u>涉足</u>二手车市场,据了解,北京现代、上海大众、广州本田、东风日产等品牌车的经销商已经或者即将介入这项全新的业务。(　　)

　　A. 进入　　　　　　　　　B. 洗脚

　　C. 关系　　　　　　　　　D. 干涉

3. 报纸网站广告支出的增长可能会受到 Google、Craigslist 等互联网竞争对手涉足本地广告市场的<u>威胁</u>。(　　)

　　A. 用武力逼迫　　　　　　B. 可能性竞争

　　C. 口头吓唬　　　　　　　D. 一起工作

4. 诺基亚的执行副总裁凯表示,诺基亚估计,它在新兴市场上52%的销售来自换机用户,预计明年这一数字将<u>攀升</u>到60%。(　　)

　　A. 爬上　　　　　　　　　B. 升起

　　C. 上升　　　　　　　　　D. 下降

四、根据课文内容,回答下面的问题。

1. 为什么许多广告业界分析人士在预测互联网广告支出时,大多数持谨慎态度?

2. 为什么2005年全国性广告收入下滑了2%,而报纸广告支出却比2004年增长了3.2%?

3. 互联网广告支出为什么会不断增长?

第 5 课

企业公关部门的 7 个主要职能

 生 词

1.	职能	zhínéng	(名)	人、事物、机构应有的作用;功能。
2.	阐述	chǎnshù	(动)	论述(比较深奥的问题)。
3.	笼统	lóngtǒng	(形)	缺乏具体分析,不明确;含混。
4.	建制	jiànzhì	(名)	编制、制度的总称。
5.	架构	jiàgòu	(名)	行政机关或企业单位的组织框架、结构。
6.	挂靠	guàkào	(动)	指有些单位本身没有资质,而将人事等关系放在别的单位。
7.	折射	zhéshè	(动)	光线、声波在两种物质的接触面上改变传播方向后,进入第二种物质。例如光线从空气中进入水中,方向发生改变。比喻把事物的表象或实质表现出来。
8.	制约	zhìyuē	(动)	事物 A 本身的存在和变化以事物 B 的存在和变化为条件,就是事物 A 为事物 B 所制约。
9.	偏差	piānchā	(名)	工作上产生过分或不及的差错。

10. 隶属	lìshǔ	（动）	（区域、机构等）受管辖；从属。
11. 不一而足	bùyī'érzú	（成）	不止一次或一种，而是很多次或很多种。
12. 苛求	kēqiú	（动）	过于严格地要求。
13. 迷失	míshī	（动）	弄不清；走错（方向、道路等）。
14. 认同	rèntóng	（动）	无论对方说什么或是做什么，都有一致的回应。
15. 舆论	yúlùn	（名）	群众的言论。
16. 统筹	tǒngchóu	（动）	统一筹划。
18. 拓展	tuòzhǎn	（动）	开辟扩大（土地、道路、领域）等。
19. 营造	yíngzào	（动）	经营建筑。
20. 决策层	juécècéng	（名）	决定策略或办法的阶层。
21. 务实	wùshí	（形）	讲究实际，不求浮华。
22. 妥善	tuǒshàn	（形）	妥当完善。
23. 囊括	nángkuò	（动）	把全部包括在里面。
24. 替代	tìdài	（动）	代替。

课　　文

企业公共关系部门的职能究竟是什么？要回答这一问题，说简单也很简单，因为许多公共关系教科书上对此已有阐述，比如"信息管理"、"决策参谋"、"对外宣传"、"协调关系"等等。这些当然都正确，但未免失之笼统。如果认真观察一下目前我国许多企业公共关系部门的运作现状，就不难发现，实际情况远比人们想象的要纷繁复杂得多。

一个十分现实的问题是：我国不少企业虽已有了公共关系部门的建制，但不仅名称有异（如有的称为"公共事务部"、"对外联络部"乃至"沟通部"），组织架构[1]形式亦多有不同。在一些企业，公共关系部属于一级职能部门[2]，与总经理办公室、营销部、人力资源部等机构并列，直属总经理或某一分管副总经理领导；而在另一些企业，公共关系部却属于二级部门，即挂靠在某个一级部门之下，成了这一部门的附属机构。如果说不同的名称已多少折射出企业公共关系部门在职能定位上不完全一致的话，那么不同的组织架构形式，就意味着公共关系部门在具体职能行使上的明显差异。道理很简单，当公共关系部只是一个二级部门时，它所行使的职能不可能不受上一级部门职责范围的制约，从而出现一定程度的偏差。比如，隶属于总经理办公室的公共关系部往往偏重于一般事务的联络和处理，隶属于营销总部的公共关系部则往往偏重于对市场销售行为的直接支持等等，不一而足。

对此似乎不必苛求。因为不同的企业本来就有着不同的情况和需要。何况设立公共关系部门本身就是我国企业的一大进步。在这一过程中，某些企业的公共关系部门在职能定位上出现某种迷失，也应当可以理解，但理解不等于认同。无论从企业的长远发展来说，还是从公共关系职业的规范来说，还应该对企业公共关系部的职能定位提出一些要求和期望。

从理论上说，公共关系部门作为企业不可或缺的重要机构之一，所发挥的乃是一种管理职能，即对该企业的形象和声誉实施战略管理。因此，企业公共关系部门所行使的职能，主要应有以下7个方面：

◆ 积极组织和开展有关调查工作，监测舆论环境，分析各种信息，为企业发展战略和相关工作计划的制定提供依据。

◆ 对企业形象的定位、设计等事关企业形象整体建设方面的问题进行统筹考虑，并向决策层提出切实可行的建议方案。

◆ 作为企业的新闻发言人，或是新闻发言人的支持部门，深入把握企业情况，及时向社会公众提供企业的各种信息。

◆ 制定整体传播计划，通过策划和实施各种新闻发布活动或公共关系专题活动，有效地传播企业或品牌的良好形象。

◆ 积极、主动地和那些与企业运营有关的社会公众进行沟通，并协调拓展这些关系，为企业发展营造一个良好环境。

◆ 协助企业决策层建立科学、务实的危机管理机制，并负责日常危机信息的搜集以及危机预警（防范）方面的工作。

◆ 具体应对并妥善处理企业随时有可能面临的各种突发性的危机事件，切实维护企业或品牌的社会声誉和良好形象。

上述7个方面构成了公共关系部门的独特管理职能，使公共关系部门既与企业的长远发展目标紧密联系在一起，又与企业的其他管理部门明确地区分了开来。自然，公共关系部门应该也可以支持企业其他部门的工作，但在职能定位上，仍然有着它自身的质的规定性，绝非其他职能所能囊括或替代。否则，公共关系部门就失去了它存在的依据。

（文章来源：中国公关门户http://www.17pr.com；作者：叶茂康）

注　释

1．组织架构

组织架构指组织的结构，即一个组织的具体构成，一般来说，组织的构成包括目标、协调、人员、职位、职责、相互关系和信息。一个富有效率的组织架构应该实现以下功能：

A．形成合理的责权结构和公司内部良好的分工合作体系，通过制度化的设计，促进对策略的持续性思考和不断创新。

B．有效地整合部门和员工，形成一个有效运作的团队，共同指向企业的整体目标。

C．以客户为导向，打破部门分割，通过良好的机制提高客户的满意度和忠诚度，从而最大限度地获得和维护客户资源。

D．有效地管理公司资源，促进员工的知识沉淀，转化为公司的知识，掌控好公司的关键资源，避免人力资源风险。

2．职能部门

职能是指人、事物、机构在工作中所承担的职责和应有的作用。机构的职能一般包括机构所承担的责任、所拥有的权力以及该机构在整体中的作用和地位等内容。一级职能部门指具有领导权、决策权的部门；二级职能部门从属于一级职能部门，相对来说，独立性要差得多，决策权也要小得多。

预　习　题

一、根据课文内容，给下列各题选择正确的答案。

1．第一段的主要意思是（　　）。

A．"企业公共关系部门的职能究竟是什么"这个问题很简单

B．"企业公共关系部门的职能究竟是什么"这个问题实际上很复杂

C．"企业公共关系部门的职能究竟是什么"这个问题谁也不知道怎样回答

D. 企业公共关系部门的职能就是"信息管理"、"决策参谋"、"对外宣传"、"协调关系"等等

2. 关于公共关系部门,下面与课文内容相符的说法是(　　)。
   A. 我国的大部分企业都已有了公共关系部门的建制
   B. 我国企业的公共关系部门在具体职能行使上没有明显差异
   C. 公共关系部门的设立标志着我国企业有了很大的进步
   D. 从企业的发展以及从公共关系职业的规范来说,我国企业对企业公共关系部的职能定位很准确

3. 企业公共关系部门所行使的职能是(　　)。
   A. 对企业的形象和声誉实施战略管理
   B. 监测舆论环境
   C. 向决策层提出切实可行的建议方案
   D. 切实维护企业或品牌的社会声誉和良好形象

4. 课文的主要意思是(　　)。
   A. 企业公共关系部门的职能究竟是什么
   B. 我国企业公共关系部门的实际情况纷繁复杂
   C. 企业公共关系部门所行使的职能有七个主要方面
   D. 企业公共关系部门在职能定位上,有它自身的质的规定性

二、根据课文内容,判断下列各题的正误。

1. "企业公共关系部门的职能究竟是什么"是个很简单的问题。(　　)
2. 我国不少企业的公共关系部门的组织架构形式大多相同。(　　)
3. 企业公共关系部门名称不同,就说明它们在职能定位上不完全一致。(　　)
4. 不同的企业有着不同的情况和需要,所以组织架构形式亦多有不同。(　　)
5. 对于某些企业的公共关系部门在职能定位上出现的某种迷失,可以理解和认同。(　　)
6. 公共关系部门是企业不可或缺的最重要的机构。(　　)
7. 公共关系部门具有独特的管理职能,与企业的其他管理部门有着明显的区别。(　　)
8. 职能定位上,其他部门有时可以囊括或替代公共关系部门。(　　)

三、根据课文内容回答下列问题。

1. 我国许多企业公共关系部门的运作现状怎么样?
2. 为什么我国不少企业公共关系部门的名称和组织架构形式会有差异?
3. 某些企业的公共关系部门在职能定位上出现某种迷失,为什么是可以理解的?
4. 企业公共关系部门所行使的职能主要有哪些方面?
5. 企业公共关系部门与其他部门的关系怎样?

词汇例释

一、究竟

副词。

1. 用于问句,表示进一步追究,有加强语气的作用。多用于书面语,而口语中多用"到底"。注意:"究竟"问句不能用疑问词"吗"。例如:

问题究竟出在哪里呢?

2. 归根结底,毕竟。有加强语气的作用。多用于含有评价意义的陈述句。例如:

孩子究竟还小,不能像大人那样去要求他。

孩子究竟是孩子,哭一会儿就没事了。

二、说简单也很简单

"说A也A"格式中,"说"后面与"也"前面的形容词是相同的,可以理解为省略了"如果"的紧缩句,意思是"如果说A,那确实是A",它的后面常常隐含着对比意味的句子。例如:

外交上的事情,说复杂也复杂,说简单也简单。

三、未免

副词。

表示不以为然,主要意思在于否定,但是语气比较委婉。常跟程度副词"太、过于、不大、不够、有点、有些……"以及数量词"一点(儿)、一些"合用。

1. 未免＋形容词。例如:

内容不错,只是文章篇幅未免太长了。

2. 未免＋动＋得……；动＋得＋未免。其中只有当动词带有含程度意味的状语或补语时,才能受"未免"修饰。例如：

你未免把他说得太好了。(＝把他说得未免太好了)

你说得未免过分了点。

四、乃至

连词。放在并列的名词、形容词、动词、介词短语、小句的最后一项之前,表示强调突出这一项。例如：

中共十六大的决策对全中国乃至世界的局势都至关重要。

任何良好的合作都是建立在双赢乃至多赢的基础上的。

辨析："乃至"与"甚至"

"乃至"和"甚至"作连词时,都提出突出的事例,有更进一层的意思,两者意思用法基本上一样,但"甚至"还可以用作副词,强调事例十分突出。常常和"连……也/都"等强调格式连用。例如：

这样的算术题甚至连幼儿园的小孩也能算出来。

"甚至"也可以写成"甚至于"或"甚而至于"。"乃至"没有副词的用法。

五、行使

动词。执行；使用。宾语一般是"职权、权力、权利"等。例如：

依法行使自己的权利。

未成年子女的姓名权一般都由父母双方共同协商行使。

六、何况

连词。用在第二分句的开头。

1. 用反问语气表示更进一层的意思,表示经过比较其结果不必再说的意思。例如：

这个字许多中国人都不认识,何况外国留学生呢？

2. 补充、说明另一个理由,有"况且"的意思。例如：

他是第一次去美国,何况又不太会说英语,困难一定不少。

辨析："何况"与"况且"

"何况"与"况且"意思基本一样,一般情况下可以互换。但在反问句中只能用"何况"不能用"况且"。例如：

他家不太远,况且我们又是打的去,不用那么早去。

——他家不太远,何况我们又是打的去,不用那么早去。(正确)

这个字许多中国人都不认识,何况外国留学生呢?

——这个字许多中国人都不认识,况且外国留学生呢?(错误)

七、规范

1. 名词。约定俗成的或明文规定的标准。例如:

市场规范/行为规范

2. 形容词。例如:

收养中国孩子之所以在美国持续升温,很重要的原因是中国的收养制度很规范。

3. 动词。使符合规范。例如:

用新的社会道德来规范人们的行动。

八、从……说

表示议论或者看问题的角度。"从理论上说",就是从理论这个角度来发表议论或者看待问题。此外,该格式常见的还有其他的搭配,如:从道理上说、从道义上说等。

九、乃是

"乃"是古代汉语延续下来的一个动词,现在常用在书面语中,它的意思是"是;就是;实在是"。"乃"与"是"连用,加强了判断语气。例如:

中欧"鞋战"乃是部分欧盟成员国国内制鞋业利益集团挑起的,这在国际贸易界属于公开的秘密。

十、制定

动词。定出(法律、规程、计划等)

辨析:"制定"与"制订"

两者都是动词。"制定"重心在于强调创制拟定出了结果,"制订"重心在于强调创制拟定的过程。例如:

从有关方面获悉,安徽省有关新的资费方案正在紧张制订中。

乌拉圭回合谈判中,许多国家提议制定了针对动植物检疫的《实施动植物卫生检疫措施的协议》(简称SPS)。

十一、把握

1. 动词。

a. "握、拿"的意思。例如：

开车的时候应该好好把握住方向盘。

b. 抓住(抽象的东西)，如"把握时机"。

2. 名词。成功的可能性(多用于"有"或"没有"后)。例如：

这次谈判我方有很大的把握。

十二、自然

1. 名词。自然界。例如：

春雨听起来就像是大自然美妙的音乐。

2. 副词。

a. 自由发展；不受到人力的干预。例如：

你不用问了，到底是谁干的到时自然就知道了。

b. 表示理所当然。例如：

只要认真学习，自然就会取得好成绩。

3. 形容词。不勉强；不呆板。例如：

虽然这是他的第一次表演，但是他的表情非常自然。

辨析："自然"、"当然"、"仍然"

"自然"作副词时，意思与"当然"十分接近。但"自然"侧重于客观的规律或趋势，有"必然如此"的意思。"当然"侧重于道德或习俗，有"应该如此"的意思。例如：

生活富裕，心情自然就好了起来。

学生有困难，老师当然应该帮助解决。

副词"仍然"，表示情况继续不变或恢复原状。例如：

他把信看完，仍然装在原来的信封里。

十三、联络

动词。彼此交接；接上关系。例如：

他联络了一些人办了一个读书会。

辨析:"联络"与"联系"

"联系"与"联络"的意思基本一样,都是"彼此接上关系"。但是"联系"可以用在"理论联系实际"和"密切联系群众"等场合,"联络"限于具体的人际关系("群众"是一个抽象的概念),"联系"没有这个限制。此外,"联络"比"联系"显得更书面化一些。"联系"常用做宾语,如建立联系、失去联系,"联络"很少这么用。

"比"字句

用介词"比"引出比较对象的比较句称为"比"字句。

1. "比"字句的肯定形式

表示肯定时,"比"字句的基本形式是"A+比 B+形容词(或心理动词)",例如,"我比他高"、"他比你更喜欢孩子"。

出现在"比"字句中的形容词必须能表示程度差异,因此,极度形容词(如"乌黑"、"雪白"等)以及带叠音后缀的形容词(如"绿油油"、"金灿灿"等)不能用在"比"字句中。

有些"动词+得+形容词"形式的动补词组也能构成"比"字句,这时,比较项可以出现在动补词组之前,也可以出现在补语部分的形容词之前。例如:

① 他比你跑得快 / 他跑得比你快。

2. "比"字句的否定形式

"比"字句的否定形式一般是把"比"改为"没有"或"不如",形容词前面可以加上"这么"或"那么"表示强调,例如:

② 他没有你(这么/那么)高。

③ 他没有你跑得(这么/那么)快 / 他跑得没有你(这么/那么)快。

有时,也可以用"不比"来表示否定。"A 不比 B……"和"A 没有 B……"这两种否定形式在意义和用法两方面都有较大差异,例如:

④ a. 小张没有小刘高。b. 小张不比小刘高。

从意义上看,a句的含义十分明确,必定是"小刘比小张高",b句的含义则比较模糊,可能是"小刘比小张高",也可能是"小刘和小张一样高"。

再从用法上看,a句比较自由,可用于反驳,也可用于直接陈述。b句通常只用于针对某一观点进行反驳。

3. "比"字句的程度表达法

"比"字句表示程度差异时,不能在形容词前面加"很"、"最"、"非常"等程度副词,而要在形容词后面加上程度补语"……得多"或者加上具体说明差异程度的数量补语。例如:

⑤ 这家餐厅的菜比那家餐厅贵得多。

⑥ 他们公司的员工比我们公司多两倍。

注意,在"比"字句中,副词"更"不表示程度,它的作用只是改变句子的前提。例如:

⑦ a. 这台电脑比那台电脑好。b. 这台电脑比那台电脑更好。

使用b句必须具备一个前提,即两台电脑质量都很好,a句没有这种限制。

综合练习

一、用正确的语调朗读下面的句子。

1. 企业公共关系部门的职能究竟是什么?

2. 如果说不同的名称已多少折射出企业公共关系部门在职能定位上不完全一致的话,那么,不同的组织架构形式,更意味着公共关系部门在具体职能行使上的明显差异。

3. 无论从企业的长远发展来说,还是从公共关系职业的规范来说,我们还应该对企业公共关系部的职能定位提出一些要求和期望的。

4. 制定整体传播计划,通过策划和实施各种新闻发布活动或公共关系专题活动,有效地传播企业或品牌的良好形象。

5. 具体应对并妥善处理企业随时有可能面临的各种突发性的危机事件。

6. 无疑,正是上述7个方面,构成了公共关系部门的独特管理职能。

7. 自然,公共关系部门应该也可以支持企业其他部门的工作,但在职能定位上,仍然有着它自身的质的规定性,绝非其他职能所能囊括或替代。

8. 否则,公共关系部门就失去了它存在的依据。

二、给下列词语选择正确的解释。

1. 笼统（　　）　　　A. 工作上产生过分或不及的差错。
2. 架构（　　）　　　B. 缺乏具体分析,不明确;含混。
3. 偏差（　　）　　　C. 讲究实际,不求浮华。
4. 决策层（　　）　　D. 比喻把事物的表象或实质表现出来。
5. 务实（　　）　　　E. 群众的言论。
6. 妥善（　　）　　　F. 决定策略或办法的阶层。
7. 舆论（　　）　　　G. 行政机关或企业单位的组织框架、结构
8. 折射（　　）　　　H. 妥当完善。

三、从所给的词语中,选出最合适的填入句中的括号里。

| 笼统　偏差　妥善　阐述　务实　从而 |
| 规范　行使　究竟　未免　何况　舆论 |

1. 美国总统布什1月31日在美国国会发表国情通告,(　　)了美国的内外政策。

2. 目前不少学生在专业的选择上非常(　　),导致了很多留学生回国很难找到工作。

3. 会议第一天,就让人十分强烈地感受到了一种(　　)的氛围,会议议程安排得非常紧凑而富有效率。

4. 他在对个人住房贷款新政策的理解过程中,多少还存在一些(　　)。

5. (　　)是指在一定社会范围内,消除个人意见差异,反映社会知觉和集合意识的、多数人的共同意见。

6. 这道题也(　　)太难了点,我真的不会做。

7. 为(　　)电子商务交易、明确交易各方的权利义务和责任、建立交易规则、提高电子商务交易的可靠性与信任度,中国电子商务协会网络交易平台服务(　　)。

8. 父母协商(　　)子女姓氏权时,除了考虑未成年人的有利成长、方便使用等各方面因素外,主要是遵照当地的社会习惯做法。

9. 拿到护照,要(　　)保管。一旦丢失,可先到派出所报案,凭报案证明到市公安局出入境管理处备案,再登报挂失,3个月后才可重新申请。

10. 眼看见的事情也不一定就真实,(   )还是道听途说的呢?

11. 其他星球上(   )有没有生命?

12. 在这部作品中,海岩一反常规,故事的主题不再是公安题材,主人公也不再行走于危险和秘密之间,(   )告别了"刑侦+爱情"的既有海岩剧模式。

四、下列几组词语意义或用法比较接近,很容易混淆,请把它们区别开来。

1. 乃至 / 甚至

    A. 我国是彩电、手机生产大国,但这两项产品的关键技术50%以上掌握在跨国公司手里;包括电脑、DVD,我国(   )连出口一个鼠标都要交专利费。

    B. 中国国际机床展览会是中国(   )亚洲地区最具影响力的国际机床工具市场平台,受到海内外同行业的关注。

    C. 据了解,此次Intel方面完全放弃了以往的价格策略,不但取消了"大客户优惠政策",(   )连顶级OEM制造商和直销商都不会再有任何特权了。

    D. 目前,奥克斯南昌空调生产基地凭借着当地的劳动力优势和产业、销售等优势,已成为当地的"明星代表企业",并得到了国务院有关领导的好评,成为南昌(   )江西一个重要的投资企业。

2. 何况 / 况且

    A. 他连简单的汉语课本也读不懂,更(   )中国古典小说呢?

    B. 我得了重感冒,(   )父母又从国内来看我,所以这几天我没去上课。

    C. 他连上海都没去过,(   )外国呢?

    D. 路不算太远,(   )还是快车,准能按时赶到。

3. 自然 / 当然 / 仍然

    A. 这是我的第一百零一封信了,如果你不回信,我(   )知道是什么意思了。

    B. "亲爱的,如果我死了,你会为我流很多很多眼泪吧?""(   )。你知道我,什么鸡毛蒜皮的事都要哭一场的。"

    C. 二十年过去了,她的笑脸(   )明亮,眼神(   )深情。

    D. 大多数人肯定认为打开电源是非常理所(   )的事情。

    E. 在婚后的第二年,为了要分家,大哥提出搬到外面去住,母亲

（　　）同意。树大分丫，儿大分家，这是自古以来的规矩。

F. 最让人感到意外的是，一位顾客全额购买了一台三星冰箱，如今在卖场保管都有3年了，但顾客（　　）没来提货。

4. 联络／联系

A. 新的形势和任务，要求我们必须坚持理论（　　）实际的作风。

B. 徐汇区干休所为了更好地为离休老同志服务，及时了解全所离休老同志的需求，建立了（　　）员制度。

C. 党员（　　）群众制度是密切党群关系的有效措施，是一项富有成效的思想政治工作。

D. 她（　　）了一批老朋友一起参加星期天的聚会。

5. 制定／制订

A. 企业的正常运营离不开规章制度，规章制度的（　　）是企业的一种内部"立法"行为，这是法律赋予企业的一项重大权利。

B. 行政机关是政策（　　）的主要承担者。

C. 市场营销计划往往在成功的商业计划中起核心作用，但如何（　　）有效、实用的市场营销计划却不是件容易的事。

D. 为提高政府价格主管部门价格决策的科学性，规范定价成本监审行为，根据《中华人民共和国价格法》，特（　　）出本办法。

五、用所给的词语改写下列句子。

1. 媒体要算最热闹的一行，除了电视直播，还有大量相关的娱乐节目，幸运观众的奖品。从大彩电到几百元钱的各种奖品，不能一一列举。（不一而足）

2. 尺寸不符合标准是一项直接对工程质量产生影响的重要指标。（偏差）

3. 任何事物在刚起步的时候，总会存在这样或那样的不足，但如果平心静气地想一想，我们是不是要求太严格了点儿？（苛求）

4. 命运只照顾那些信念执著、不畏艰险、踏实奋进的创业者。（务实）

5. 简约风格的家具可以设置创造出清凉的空间感，因此最适合夏天。（营造）

6. 明基全系列产品今年一共获取了17个奖项，总得奖数排名全球第三。（囊括）

六、用正确的语序把所给的词语排列成句子,并加上适当的标点符号。

1. 可以预计 将会 对外贸易 中国的 更上一层楼
2. 在 各个银行 并不 利率的 相同 完全 计算方式上
3. 决定 财政部 证券市场的 印花税率 调整 交易
4. 应当 更多的 保险公司 客户 为 超值服务 提供
5. 他 声音 说话 的 响亮 比 我
6. 一点也 小李 的 老张 不比 差 工作能力
7. 有趣 这篇 小说 那么 没有 那篇
8. 我 流利 不如 念 他 得

七、仿造例句,用画线的词语造句。

1. 这些当然都正确,但<u>未免</u>失之笼统。
2. 实际情况<u>远比</u>人们想象的要纷繁复杂得多。
3. 如果说不同的名称,已多少折射出企业公共关系部门在职能定位上不完全一致的话,那么不同的组织架构形式,就<u>意味着</u>公共关系部门在具体职能行使上的明显差异。
4. 因为不同的企业本来就有着不同的情况和需要。<u>何况</u>,设立公共关系部门本身就是我国企业的一大进步。
5. 当公共关系部只是一个二级部门时,它所行使的职能不可能不受上一级部门职责范围的制约,<u>从而</u>出现一定程度的偏差。
6. 公共关系部门与企业的长远发展目标<u>紧密</u>联系在一起。
7. <u>自然</u>,公共关系部门应该也可以支持企业其他部门的工作。

八、社会实践。

把全班同学分成两组进行辩论,A组为正方,B组为反方。

A组观点:公共关系部门在企业中具有举足轻重的地位,应该强化它的职能;

B组观点:正好相反,认为公共关系部门有没有都无所谓,企业的核心应该是技术部门。

辩论之后,双方各派一名代表作总结性发言。

索尼危机公关 被媒体拒绝启示了什么?

生　词

1. 款	kuǎn	（量）	种（常用于表示商品款式的数量）。
2. 批次	pīcì	（量）	课文中指批量生产的次数。
3. 曝光	bào guāng	（动）	比喻隐秘的事（多指不光彩的）显露出来,被众人知道。
4. 均	jūn	（副）	都,全部。
5. 鉴定	jiàndìng	（动）	辨别并确定事物的真伪、优劣等。
6. 片面	piànmiàn	（形）	单方面的;偏于一面的(跟"全面"相对)。
7. 轩然大波	xuānrándàbō	（成）	比喻大的纠纷或风潮。
8. 撤柜	chèguì	（动）	从柜台上把货物撤下来。
9. 精辟	jīngpì	（形）	（见解、理论）深刻;透彻。
10. 剖析	pōuxī	（动）	深刻细致地分析。
11. 坚称	jiānchēng	（动）	坚定地声称。
12. 适得其反	shìdéqífǎn	（反）	结果跟希望正好相反。

课　文

12月13日,一则关于索尼多款数码相机质量问题的新闻引起了业界和广大消费者的强烈关注。浙江省工商局公布的最新商品质量检测报告显示,在对6大品牌34只数码照相机的专项抽检中,共有13只数

码相机被判定为不合格,合格率仅62%。此后,根据国家有关规定,该省工商局又进行了扩大抽检,结果发现上海索广电子有限公司以及索尼电子(无锡)有限公司生产的6个型号30个批次数码相机存在问题,被判定为不合格。

12月14日,新华网发表了一篇名为《索尼问题相机被曝光 连夜"公关"遭媒体拒绝》的文章。文章透露浙江省工商行政管理局12日晚发布索尼6个型号30个批次的数码相机均不合格的通报之后,许多媒体都收到了各种"公关"者的电话。文章还说,12日晚,浙江一份都市类报纸经济新闻部负责人接到一名"公关"者的电话,对方以大量订阅该报纸为条件,要求撤下这份稿件。据介绍,这名"公关"者曾表示,其他报社都已决定不发稿,工商局的鉴定也存在片面的情况。消息一传出,国内立刻掀起了轩然大波。

12月15日,索尼(中国)有限公司在中国官方网站上发表公开声明,就近日浙江省工商局检测出索尼6款数码相机不合格的事件作出"道歉",称"索尼中国相关负责人已就这一问题积极诚恳地与当地各相关部门进行了沟通,并表示了诚挚的歉意",同时"在进一步检测结果落实之前,先暂时停止DSC-H1等六个型号数码相机的销售,并已经将此承诺迅速落实到了具体的工作中。对于此前购买了以上6个型号数码相机产品的用户,按照相关政府部门的指示,将继续遵照国家现行的相关法律法规[1]保障消费者的权益"。

随后,全国范围内众多销售商接到产品撤柜的通知。记者近日从安徽的一些大卖场看到,索尼的上述5款产品已经陆续下柜。

美国危机管理[2]专家奥古斯丁对危机处理有一个精辟概括:"说真话,立即说。"企业应把这句话作为危机公关的总原则,敢于及时剖析自己,承认错误。在杭州事件发生之后,索尼并没有迅速地作出积极反应,没有迅速地去了解自己问题出在哪,并作出准确判断,而是坚称自己的产品没有质量问题,并试图将话题转移到对目前中国数码产品的检测标准问题的讨论上。结果适得其反,使自己处于被动的局面。索尼的"坚持"给中国消费者留下了"索尼不负责任"的不良印象,也严重损害了索尼品牌的声誉。

(来源:中国公关门户 http://www.17pr.com;作者:佚名)

注 释

1. 相关法律法规

相关法律法规指的是《中华人民共和国消费者权益保护法》。其中,第二十三条:经营者提供商品或者服务,按照国家规定或者与消费者的约定,承担包修、包换、包退或者其他责任的,应当按照国家规定或者约定履行,不得故意拖延或者无理拒绝。

2. 危机管理

所谓危机管理,就是企业为应付各种危机情景所进行的规划决策、动态调整、化解处理、员工训练等活动的过程,其目的在于消除或降低危机所带来的威胁。危机管理奉行"危机不仅意味着威胁、危险,更意味着机遇"的积极的行为准则。危机管理具有不确定性、应急性和预防性三大特征。由于危机爆发后往往给企业带来重大的经济损失和形象伤害,处理不当甚至会导致企业倒闭。

思考和练习

一、根据课文内容,给下面的每一道题选择正确的答案。

1. 这篇课文的主要内容是什么?(　　)
   A. 索尼发布了数码相机质量问题的新闻
   B. 全国范围内众多销售商拒绝卖索尼数码相机
   C. 讨论了中国数码产品的检测标准问题
   D. 索尼不积极解决自身的问题,引发了公关危机

2. 文章第二段的主要内容是什么?(　　)
   A. 全中国对索尼针对问题相机进行"公关"一事反应强烈
   B. 索尼在新华网发表了道歉文章
   C. 浙江省工商局的鉴定存在片面的情况
   D. 这是一条假新闻

3. 索尼多款数码相机质量问题的新闻刊发之后,商家对问题相机的反应是什么?(　　)
   A. 继续出售　　　　　　　　B. 拒绝出售
   C. 陆续撤柜　　　　　　　　D. 进行赔偿

4. 文章最后一段的主要内容是什么?（   ）
   A. 奥古斯丁是美国危机管理专家
   B. "说真话,立即说"是企业危机公关的总原则
   C. 索尼没有遵照企业危机公关的总原则处理问题,因而损害了索尼品牌的声誉
   D. 索尼给中国消费者留下了"索尼不负责任"的不良印象

二、根据课文内容,判断下面句子的正误。
   1. 索尼数码相机质量问题的新闻引起了浙江省工商局的强烈关注。（   ）
   2. 发布数码相机均不合格的通报之后,许多媒体都收到了索尼公司的电话。（   ）
   3. 索尼大量订阅了一份都市类报纸,目的是想让该报撤下对它不利的稿件。（   ）
   4. 索尼(中国)有限公司在网站上发表了"道歉"。（   ）
   5. 对于此前购买了索尼相机产品的用户,将遵照国家现行的相关法律法规得到相应的补偿。（   ）
   6. 杭州事件的发生严重损害了索尼品牌的声誉。（   ）

三、根据课文内容,回答下面的问题。
   1. 索尼问题相机事件被曝光之后,索尼公司是怎样处理的?
   2. 全国媒体对索尼"公关"的反应怎样?
   3. 索尼(中国)有限公司在中国官方网站上发表公开声明的主要内容、目的是什么?
   4. 杭州事件给索尼品牌造成了什么影响?

第 6 课

招聘面试中如何进行有效的提问？

生　词

1.	候选人	hòuxuǎnrén	（名）	有被选举资格而参加竞选的人。
2.	团队精神	tuánduì jīngshén		集体中相互团结合作的精神。
3.	暂停	zàntíng	（动）	停止一段时间。
4.	妥当	tuǒdang	（形）	稳妥适当。
5.	忌讳	jìhuì	（动、名）	力求避免某些可能产生不利后果的事。
6.	汇报	huìbào	（动）	向上级报告。
7.	纠纷	jiūfēn	（名）	争执不下的事情。
8.	协作	xiézuò	（动）	互相配合，共同完成某项任务。
9.	沟通	gōutōng	（动）	使两方相通连；也指疏通彼此的意见。
10.	频率	pínlǜ	（名）	在单位时间内某种事情发生的次数。
11.	导入	dǎorù	（动）	引导、进入。
12.	确认	quèrèn	（动）	明确承认。
13.	应聘者	yìngpìnzhě	（名）	求职的人。

14. 畅所欲言
　　chàngsuǒ'yùyán　（成）　痛快地把想说的话都说出来。

15. 总结 zǒngjié　（动、名）　总和各方面的情况;总和各方面情况的结论。

16. 引申 yǐnshēn　（动）　[字、词]由原义产生新义。本文指进一步扩展说明。

17. 设计 shèjì　（动）　按照任务的目的和要求,预先定出工作方案和计划。

18. 敬佩 jìngpèi　（动）　敬重而佩服。

19. 素质 sùzhì　（名）　事物本来的性质;素养。

课　文

　　受国内某大型制药企业华中区经理王总的邀请,我曾给他们做一个重要职位招聘面试的测评。由于事先已经作了筛选,来参加面试的只剩下两位候选人,由王总亲自担任主考官。在半小时里,他对第一位候选人问了三个问题:

　　1. 这个职位要带领十几个人的队伍,你认为自己的领导能力如何?

　　2. 你在团队工作方面表现如何?因为这个职位需要到处交流、沟通,你觉得自己的团队精神好吗?

　　3. 这个职位压力特别大,并需要经常出差,你觉得自己能适应这种高压力的工作状况吗?

　　候选人是这样回答的:第一个问题,我管理人员的能力非常强。第二个问题,我的团队精神非常好。第三个问题,能适应,非常喜欢出差。

　　当候选人回答完以后,我马上叫了暂停。因为我意识到王总提出的问题不妥当,候选人由王总的询问方式中很容易猜出他想听到的回答是什么。这是面试中最大的忌讳,肯定无法得到真实的答案。

　　接下来我花了10分钟的时间从三个方面重新为王总设计了以下问题:

　　1. 管理能力方面:

　　　A. 你在原来的公司工作时,有多少人向你汇报?你向谁汇报?

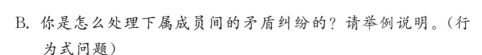

   B. 你是怎么处理下属成员间的矛盾纠纷的？请举例说明。（行为式问题）

2. 团队协作能力方面：

   A. 营销经理和其他部门特别是人力资源部门经常会有矛盾，你是否遇到过这样的纠纷，当时是怎么处理的？（情景式问题）

   B. 作为高级营销经理，你曾经在哪些方面作过努力以改善公司内部的沟通状况？

3. 能不能经常出差：

   A. 以前公司的工作频率如何？经常要加班吗？多长时间出一次差？

   B. 这种出差频率影响到你的生活没有？对这种出差频率有什么看法？

重新询问以上问题，王总从两位候选人中得到了更多的信息，最终选择了他需要的人才。

面试一般分为关系建立、导入、核心、确认、结束等五个阶段。除了在关系建立阶段可以用封闭式问题进行提问以外，其他阶段要尽量采用开放式问题进行提问。

采用开放式的问话方式，可以让应聘者畅所欲言，从中获得很多所需的信息。例如："你在团队工作方面表现怎样？你的沟通技巧怎么样？……"这些都是开放式问题。应聘者不可能用一两句话就简单回答了，而是需要总结、引申、举例……通过这一系列的回答，从中可以获得足够的信息。例如：想了解应聘者的团队精神和沟通技巧如何时，绝不能直接问："你认为自己的团队精神好吗？你的领导能力好不好？"这是一种封闭式的问题，只能回答是或否。应该尽量让应聘者用事实来说话，以提高回答的可信度。同时还可以设计一些情景式、行为式的问题，如："告诉我最具有挑战性的客户是什么样子？""你最敬佩的人是谁？为什么？"这样可以收集关于应聘者核心胜任能力的信息。

一个好的面试，最重要的一点便是能询问开放式的探索性问题[1]。把问题的提问方式全部换成开放式，一下就能够问出候选人的真实想法。有些应试者会将探索性问题以数量化的方式回答，有些人的回答则非常具有分析性、批判性、逻辑性。而招聘者从中能够更好地了解应聘者过去是否有过类似的工作经历，从而判断其能否适应这种工作。这种问题就是一个有效的面试问题。

一次成功的面试不仅是对应聘者的考验,更是对主考官测试能力的考验,看他是否能设计出有效的面试问题,选择合适的人到合适的岗位工作。

(来源:卓博人才,作者:佚名。引自中国人力资本网 http://www.51chinahrd.com)

注　释

1. 一个好的面试,最重要的一点便是能询问开放式的探索性问题。

"……式",一种名词性后缀,表示说话者对所说事情的主观态度。如本文中出现的"行为式"、"情景式"、"封闭式"、"开放式"。"……性",名词性后缀。表示名词的类别。如:"探索性"、"分析性"、"批判性"、"逻辑性"、"线性"。好的面试应该让应聘者找不到现成的答案,而必须根据自己的实际情况进行回答。

预 习 题

一、根据课文内容,给下面的每一道题选择正确的答案。

1. 以下哪一个阶段可以用封闭式问题进行提问?(　　)
　　A. 确认　　　　B. 建立　　　　C. 导入　　　　D. 核心
2. 以下哪一个问题是开放式问题?(　　)
　　A. 你认为自己的领导能力如何?
　　B. 你在团队工作方面表现如何?
　　C. 你认为自己的团队精神好吗?
　　D. 你的领导能力好不好?
3. 一个好的面试应该采用什么方式提问?(　　)
　　A. 开放式　　　B. 封闭式　　　C. 情景式　　　D. 行为式
4. 课文最后一段的主要意思是(　　)。
　　A. 成功的面试是对应聘者的有效考验
　　B. 成功的面试是对主考官测试能力的考验
　　C. 成功的面试对应聘者和主考官都是一种考验

D. 成功的面试是能否选择合适的人到合适的岗位工作

二、根据课文内容,判断下面句子的正误。
1. 候选人由王总的询问方式中很容易猜出他想听到的回答是什么。（　）
2. 采用开放式的问话方式不能获得很多的信息。（　）
3. 对于开放式的问题,应聘者可能用一两句话就简单回答了。（　）
4. 一个好的面试,最重要的一点便是能询问封闭式的问题。（　）
5. 面试应该尽量让应聘者用事实来说话,以提高回答的可信度。（　）
6. 本文作者认为,一次成功的面试只是对应聘者的考验而已。（　）

三、根据课文内容,回答下面的问题。
1. 为什么我觉得王总提出的问题不妥当?
2. 面试主要分为几个阶段?
3. 一个好的面试,最重要的是什么?
4. 为什么说成功的面试更是对主考官测试能力的考验?

词 汇 例 释

一、测评

动词。以各项指标为内容去测定并作出的评价。例如:

对公司人员素质进行科学的测评,是公司管理的重要内容。

辨析:"测评"与"测试"、"测验"

测试可以指考查人的知识、技能,如专业测试、经测试合格方可录用;也可以指对机械、仪器和电器等的性能和精度进行测量。例如:

每台电视机出厂前都要进行严格的测试。

测试是保证软件质量的重要手段,其主要方式是在设计测试用例的基础上检验软件的各个组成部分。

测验指用仪器或其他方法检验,如通过这种方法可以测试手表的精确度。也指考查学习成绩等,如算术测验、时事测验、智力测验。例如:

就在这种不断的民意测验和不断的争议中,他渐渐地习惯了自己的角色。

他照旧包饺子,并且找了个小钱,擦干净,放在一个饺子里,以便测验谁的运气好——得到这个饺子的,若不误把小钱吞下去,便会终年顺利!

二、筛选

动词。泛指通过淘汰的方法挑选。例如：

经过多年的杂交试验，筛选出优质高产的西瓜新品种。

在成书过程中，他们结合自身的研究工作，并且广泛参考了国内外有关文献资料和最新研究成果，经仔细筛选和组织，反复修改，终得此书。

美国心理学家以智商140以上为标准，筛选出1500名平均年龄为10岁的天才儿童作为研究对象，这项追踪研究长达25年，对各国就这一领域的研究产生极大的影响。

辨析："筛选"与"挑选"

"挑选"指从若干人或事物中找出适合要求的。前者强调去除不需要的；而后者强调选出适合的。二者过程刚好相反。例如：

他是我们公司从上千名应聘者中挑选出来的。

消费者在自主选择商品或者服务时，有权进行比较、鉴别和挑选。

不但是蒜，他们家吃的菜也都是经他精心挑选的。

作为导演，他曾去各歌舞团挑选女演员。

三、某

代词。

(1) 指一定的人或事物（如知道名称而不说出来）。往往用在需要省略的位置。例如：

某公司委托我们作中国市场调研。

某研究单位承担了这项产品开发工作。

(2) 指不定的人或事物。例如：

我听出他的语气中似乎有某种隐秘的期待。

教师也可通过某种活动方式创设问题情景。

在某年某月的某一天，我们还会见面的。

(3) 用来代替自己或自己的名字。例如：

我赵某与你并无冤无仇。

这件事是我徐某人干的。

(4) 用来代替别人的名字（常含不客气意）。例如：

请转告王某，做事不要太过分。

四、职位

名词。指机关或团体中执行一定职务的位置。例如：

我们公司为思维活跃、能力出众的人员提供极具吸引力的职位。

人力资源部经理因病辞职，一时没有找到适合这个职位的人选。

辨析："职位"与"职务"

"职务"是按职位规定所担任的工作，有时专指领导工作。例如：

据报道，董建华先生已经辞去香港特别行政区行政长官职务。

你把咱编辑部的图章交给我，这几天我代理老陈这个总编职务。

她担任团支书的职务，三天两头找我个别谈话。

对属下像对家人，只有平辈与晚辈之别，没有职务高低之分。

五、～度

名词性准后缀。表示程度，可用在动词和形容词之后。例如：

所谓网站的可信度，顾名思义，就是用户对网站的信任程度。

她也曾钻进水中寻觅，但江水混浊，能见度很小，终是无计可施。

学习的效果取决于对知识理解的深度。

为了提高产品质量，企业应不断进行顾客满意度测量及市场调查。

六、～性

名词性准后缀。表示名词的类别，可用在动词、名词和形容词之后。例如：

事实上这就否定了这个故事的可写性。

看来她身体复元的可能性极小。

回想起第一次跟台湾作家戏剧性地见面，就像发生在昨天。

童话的逻辑性是指幻想和现实结合的规律。

咱们要想方设法调动群众抗洪救灾的积极性。

这个问题的严重性是显而易见的，它可能会导致这次婚姻的失败。

七、～化

准后缀，一般加在名词或形容词之后，表示转变成某种性质或状态。一般构成动词，有时也可以构成名词。例如：

数量化管理是西方管理思想的基础中很重要的一部分。

个性是在遗传的基础上，在社会化的过程中逐渐发展形成的。

这些恶劣的作品侵犯了整个社会的利益,毒化了社会风气和人的心灵。

教师的组织能力能保证教育工作条理化与系统化,能建立一个良好的学生集体,因此是教育活动中的一个重要能力。

车辆的频繁进出和违章停放,严重破坏了小区的绿化。

八、开放

1. 动词

(1)(花)展开。例如:

栀子花和茉莉花同时开放,香气儿吹进客厅,来来去去。

她的小圆脸笑得像一朵正在开放的花似的。

(2)指解除封锁、限制等。例如:

根据中国的入世承诺,中国入世后对外资银行开放人民币业务采取分步进行的方式。

经过多年的实践,改革和开放得到了全中国人民的拥护。

图书馆开放时间每天上午八时至下午六时。

2. 形容词,指性格开朗。例如:

今天我和公主谈话,觉得公主这人性格开放,和咱们家的传统很不一样。

爷爷很开明开放,每天下午午睡后从报纸上、晚饭后从广播和电视里吸收新名词、新观念。

准 词 缀

词是由语素构成的,根据构词能力的不同,语素可以分为词根(root)和词缀(affix)两大类。词根一般都有比较实在的意义。词缀是附加在词根上表示语法意义或某些次要词汇意义的语素。根据构词时的位置,词缀可分为三种:(1)前缀,如"阿姨"的"阿";(2)中缀,如"糊里糊涂"的"里";(3)后缀,如"瓶子"的"子"。

汉语是词根语,严格意义上的词缀数量不多。有些语素本来是词根,但在使用过程中逐渐虚化,变得有点接近词缀。这种语素一般称为"准词缀(semi-affix)"。

准词缀有三大特点:(1)语素意义并没有完全虚化,但变得更加抽象,甚至模糊;(2)构词能力很强,被大量用来构造新词;(3)非常活跃,出现频率很高。例如,作为词根语素,"流"本来指流动的液体或气体,如"水流"、"气流"。虚化为准词缀以后,意义变得抽象而模糊,可用来表示各种像水流一样连续不断的对象。用"流"作后缀构成的新词很多,如"客流"、"物流"、"资金流"、"现金流"、"信息流"等等。

下面是一些当前比较常用的准词缀:

1. 准前缀

反:反传统、反辐射、反坦克、反弹道、反粒子、反电子、反质子、反物质

泛:泛绿、泛蓝、泛亚、泛华、泛珠三角、泛剧场、泛地产、泛太平洋

超:超人、超女、超市、超频、超线程、超声波、超音速、超现实主义

2. 准后缀

性:显性、隐性、恶性、良性、线性、可靠性、准确性、科学性

度:长度、宽度、高度、感光度、照明度、能见度、透明度、疲劳度

式:台式、柜式、壁挂式、开放式、封闭式、点击式、触摸式、转盘式

热:出国热、海归热、英语热、汉语热、房产热、股票热、投资热、开发热

面:光明面、阴暗面、腐败面、资金面、技术面、政策面、宏观面、基本面

化:现代化、电气化、科学化、民主化、沙漠化、无核化、市场化、私有化

准词缀的形成有时与翻译外来词有关,例如,"超-"与英语前缀"super-"有关,如"超现实主义(superrealism)"。"泛-"与"pan-"有关,如"泛太平洋(Pan-Pacific)"。"-度"与"-th"有关,如"深度(depth)"、"宽度(breadth)"等。

当然,并不是所有准词缀都是在外语词缀影响下产生的。即使是在外语词缀影响下产生的准词缀,一旦产生之后,也形成了自己独立的含义和用法。准词缀在现代汉语构词中十分活跃,掌握准词缀的意义和用法,对学习汉语很有帮助。

综合练习

一、用正确的语调朗读下列句子。

1. 因为我意识到王总提出的问题不妥当,候选人由王总的询问方式中很容易猜出他想听到的回答是什么。

2. 除了在关系建立阶段可以用封闭式问题进行提问以外,其他阶段要尽量采用开放式问题进行提问。

3. 应聘者不可能用一两句话就简单回答了,而是需要总结、引申、举例……通过这一系列的回答,从中可以获得足够的信息。

4. 一个好的面试,最重要的一点便是能询问开放式的探索性问题。把问题的提问方式全部换成开放式,一下就能够问出候选人的真实想法。

5. 有些应试者会将探索性问题以数量化的方式回答,有些人的回答则非常具有分析性、批判性、逻辑性。

6. 一次成功的面试不仅是对应聘者的考验,更是对主考官测试能力的考验,看他是否能设计出有效的面试问题,选择合适的人到合适的岗位工作。

二、给下列词语选择正确的解释。

1. 妥当（ ）　　A. 在单位时间内某种事情发生的次数。
2. 畅所欲言（ ）　B. 有被选举资格而参加竞选的人。
3. 团队精神（ ）　C. 明确承认。
4. 忌讳（ ）　　D. 敬重而佩服。
5. 素质（ ）　　E. 稳妥适当地。
6. 候选人（ ）　F. 素养。
7. 总结（ ）　　G. 痛快地把想说的话都说出来。
8. 确认（ ）　　H. 互相配合,共同完成某项任务。
9. 引申（ ）　　I. 集体中相互团结合作的精神。
10. 协作（ ）　　J. 由原义产生新义。
11. 频率（ ）　　K. 力求避免某些可能产生不利后果的事。
12. 敬佩（ ）　　L. 总和各方面的情况;总和各方面情况的结论。

三、从所给的词语中,选出最合适的填入句中的括号里。

> 总结　畅所欲言　确认　素质　协作　应聘者
> 敬佩　沟通　妥当　忌讳　候选人　团队精神

1. 这件事他处理得比较（　　）。
2. 本届新加坡大选的各政党（　　）,继续走访选区拉票,并在晚间的竞选集会上发表演讲。
3. （　　）事实上所反映的就是一个人与别人合作的精神和能力。

4. 中国是一个多民族的国家,许多少数民族有不同的宗教信仰和习俗(　　)。

5. 团队(　　)对于任何工作而言都是最重要的。

6. 每个人都有独特的与人(　　)、交流的方式。

7. 在您下单后,我们会电话与您(　　)订单。

8. 不管是国企还是外企在招聘时都非常看重(　　)的英语交际能力。

9. 温家宝总理(　　)政府工作六点体会。

10. 社会用人制度对于实施(　　)教育有着重要的导向作用。

11. 刘翔在夺冠后终于能(　　),他以自己的方式,化解了此前所有媒体和组委会之间因为他而形成的尖锐矛盾。

12. 调查显示,盖茨是美国最受(　　)的人。

四、下列几组词语意义或用法相近,很容易混淆,请把它们区别开来。

1. 测评 / 测试 / 测验

　　A. 现在心理(　　)被很多人所接受。

　　B. 通过职业(　　),他对自己有了很好的定位。

　　C. 这个(　　)将在35分钟内得出您的IQ水平。

　　D. 这只是一个小(　　),请大家不必紧张。

2. 筛选 / 挑选

　　A. 越来越多的韩国大企业在(　　)实习生时更看重他们的工作能力,而不是考试成绩。

　　B. 这本书里的词汇都是经过了无数重(　　)的。

　　C. 这项技术可以实际应用于(　　)基因的高产量。

　　D. 我们公司的同类产品很多,你可以随意(　　)。

五、用括号里的词完成下列句子。

1. 他是一个好老师,＿＿＿＿＿＿＿＿＿＿。(逻辑性)

2. 从语言的发展来看,一个词总会有一个本义,＿＿＿＿＿＿＿＿。(引申)

3. ＿＿＿＿＿＿＿＿＿＿,我们必须重视自我保护。(安全度)

4. 他每天中午时都要准时打开收音机,＿＿＿＿＿＿＿＿＿＿。(频率)

5. 今天的比赛非常激烈,＿＿＿＿＿＿＿＿＿＿。(暂停)

6. 随着中国改革开放的深入,＿＿＿＿＿＿＿＿＿＿。(市场化)

六、用正确的语序把所给的词语排列成句子,并加上适当的标点符号。

1. 具体　可以　问题　我们　是否　讨论　一下
2. 中国茶叶　买到　欧洲　在　和　美国　也能
3. 推销　这批　全部　终于　完了　设备
4. 和　中国　是　改革开放　经济开放区　的产物　经济特区
5. 家喻户晓　已在　这句　中国内地　了　广告词
6. 壮观　扩大了　看上去　广场　更　的
7. 方式　应该　适当　一个　双方　的　沟通　寻求
8. 特别　老师　孩子们　他们　佩服　的

七、利用有关词缀的知识,解释下列句子中画线的词。

1. 从<u>出国热</u>到<u>海归热</u>,除了怀念家国的天然情结,其背后有中国综合国力大增所带来的"中国机会",以及经济全球化给海归带来的巨大个人发展空间。

2. 罗马不是一天建成的,营销专家也不是天生的或速成的,从<u>生手</u>到<u>熟手</u>也是一个从"生"到"巧"的过程,中间必然有着漫长的历程。

3. 除了在关系建立阶段可以用<u>封闭式</u>问题进行提问以外,其他阶段要尽量采用开放式问话方式进行提问。

4. <u>土地沙漠化</u>给生态环境和社会经济带来极大危害,据统计我国每年因沙漠化造成的直接经济损失高达540亿元。

5. 从网络发展的趋势来看,流行文化已经有开始越来越<u>反传统</u>、<u>反主流</u>的趋势。

6. 配置自由订制、4年不限里程免费保修、一对一客户服务……600万元级的超豪华轿车自然要享受<u>超标准</u>的服务。

八、造句。

1. 开放——
2. 沟通——
3. 引申——
4. 畅所欲言——
5. 总结——
6. 敬佩——

九、小任务。

某报社要招聘记者,基本条件之一是性格开朗、乐观,善于交际并吃苦耐劳。请把学生分为 AB 两组,先由 A 组担任招聘人员,根据上述条件设计 3 到 5 个开放式问题。B 组作为应聘人员,回答问题。然后 A 组宣布招聘结果,并说明理由:

1. 为什么这些问题能测试出应聘者这方面的性格特点;
2. 为什么某些人被录取而另一些人被淘汰。

整个任务完成之后,AB 两组可以交换角色,重新开始。

阅读材料

网上求职应聘,各有各的妙招

 生　词

1. 数字化	shùzìhuà	(动)	数字化就是将传统的声音、图像等模拟信息进行数字编码,转化为数字信息。
2. 赶场子	gǎn chǎngzi		在一个地方表演完毕后赶紧到另一个地方去表演。引申为不断地转换场所。
3. 人困马乏	rénkùn-mǎfá	(成)	人、马都疲困。形容旅途或行军劳累。
4. 脱颖而出	tuōyǐng'érchū	(成)	比喻人的才能全部显示出来。
5. 搜寻	sōuxún	(动)	四处搜索寻找。
6. 登陆	dēng lù	(动)	记载——进入网站的过程、动作。
7. 必不可缺	bìbùkěquē	(成)	一定不能少。

8. 实习	shíxí	（动）	把学到的东西或知识拿到实际工作中去应用,以提高工作能力。
9. 存储	cúnchǔ	（动）	把［信息］记录在电子设备（计算机）内,需要时可将资料从中取出。
10. 受宠若惊 shòuchǒngruòjīng		（成）	因受到过分的宠爱而感到意外的惊喜和不安。
11. 出奇制胜 chūqí-zhìshèng		（成）	用奇兵奇计战胜敌人,比喻用出人意料的办法取胜。
12. 泥牛入海 níniúrùhǎi		（成）	泥土做的牛像,一旦沉入海底,经水消融,不复存在。比喻一去不回,再无音信。
13. 杳无音讯 yǎowúyīnxùn		（成）	毫无消息。
14. 心仪已久	xīnyíyǐjiǔ	（成）	心中向往了很久。
15. 胜任	shèngrèn	（动）	足以担任。
16. 自卑	zìbēi	（形）	低估自己的能力,觉得自己各方面不如人。
17. 乐观	lèguān	（形）	遍观世上人、事、物,觉得快乐而自足的持久性心境。与"悲观"相对。
18. 进取	jìnqǔ	（动）	努力向前,立志有所作为。
19. 舒缓	shūhuǎn	（形）	平缓。
20. 别出心裁 biéchūxīncái		（成）	独出巧思,不同流俗。
21. 心得	xīndé	（名）	在实践中体验或领会到的知识、技能等。
22. 如愿以偿 rúyuàn'yǐcháng		（成）	像所希望的那样得到满足,指愿望实现。

课　文

　　毕业生找工作总少不了去招聘会上找机会,可是今年的情况将有所改变。据悉,今年上海大规模的大学毕业生招聘会可能会取消,为了向"网上数字化"招聘市场转变。虽说赶场子参加应聘会,人困马乏效果也未必好,但要改变这种形式,还真有点不适应。你会如何调整心态应对这样的转变?你又有什么好招数在网上应聘中脱颖而出?

　　戴奇获(24岁,外企职员):直接上公司主页。

　　那时候网上应聘刚刚兴起,因为常上网搜寻,意外地发现了一个好方法——登陆公司网站。现在几乎所有的大型公司,尤其是外企,都拥有一个功能完善的网站,其中必不可缺的一个栏目就是"人才招聘",有时候还会有实习机会。没有人愿意放弃进入大公司的机会,哪怕能进去实习也好啊!

　　抱着试试看的心态,我在几个非常向往的外企网站上的招聘栏里按照要求填写了自己的信息并"投"了简历,没想到每个公司都有回复。当然大部分公司的回复是:感谢青睐,虽然暂时没有相关的职位,但是输入的信息会被存储,一旦有合适的职位会及时通知。还有一个单位给我发来了"欢迎实习"的回信,并且留下了详细的联络方式。而我现在所在的这个美国公司,甚至发来了正式的书面面试邀请信,让我受宠若惊。

　　Jason(24岁,研发人员):FLASH动画出奇制胜。

　　去年大学毕业前夕,我也赶了一次招聘会的场子,拿着厚厚一叠简历,就在那里不管三七二十一的排队到处投简历。结果是泥牛入海,杳无音讯。于是,我将目光转到网上,发现一家心仪已久的跨国企业有一份我想做的工作正在招人,可我似乎不太符合他们的要求。我所就读的大学不在他们所要求的名校之列,专业不符,也没有硕士、博士学历。但我不想放弃这个机会,更主要的是我觉得自己能够胜任这份工作。我决定应聘。

　　在应聘信上,我可是动足脑筋。我要充分发挥网络的优势,精心制作了一段拿手的FLASH动画,设计了一个笨笨的丑丑的卡通造型,让他代我讲述了一个不自卑、乐观、积极进取的普通人的故事,其中包含了我的简历和对所应聘职位的一些理解和建议,再配上舒缓的音乐……我对这份别出心裁的应聘信十分满意。很快,我就收到了这家公司的面试通知,果然,他们对我的FLASH印象深刻。面试时,总经理竟然和我交流起FLASH制作心得,我知道这回有戏了。

七月份,我拿到毕业证书时,如愿以偿地成了这家公司的员工。大家说我运气好,可是我觉得运气只属于那些已经做好准备,肯动脑子的人。

(来源:伯乐人才网http://www.86hr.com;作者:佚名)

思考和练习

一、根据课文内容,给下面的每一道题选择正确的答案。

1. 这篇文章的主要内容是( )。
   A. 网上求职的好处
   B. 对通过FLASH动画求职的介绍
   C. 对网上求职的几种方法作了介绍
   D. 对登陆公司网站求职的介绍

2. 采用直接上公司主页求职成功的是( )。
   A. 某外企职员   B. 某研发人员
   C. 某毕业生   D. 某上海大学生

3. Jason求职成功的秘诀是( )。
   A. 拥有硕士学位   B. 拥有博士学位
   C. 名校毕业   D. 使用FLASH动画

4. 以下哪一种不是戴奇获网上投简历的结果?( )
   A. 很多公司没有回复   B. 一旦有合适的职位会及时通知
   C. 欢迎实习   D. 发来了正式的书面面试邀请信

二、根据课文内容,判断下面句子的正误。

1. 今年上海大规模的大学毕业生招聘会被取消了。( )
2. 直接上公司主页是求职的一种好方法。( )
3. 所有的公司都拥有一个功能完善的网站。( )
4. 大多数公司不喜欢在网上招聘。( )

5. 在网上求职可以使用 FLASH 动画。（　　）

6. Jason 求职成功是因为他运气好。（　　）

三、根据课文内容，回答下面的问题。

1. 今年的毕业生招聘会发生了什么变化？

2. 戴奇获求职成功的经验是什么？

3. 谈谈你对网上求职的看法。

第三单元

第 7 课

湖南卫视四轮驱动整合营销[1]

生 词

1.	轰动	hōngdòng	（动）	一下子引起很多人注意，并使之产生热烈或强烈反应。
2.	落幕	luò mù	（动）	闭幕。比喻（会议/展览会等）结束。
3.	热潮	rècháo	（名）	指蓬勃发展、热火朝天的形势。
4.	黄金档	huángjīndàng	（名）	文中指电视台收视率最高的时段，一般是晚间7点到9点。
5.	策略	cèlüè	（名）	根据形势发展而制定的行动方针和斗争方式。
6.	主流	zhǔliú	（名）	比喻事物发展的主要方面。
7.	受众	shòuzhòng	（名）	指信息传播的接收者，包括报刊和书籍的读者、广播的听众、电影电视的观众。
8.	新锐	xīnruì	（形）	以新取胜的、风头正健的。
9.	纪实	jìshí	（动）	记录事物、事件的真实情况。
10.	传播	chuánbō	（动）	广泛散布。

119

11. 覆盖 fùgài	（动）	遮盖。文中指频道对市场的占有。
12. 旗鼓相当 qígǔxiāngdāng	（成）	比喻双方力量不相上下。
13. 特批 tèpī	（动）	特地批准。
14. 更名 gēngmíng	（动）	改变名字或名称。
15. 改版 gǎibǎn	（动）	改变、调整报刊的版面。
16. 构建 gòujiàn	（动）	构造、建立。
17. 创收 chuàngshōu	（动）	特指非营利性的单位（如教育、科研机构等）利用自身条件向社会提供服务，获取经济效益。
18. 运作 yùnzuò	（动）	操作、执行、运行。
19. 标志 biāozhì	（动）	表明某种特征。
20. 总编 zǒngbiān	（名）	出版社、报纸杂志的主要负责人。
21. 缝隙 fèngxì	（名）	细细长长的小洞。
22. 硕果 shuòguǒ	（名）	大的果实，比喻巨大的成绩。
23. 冠名 guànmíng	（动）	在某种事物前面加上自己的名号。
24. 季军 jìjūn	（名）	竞赛中的第三名。
25. 代言 dàiyán	（动）	代表某方面发表言论。

专 名

1. 湖南卫视：1997年1月1日，湖南电视台一套节目通过亚洲2号卫星传送，呼号湖南卫视。

2. 超级女声：全称"快乐中国超级女声"，简称"超女"。由湖南卫视发起的大型音乐选秀活动，通过一轮又一轮的演唱比赛，由观众投票选出最佳女歌手。

3. 索福瑞媒介研究有限公司：英语缩写CSM，中国最大的市场研究机构，主要从事电视收视率市场调查业务。

4. 蒙牛：内蒙古蒙牛乳业（集团）有限公司，主要生产基地在内蒙古自治区的呼和浩特市。

5. 酸酸乳：蒙牛生产的乳品之一，口感酸酸甜甜的。

课　文

轰动一时的"超级女声"落幕不久,由湖南卫视每天深夜10点整播出的韩国连续剧《大长今》又引发了2005年的电视剧收视热潮:全国平均收视率超过14％。别忘了通常意义上的电视黄金档是晚间7点到9点。

事实上,湖南卫视一轮又一轮的节目创新所收获的不仅仅是收视率2的攀升和由此带来的巨大广告收入,还使它在国内省级卫视中的脱颖而出。湖南卫视的成功,不仅得益于其营销意识的与众不同,更得益于其营销策略的巧妙运作。

专业化细分定位

早期的《快乐大本营》、《玫瑰之约》两张周末娱乐牌的打出,使湖南卫视迅速抢占了周末娱乐节目的制高点3。随后根据这两档节目的观众特征,湖南卫视调整了主流目标受众的定位,推出《新青年》、《音乐不断》等新锐栏目,年轻化、时尚化的频道形象逐渐树立起来。湖南卫视清醒地意识到自己的优势在于娱乐节目。于是,2004年6月,湖南卫视正式确定了"打造中国最具活力的电视娱乐品牌"的目标,成为国内第一家能对自身品牌进行清晰定位的电视媒体。

也许有人会产生疑问:专业化细分市场之后市场空间不是缩小了吗?其实并非如此。探索(Discovery Chanel)、全美体育(ESPN)、家庭影院(HBO)等著名电视频道,其针对的目标市场都不是很大,但都有一个很宏大的全球性战略定位。例如探索频道定位于"最佳纪实娱乐",开播十几年来,在全世界155个国家拥有4亿多观众。探索频道负责人坚信:"专业细分使我们舍弃了一部分市场,但另一方面我们也获得了可在全球实现价值的市场。"

湖南卫视有意识地在专业细化上强化优势,与其"娱乐、年轻、全国"定位不符的节目就尽量控制,以突出自己的"娱乐"品牌形象。

媒体产品的营销策略

根据索福瑞媒介研究有限公司(CSM)的观点,省级卫视只有在全国的收视率达到1％以上才有希望成为全国性的传播平台,具有全国性的传播价值。从这个意义上说,1％就成了省级卫视的生死线:达到这个标准,就意味着全国性传播平台的形成,意味着衣食无忧;达不到这个标准,就意味着只是一个地域性传播平台,只能吃一些残羹剩饭,日子不好过[4]。

为了成为全国性传播平台,湖南卫视提出了"全国市场、全国覆盖、全国收视"的口号。根据央视市场研究公司2002年对53个卫星频道落地[5]情况的普查结果,湖南卫视在27个省会城市的入户率超过50%,在16个城市的入户率超过80%,具有与当地电视台主频道旗鼓相当的收视地位。2003年,湖南卫视的观众规模超过4亿,位列省级卫视首位,而且是观众拥有量最大的7个全国性频道中的唯一一家省级卫视。湖南卫视不仅进入了日本和澳大利亚的普通家庭,更是唯一进入美国主流电视网的中国省级电视台。2004年,一个特批给湖南卫视的动画卫星频道——金鹰卡通频道正式启动。与此同时,湖南体育频道更名改版为时尚频道,连同《湖南广播电视报》、《天下情》杂志一起被整合到湖南卫视旗下。

"四轮驱动"的整合营销模式

湖南卫视构建了"四轮驱动、整合营销"的服务模式,要求广告部、总编室、覆盖办、节目部[6]四大部门密切合作,相互配合抓创收,从根本上改变过去广告部单一运作的传统营销模式。"四轮驱动"的核心是强调频道资源与部门的整体营销和全面服务、密切配合。

与蒙牛成功合作,拉开"2005快乐中国蒙牛酸酸乳超级女声"大幕,则是湖南卫视"四轮驱动、整合营销"的标志性事件。湖南卫视广告部、节目部、总编室之间的无缝隙沟通与合作,"整合营销"终于结出了硕果:蒙牛不仅冠名湖南卫视"2005超级女声年度大选"活动,而且选用2004年超级女声季军做代言人,所有的广告与推广全部与超级女声密切结合。这种将企业的一个产品完全与电视台举办的活动捆绑在一起的做法,无疑是一个十分大胆的举动。

(来源:《新营销》2006年第1期,作者:徐浩然、雷琛烨。
引自博锐管理在线 http://www.boraid.com)

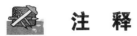注　释

1. 湖南卫视四轮驱动整合营销

整合营销（Integrated Marketing）：一种新的营销理论，其核心思想是强调企业与消费者沟通，以消费者的需求为导向，把产品、价格、销售渠道及促销手段等要素加以调整组合，形成统一的企业营销策略，以谋求最佳营销效果。

四轮驱动：本义指汽车前后轮子都有动力驱动，可以按照行驶路面状态的不同而自动调整，从而提高汽车的行驶能力。文中指湖南卫视的广告部、总编室、覆盖办、节目部四大部门密切合作，相互配合抓创收，从根本上改变过去广告部单一运作的传统营销模式。

2. 收视率

收视率：在一定时段内收看某一节目的人数（或家户数）占观众总人数（或总家户数）的百分比。它是节目评估的主要指标，收视率的高低直接影响电视的广告收入。

3. 早期的《快乐大本营》、《玫瑰之约》两张周末娱乐牌的打出，使湖南卫视迅速抢占了周末娱乐节目的制高点。

制高点：原指军事上能够俯视、控制周围地面的高地或建筑物等。文中意思是湖南卫视的娱乐节目在其他省级电视台中处于领先地位。

两张周末娱乐牌的打出："打……牌"是惯用语，表示采用某种策略。这里是指湖南卫视把《快乐大本营》、《玫瑰之约》这两档节目作为重点产品向市场推出，从而取得了很大的成功。

4. 从这个意义上说，1‰就成了省级卫视的生死线：达到这个标准，就意味着全国性传播平台的形成，意味着衣食无忧；达不到这个标准，就意味着只是一个地域性传播平台，只能吃一些残羹剩饭，日子不好过。

生死线：生存与死亡的界限。文中比喻1‰的收视率非常重要。

残羹剩饭：吃剩下的菜汤和饭食。文中比喻电视台因收视率低而效益不好。

全国性传播平台：节目在全国都可以收看得到的电视台，如中央电视台等。一般需要具备三个条件：(1) 在全国实现70%以上的入户率；(2) 在全国收视市场份额超过1‰；(3) 在全国范围的收视上成功树立了频道品

牌。

地域性传播平台：节目只能在某一范围内可以收看得到的电视台，如省级电视台、市级电视台等。

5. 卫星频道落地

落地：一般来说，上了卫星的频道都可以覆盖全国，成为全国性的传播平台，但由于卫星接收设备是由专门机构控制的。因此除了央视的节目各省市都会接受转播之外，省级的上星媒体在其他省市必须由当地的卫星接收机构同意接受并转播，当地居民才能收看得到。

6. 广告部、总编室、覆盖办、节目部

部：一般机关企业按具体工作划分的单位。如广告部主要负责广告联系、制作等工作，节目部主要负责节目播出等工作。

办：办公室的简称。覆盖办：负责频道覆盖工作的办公室。

预习题

一、根据课文内容，给下面的每一道题选择正确的答案。

1. 湖南卫视因节目创新而带来的收获之一是哪个？（　　）

   A. 全国平均收视率超过 14％

   B. 娱乐节目形式多样

   C. 专业化细分定位

   D. 在国内省级卫视中的脱颖而出

2. 湖南卫视的专业定位不包括哪一条？（　　）

   A. 娱乐　　　　　　　　B. 年轻

   C. 全国　　　　　　　　D. 纪实

3. 关于湖南卫视的说法，哪个说法是错误的？（　　）

   A. 2003 年，湖南卫视的观众规模超过 4 亿，位列省级卫视首位。

   B. 在 27 个省会城市的入户率超过 80％。

   C. 唯一进入美国主流电视网的中国省级电视台。

   D. 观众规模超过 30％的唯一一家省级卫视。

4. 湖南卫视与蒙牛成功合作说明了什么？（　　）

   A. 市场专业化细分的成功

   B. 卫星频道全国落地的结果

C. 湖南卫视"四轮驱动、整合营销"策略的成功

D. 湖南卫视旗下的媒体很多。

二、根据课文内容，判断下面句子的正误。

1. 湖南卫视的"超级女声"举办得很成功。（   ）

2. 营销意识与众不同是湖南卫视成功的关键之一。（   ）

3. 专业化细分市场不可能有一个很宏大的全球性战略定位。（   ）

4. 湖南卫视非常注重自己的品牌形象。（   ）

5. 全国性传播的省级卫视收视率应达到14％。（   ）

6. 湖南卫视构建的"四轮驱动、整合营销"的服务模式是广告部单一运作。（   ）

7. 湖南卫视的"四轮驱动、整合营销"的服务模式很成功。（   ）

8. 湖南卫视的运作结果说明省级卫视的自身定位很重要。（   ）

三、根据课文内容，回答下面的问题。

1. 湖南卫视成功的原因是什么？

2. 湖南卫视的频道特点是什么？

3. 湖南卫视的收视情况怎么样？

4. 湖南卫视四轮驱动指的是什么？

5. 湖南卫视的整体营销的成功案例是什么？

6. 蒙牛做了什么大胆的举动？

词 汇 例 释

一、打……牌

惯用语，在竞争中采取某种策略。例如：

石家庄市局打好四张牌，倾力搭建高效优质环境平台。四张牌：一是效能牌，二是人才牌，三是节约牌，四是和谐牌。

竞争激烈的美国跨国快餐巨头们一直打健康饮食牌，今年则打起了廉价牌。

二、引发

动词。表示引起、触发,含有使开始的意思。例如:

电信用户的需求变化将是引发中国电信业2005年新一轮改革的最大动力。

> **辨析:"引发"和"引起"**

都是动词。

1. 搭配的对象不同。"引发"的宾语可以是名词,也可以是动词。"引起"的宾语一般是动词。例如:

引发:～血案 ～商机 ～争议 ～改革 ～海啸

引起:～公愤 ～注意 ～重视 ～脱发 ～关注

2. "引发"可以带补语,"引起"不能。例如:

在营销活动中,利用人们的好奇心理,采取以"奇"标新的独特方式,引发出人们的好奇感,是赢得消费者的一种营销招术。

调味品产业的快速发展,不仅使调味品成为餐饮业、食品工业的重要原辅料,中国调味品产业将引发起"厨房革命"。

三、得益(于)

不及物动词,指得到好处。后面加上介词"于"之后可以带宾语,说明得益的原因。例如:

只有打破垄断,消费者才能真正得益。

今天事业的成功完全得益于他平时的努力。

这家公司的顺利成长、壮大得益于政府的全力支持。

四、打造

动词。指精心制作。例如:

请具体说明一下想打造一把好的黄金刀所用材料的种类数。

嘉兴人全力打造拥有实力、充满人文色彩、注重保护生态、依靠法治的江南新水乡。

"打造世界级电信业国家队 迎接全球重量级挑战"的中国新通信沙龙第十期在京举办,特邀相关领导和专家30多人。

> **辨析:"打造"和"制造"**

都是动词。不同在于:

1. "打造"含有"精心修饰"的意思,"制造"没有。例如：

房地产品牌就是要打造高档住宅。

瓦特受水汽顶起壶盖这一现象的启发,制造出了蒸汽机。

2. 二者的宾语都可以是具体名词,也可以是抽象名词。但"打造"的宾语一般是积极义的,"制造"可以是中性甚至是消极义的。例如：

梅州山区全力打造特色工业游。

万力公司是国家发改委批准的专用汽车生产企业,是集生产、制造、销售服务于一体的专用汽车制造企业。

高原的气候却似乎要考验他们的意志,给他们制造了一道道难题。

五、开播

动词,意思为"开始播放"。

开X：开始某项活动。多为动宾结构,据此类推造出的新词一般也是动宾型结构,语义上X多为工具、动作等。前者如：开机、开镰、开镜。例如：

《烽火青春》已经定于8月28日在上海开机。

现在,各地进入庄稼收割阶段,广大农村开镰收割,丰收的喜悦挂在脸上。

《无间道3——终极无间》制作费用庞大,光是演员片酬就高达三千万港币,预计将在九月份正式开镜投入拍摄。

后者如：开拍、开吃、开演、开讲。例如：

昨天,成龙在威尼斯向记者确认,该片将于明年4月在上海开拍。

除夕豪宴,从去年12月31日晚上8时半开吃,至凌晨1时结束。

纪念中国摇滚20周年大型狂欢演出开演在即。

六、在于

动词。

1. 指出事物的本质所在,或指出事物以什么为内容。表示所说的情况与后面的对象密切相关。例如：

发展经济关键在于观念的转变,要克服单一的等、靠、要思想。

最根本的原因不在于定价过早,而在于当初的定价偏高。

2. 决定于。例如：

去不去在于你。

赚钱之道在于动脑筋。

七、舍弃

动词。丢开;抛弃;放弃。例如:

我们必须学会舍弃一些过时的东西,不要念旧,依依不舍。

在生活中,与抓住机遇同样重要的是舍弃诱惑,该出手时就要出手。

收藏各种东西比日后要舍弃其中任何一件东西困难。

辨析:"舍弃"和"放弃"

都是动词。"舍弃"的宾语多为物质,"放弃"强调丢掉(原有的权利、主张、意见等)。例如:

东北狼一旦被猎人的铁夹夹住,便会自己把被夹的那条腿咬断逃生,凭着这种痛苦而果断的"舍弃",保存了生命。

我们不可能每一件事情都做好,这样我们必须要放弃一些事情。

要想得到野花的清香,必须放弃城市的舒适。

八、旗下

名词。本义是"下属、部下"。现在常用来指母公司下面的子公司,其他领域很少使用,一般也不用来指人。例如:

国内家电第一连锁企业——国美电器正开始清理旗下非家电零售业务。

雅虎垂涎语音通信业务,打算将Skype收归旗下。

国美旗下有四家房地产公司——鹏润地产、国美置业、尊爵地产和明天地产。

九、捆绑

动词。原指用绳子捆,引申为紧密结合。例如:

很多券商都将自身利益与投资者的利益捆绑起来。

目前北京网通已经陆续在北京各个区县进行了账号与电话的捆绑升级工作,估计在本月北京所有区县就都无法使用异地ADSL上网了。

有时指商家把两种相关或不相关的东西结合起来销售。例如:

面对工业品与食品捆绑在一起销售的情况,要注意看商品包装有无破损,以免不同性质的商品之间互相污染、串味,带来消费隐患。

对于商家的捆绑销售,作为顾客来说,都是绝对抗议反对的。不是吗?我本就想买台彩电,你偏要我再加买台录像机才行。

定语和结构助词"的"

名词性偏正词组中的修饰语叫"定语",结构助词"的"是定语标记。定语种类很多,并非所有定语后面都必须或可以加"的"。

1. 形容词作定语

单音节形容词作定语,一般不加"的",加"的"表示强调,如"新(的)课本"。双音节形容词作定语,常常加"的",如"强硬的态度"、"丰厚的利润"。

带叠音后缀的形容词以及形容词的重叠形式作定语,后面都要加"的",如"绿油油的庄稼"、"高高的厂房"、"整整齐齐的队伍"。

非谓形容词作定语表示类别,一般不用"的"。如果用"的",有强调意味。例如"大型(的)超市"、"女(的)学生"。

2. 动词作定语

单音节不及物动词一般不加"的",加"的"表示强调,如"飞(的)鸟"、"湿(的)衣服"。双音节不及物动词大多数用"的",如"奔驰的马"。

及物动词作定语大多数用"的",如"看的书"、"售出的商品"、"调查的结果"。

3. 人称代词作定语

人称代词作定语一般要用"的",例如,"我的书包"、"他们的业务"。

如果中心语表示亲属、朋友等社会关系或家庭、学校、公司等社会组织,定语后可以不用"的",例如,"他爸爸"、"我们公司"。如果中心语是单音节的,不能用"的",如"我爸"、"你家"。

4. 名词作定语

(1) 时间名词作定语后面要用"的",如"去年的财务报表","2003年的主流机型"等。

(2) 处所名词作定语一般要用"的",如"美国的年轻一代"、"上海的楼盘"。但表示籍贯、国籍或国别时,定语后面不能用"的",如"上海人"、"中国人"、"韩国朋友"。此外,用地名表示类别时,后面的"的"常常不用,如"西湖龙井"、"长江水"。

(3) 普通名词作定语时,"的"的用法比较灵活。有时必须用"的",如"大海的波涛";有时可用可不用,如"企业(的)领导"、"木头(的)房

子"等

5. 各类词组作定语

（1）量词词组作定语，后面不能用"的"。如"三本书"、"那个公司"。

（2）方位词组作定语，后面要用"的"。如"十年前的旧账"、"柜子里的商品"。介词结构作定语也要用"的"，如"对他的感情"、"关于营销方面的书籍"。

（3）偏正词组、述补词组、述宾词组作定语时，一般要用"的"，如"很新的课本"、"很湿的衣服"、"卖不掉的商品"、"送货的人"。主谓词组作定语，通常也要用"的"，如"高粱红了的时候"。

注意：名词性偏正词组作为某种特定类别的人、物、机构或现象的名称时，各种定语后面都不用"的"。例如，"炒鸡丁"、"速冻食品"、"快递公司"、"红顶商人"、"技工学校"、"民族风格"、"西洋音乐"、"城市车辆交通规则"等等。

"的"的用法很复杂，上面所说只是一般规律，还有一些特殊情况，需要在学习过程中慢慢掌握。

综合练习

一、用正确的语调朗读下列句子。

1. 轰动一时的"超级女声"落幕不久，由湖南卫视每天深夜10点整播出的韩国连续剧《大长今》又引发了2005年的电视剧收视热潮。

2. 湖南卫视的成功，不仅得益于营销意识的与众不同，更得益于其营销策略的巧妙运作。

3. 湖南卫视有意识地在专业细化上强化优势，与其"娱乐、年轻、全国"定位不符合的节目就尽量控制，以突出自己的"娱乐"品牌形象。

4. 与蒙牛成功合作，拉开"2005快乐中国蒙牛酸酸乳超级女声"大幕，则是湖南卫视"四轮驱动、整合营销"的标志性事件。

二、给下列词语选择正确的解释。

1. 主流（　　）　　A. 形容蓬勃发展、热火朝天的形势。

2. 轰动（　　）　　B. 通过调整重新组合。

3. 纪实（　　）　　C. 操作、执行、运行。

4. 通路（　　）　　D. 比喻双方力量不相上下。

5. 冠名（   ）　　　E. 同时惊动很多人。

6. 整合（   ）　　　F. 改变、调整报刊的版面。

7. 运作（   ）　　　G. 比喻事物发展的主要方向。

8. 热潮（   ）　　　H. 往来的大路。

9. 旗鼓相当（   ）　I. 记录事物、事件的真实情况。

10. 改版（   ）　　　J. 在某种事物全面加上自己的名号。

三、从所给的词语中，选出最合适的填入句中的括号里。

> 代言　运作　旗鼓相当　构建　覆盖　切入口
> 轰动　整合　落幕　主流　新锐　冠名

1. 企业一般根据其目标人群选择频道优势栏目进行独家（   ）传播。

2. （   ）社会主义和谐社会是一个新的重大课题。

3. 索尼爱立信今天宣布,将聘请著名音乐人陶喆担任 Walkman 音乐手机系列产品的中国市场（   ）人。

4. 市长峰会（   ）了,世界各国的一群市长要走了。

5. "北京高校网络图书馆"2001年12月20日正式开始（   ）。

6. 了解目标单位的企业文化非常重要,对于应聘者来说,抓住了这个（   ）,就可大大地增加就业成功的几率。

7. 中国联通 CDMA 在网络覆盖及网络质量上要实现与竞争对手（   ）、各具特色的目标。

8. 曾荣获"上海 IT 青年十大（   ）"称号的青年,不参加本届评选活动。

9. 集团公司在资产重组的同时,也要进行企业文化的（   ）,营造一种能够充分提高效率的企业文化。

10. 据悉,流动慈善超市今年将（   ）全市所有居民社区。

11. 这宗三年前（   ）全国的由"科技人员集体跳槽"引发的知识产权纠纷终于有了定论。

12. 为什么都市化报纸在发展了10年后的今天纷纷要提出向（   ）化转型的诉求呢?

四、下列几组词语意义或用法相近,很容易混淆,请把它们区别开来。

1. 引发／引起

   A. 因家乐福等大型购物广场开业而(　　)交通拥堵问题,不少市民颇有微词。

   B. 这一事故(　　)专家们对于中国互联网安全问题的关注。

   C. 电信用户的需求变化将是(　　)中国电信业2005年新一轮改革的最大动力。

   D. 据悉,李德水的发言已(　　)高层领导的高度重视。

2. 打造／制造

   A. 这是我们公司(　　)的第一台电脑。

   B. 他在房地产界(　　)了一个又一个神话。

   C. 经过近五年的精心(　　),该乳品公司终于在市场上站稳了脚跟,可以与几家乳品巨头平起平坐了。

   D. 产品(　　)商应该明确自己产品的市场定位。

3. 舍弃／放弃

   A. 虽然经历了风风雨雨,但他从不言(　　)。

   B. 鱼与熊掌不可兼得,必须(　　)一方。

   C. 他最终决定(　　)公司股份的独立继承权,与全体员工共享公司股份。

   D. 宁可(　　)高官厚禄,也不能放弃原则。

五、用所给的词语改写下列句子。

1. 九十年代开放型经济迅猛发展,主要推动力是上海浦东开发开放。(得益于)

2. 中超在即将开幕的时候终于迎来了以具名为条件而出资的商家(冠名)

3. 社区建设是构建和谐社会的基础和重要突破点。(切入口)

4. 搭配房产具有价格优势,客户同时购置两套物业所需的单价,肯定比分别购置的单价要低。(捆绑)

5. 金庸先生的创作证明了纯文学的一个理论观点,即"重要的不取决于写什么,而取决于怎么写"。(在于)

6.《乔家大院》成为央视2006年度一部最好的时间隆重推出的开年大戏。(黄金档)

六、指出画线的词语在句子中的意思。

1. 在中国企业界的"草根"阶层,活跃着一大群最具有市场活力和成长速度的营销新锐。(　　)

    A. 以新取胜的、风头正健的

    B. 新出现的风头正健的人

    C. 很新很快

    D. 又新潮又尖锐的人

2. 作为酒店业的新锐企业,家园国际酒店采取了"白手套工程"、"微笑行动"等一系列创新举措。(　　)

    A. 以新取胜的、风头正健的

    B. 新出现的风头正健的人

    C. 很新很快

    D. 又新潮又尖锐的人

3. 整合营销不仅以消费者,而且还把从业人员、投资者、社区、大众媒体、政府、同行业者等作为利害关系对象。(　　)

    A. 整理合作　　　　　　B. 调整重新组合

    C. 集合　　　　　　　　D. 调整

4. 从长远来看,欺诈销售于人于己都不是好事。(　　)

    A. 从　　　　　　　　　B. 对

    C. 向　　　　　　　　　D. 在

5. 报社发展得益于汽车业的发展。(　　)

    A. 从　　　　　　　　　B. 对

    C. 向　　　　　　　　　D. 在

6. 这一公司的经营艺术是于无声处听惊雷。(　　)

    A. 从　　　　　　　　　B. 对

    C. 向　　　　　　　　　D. 在

七、用正确的语序把所给的词语排列成句子,并加上适当的标点符号。

1. 处理好　海尔　得益于　持续发展　三个关系　20年
2. 进行　是　对学生　切入口　日记　心理健康教育　的
3. 大众文化　营养　既是　的　基因　主流文化
4. 评价　两位　他们　口碑好　候选人　的　是　对
5. 博客的　吸引力　就在于　它　的　自由　之一

6. 部分股票 下降走势 的 禽流感 呈现 扩散 使

八、下列句子中哪个地方必须加上结构助词"的"?
1. (　　)我想找个演外国 A 旧片 B 影院,走了两 C 家都满 D 座。
2. (　　)爸爸 A 一位上海 B 朋友昨天来我 C 家做客,他带来了一些上海 D 特产。
3. (　　)你 A 小 B 时候 C 模样经常在我 D 脑子里出现。
4. (　　)她 A 朋友并不漂亮,小 B 鼻子 C 周围长着细细 D 雀斑。
5. (　　)他 A 家 B 藏 C 书特别多,其中历史 D 书最多。
6. (　　)前面 A 拐弯 B 处有一条 C 街,那里有很浓密 D 柳树。
7. (　　)她瞪着黑 A 眼睛瞅着我 B 书包,好像里面有什么 C 好 D 东西。
8. (　　)淮海路上 A 这两家 B 饭店 C 生意十分红火,引来了很多 D 回头客。

九、造句。
1. 整合——
2. 引发——
3. 捆绑——
4. 旗鼓相当——

十、课堂练习。
1. 调查:中国收视率排名前三名的省级卫视是哪三家,他们的专业定位是什么?有什么不同?
2. 辩论:你对超级女声是什么样的态度?
支持方:展现自我、张扬个性……
反对方:浅薄,虚荣……

IT 企业需要怎样的形象代言人

 生　词

1. 扩散	kuòsàn	（动）	文中指扩大分散出去。
2. 签约	qiān yuē	（动）	签订合约或条约。
3. 征服	zhēngfú	（动）	原指用武力使（别的国家、民族）屈服。文中指吸引。
4. 一哄而上	yìhōng'érshàng	（成）	形容很多人一起做一件事。
5. 争相	zhēngxiāng	（动）	争着。
6. 当红	dānghóng	（动）	正在走红（多指演艺界的人）。
7. 理性	lǐxìng	（名）	从理智上控制行为的能力。
8. 关联	guānlián	（动）	事物相互之间发生牵连和影响。
9. 热捧	rèpěng	（动）	非常热情地予以支持。
10. 表白	biǎobái	（动）	对人解释，说明自己的意思。
11. 未尝不可	wèichángbùkě	（成）	没有什么不可以的。
12. 高新	gāoxīn	（形）	层次高、内容新。
13. PK			player killing
14. 口碑	kǒubēi	（名）	比喻众人口头的颂扬。
15. 吻合	wěnhé	（动）	完全符合。
16. 认同	rèntóng	（动）	承认、认可。
17. 融合	rónghé	（动）	几种不同的事物合成在一体。
18. 知名度	zhīmíngdù	（名）	指某人或某事物被社会、公众知道熟悉的程度。
19. 不争	bùzhēng	（形）	不容争辩的（事实）。
20. 有志于	yǒuzhìyú		在……方面有很大的志向。
21. 无疑	wúyí	（副）	没有疑问。

课 文

"超女"的商业价值在继续扩散。在"超级女声"冠军李宇春代言神舟电脑、张靓颖代言金山软件最新大作《剑网Ⅱ》之后,近日又传出消息,纳斯达克中国概念股之一的华友世纪将与张靓颖签约,总签约费在1000万元以上。与此同时,联想却表示,将放弃启用"超女"作形象代言人。在当前"超女"火红中国之时,聘请"超女"代言所带来的征服眼球、吸引注意的效果不会太差,但一哄而上地争相聘请当红人物作为形象代言人,显然不是企业经营的理性态度。

IT企业该选择什么样的形象代言人呢?笔者以为,只有选择那些与产品的核心价值、企业的整体形象、战略相一致的形象代言人,才能使形象代言人起到提高市场占有率和企业竞争力的作用。

一是形象代言人要与目标消费群体相关联。企业产品的目标消费群体对所选用的代言人是否熟悉,关系到该企业是否会引起他们的注意。热捧"超女"、表白"超女代言什么,我们就买什么"的以青少年居多,因而那些面向青少年消费群体的企业聘请"超女"代言也未尝不可,但如果从事高新技术生产且面向商务人士的IT企业也硬要聘请"超女"代言,其效果则要差得多,因为这些企业的消费者很可能并不知道"超女"是谁,那么,代言的结果很可能是形象代言人和产品同时遭到PK。

二是形象代言人要与企业的品牌形象相吻合。企业所选用的企业形象代言人的形象、口碑或内在素质要与企业的品牌个性、企业形象相吻合,否则就是形象代言策略的失误。"超女"在公众中代表的是什么?是快乐、时尚、青春。因此,只有与此形象吻合的企业聘请"超女"代言才能达到目标消费者的高度认同。耐克跑鞋使用乔丹作为其形象代言人,就达到了代言人与企业精神的高度融合。这种经典,应是我国IT企业选用形象代言人所追求的目标。

三是形象代言人要与企业整体战略相适应。比如,企业如采取了国际化战略,其市场目标不限于国内,那么企业聘请的形象代言人则应在国际上具有一定的知名度,否则就于国际化战略无益。"超女"在国内的火红是不争的事实,但她们能否被其他国家认可还是个问题,因此,那些有志于打造国际品牌的企业就应该慎重选择"超女"作为形象代言人了。联想此次放弃选择"超女"作为形象代言人,无疑是十分明智的。

(来源:天极网 http://tom.yesky.com;作者:方家平)

思考和练习

一、根据课文内容,给下面的每一道题选择正确的答案。

1. IT企业不该选择怎样的形象代言人?（　　）
   A. 当红的明星　　　　　　B. 与产品的核心价值一致
   C. 与企业的整体形象吻合　　D. 与企业的战略相适应

2. 下列哪种商品最好不要使用超女作为形象代言人?（　　）
   A. 运动鞋　　　　　　　　B. 计算机
   C. 手机　　　　　　　　　D. 冰淇淋

3. 耐克跑鞋选择乔丹作为形象代言人是因为（　　）。
   A. 乔丹是名人　　　　　　B. 与乔丹的形象比较吻合
   C. 乔丹非常喜欢耐克鞋　　D. 乔丹的广告费昂贵

二、根据课文内容,判断下面句子的正误。

1. 联想放弃使用"超女"代言其产品是因为她们不太有名。（　　）
2. "超女"代言的产品都受消费者的欢迎。（　　）
3. 一个企业选择产品形象代言人要有理性。（　　）
4. 企业产品的代言人必须是当红的人物。（　　）
5. 我国IT企业应该选用乔丹作为形象代言人。（　　）
6. 有志于打造国际品牌的企业就应该慎重选择形象代言人。（　　）

三、指出画线的词语在句子中的意思。

1. "黄金一代"葡萄牙队在本届比赛中<u>征服</u>了老牌劲旅英格兰和德国。
   （　　）
   A. 用武力使(别的国家、民族)屈服
   B. 在比赛中战胜对方
   C. 使别人被吸引
   D. 收服

2. 从1206年到1227年,蒙古人成吉思汗<u>征服</u>了大约486万平方英里的土地。(　　)
   A. 用武力使(别的国家、民族)屈服
   B. 在比赛中战胜对方
   C. 使别人被吸引
   D. 收服

3. 朗朗的琴声<u>征服</u>了国人以及世界人民。(　　)
   A. 用武力使(别的国家、民族)屈服
   B. 在比赛中战胜对方
   C. 使别人被吸引
   D. 收服

4. 火红的春联预示着来年更加<u>火红</u>的日子。(　　)
   A. 像火一样的红色　　　　B. 生活非常富裕或热闹
   C. 生气脸红　　　　　　　D. 生活很困难拮据

四、根据课文内容,回答下面的问题。

1. "超女"适合做何种产品的形象代言人?
2. IT企业该选择什么样的形象代言人?
3. 企业应该如何选取形象代言人?

第 8 课

解读烟草走私

生 词

1. 解读　jiědú　　　　（动）　详细说明事实情况,并深入分析内在原因。
2. 驱使　qūshǐ　　　　（动）　推动。
3. 频繁　pínfán　　　　（形）　次数多。
4. 贩私　fànsī　　　　（动）　走私。
5. 乔装打扮
　　qiáozhuāng-dǎbàn　（成）　改变原本的面貌以隐瞒真实身份或事实。
6. 诱惑　yòuhuò　　　　（动）　运用手段使人辨认不清而做坏事;吸引。
7. 有恃无恐
　　yǒushì-wúkǒng　　（成）　因有所依靠而不害怕（做不正当的事）。
8. 泛滥　fànlàn　　　　（动）　无节制地生长。
9. 猖獗　chāngjué　　　（形）　凶猛而放肆。
10. 缴获　jiǎohuò　　　（动）　从战败的敌人或罪犯等方面获得。
11. 触目惊心
　　chùmù-jīngxīn　　（成）　看到某种严重的情况而引起内心的震动。
12. 归咎　guījiù　　　　（动）　归罪;由……承担责任。
13. 助纣为虐
　　zhùzhòuwéinüè　　（成）　比喻帮助坏人做坏事。

14. 萎缩 wěisuō （动） （身体、草木等）干枯；（经济等）衰退。
15. 黑幕 hēimù （名） 暗中进行的不可告人的行为。
16. 涉嫌 shèxián （动） 存在跟某件事情有关的嫌疑。
17. 揭露 jiēlù （动） 使隐藏的事实（多指不正当行为）显现出来。
18. 指控 zhǐkòng （动） 指责和控诉。
19. 不绝于耳
    bùjué'yú'ěr （成） 经常让人听到。比喻情况不断发生。
20. 起诉 qǐsù （动） 向法院提起诉讼。
21. 披露 pīlù （动） 发表，公布；表露。
22. 状告 zhuànggào （动） 凭借事实诉讼别人。
23. 牵扯 qiānchě （动） 牵连；有联系。
24. 推波助澜
    tuībō-zhùlán （成） 比喻推动或促使事物（多指坏的事物）的发展，使扩大影响。
25. 任重道远
    rènzhòng-dàoyuǎn（成） 比喻责任重大。
26. 同仇敌忾
    tóngchóu-díkài （成） 大家一致痛恨敌人。
27. 携手 xiéshǒu （动） 手拉着手。比喻团结一致。
28. 势头 shìtóu （名） 情况；形势。

课　文

　　走私是目前各个国家共同面临的一个难题。走私行为不仅严重损害国家利益，而且严重扰乱正常的社会经济秩序。受暴利的驱使，愈演愈烈的烟草走私行为已成为烟草市场的一个重要特征，受到国际社会的普遍关注。近年来，随着全球经济一体化[1]的发展，世界各国之间的贸易往来越来越频繁，烟草走私也从以往的小规模贩私行为演变为专业性、集团性、分工明确、组织严密的国际走私活动。为逃避被查获的危险,跨国性的烟草走私集团往往将走私烟乔装打扮,并采用过境运输、多次易主等手段来增加各国对走私调查的难度。虽然目前国际上均对走私保持高压态势,但在高额利润的诱惑下,烟草走私行为仍然有恃无恐,大有在全球泛滥之势。

烟草走私危害严重

猖獗的烟草走私活动严重损害了世界各国的利益。在我国,福建泉州等沿海一带一直是香烟走私的热点地区。2001年,仅福建边防就查获香烟走私案件90多起,缴获走私香烟10600件,总案值2500万元。因走私烟和假烟的流入,仅陕西省每年就损失利税近5亿元。就世界范围来看,烟草走私造成的危害更是触目惊心:欧盟地区由于香烟走私越来越猖獗,每年仅税收一项就给各国造成的损失超过13亿美元;由于卷烟走私,乌干达政府每年的税收减少了100亿先令;智利的香烟走私日趋严重,不仅影响到合法渠道的卷烟销量,而且仅2001年的走私香烟漏税额就高达4900万美元;伊朗卷烟走私使国家每年损失近6亿美元;印度也将2001年卷烟销售额下降11%的原因归咎于烟草走私……烟草走私活动屡打不止,甚至愈打愈多,除了与烟税越提越高、犯罪分子的走私手段更加隐蔽、分工合作更加严密等外在原因有关外,与烟草公司的暗地支持、助纣为虐也大有关系。

走私黑幕触目惊心

随着全球反烟浪潮的高涨,烟草公司的市场份额在逐年萎缩。为了维持自己的销售金额,利用走私来打开新的市场,扩大自己的销售量似乎成了众多大烟草公司不约而同的选择。因此,烟草走私背后也就有了诸多不可告人的黑幕。自1999年《蒙特利尔公报》揭露烟草公司涉嫌走私之后,世界各地对烟草公司的指控就不绝于耳:2000年,欧盟起诉日本烟草公司走私香烟;2001年,路透社公布的一项调查报告指责菲莫公司、雷诺烟草控股公司和英美烟草工业公司在全球把价值数十亿美元的黑市卷烟提供给有组织的犯罪集团;同年7月,英国《卫报》披露英美烟草公司与一位塞族百万富翁进行烟草贸易;2001年8月,欧盟以其执行机构和十个成员国的名义状告雷诺烟草公司进行走私活动;2002年欧盟又指责雷诺公司将烟草走私到伊拉克……真是一波未平一波又起。更为严重的是,在烟草走私的背后,不仅有烟草公司的支持,一些国家的重要人物也牵扯其中:如阿联酋驻英前大使竟是世界头号香烟走私犯;

捷克外交官走私卷烟;黑山总统竟然也涉嫌参与了香烟走私。此外,俄罗斯黑手党和国际恐怖组织[2]在烟草走私活动中也推波助澜,大捞黑金。

打私斗争任重道远

疯狂的烟草走私活动已令世界各国到了再也难以容忍的地步。在不久前刚刚闭幕的全球控烟大会第5次政府间谈判会议上,在有关烟草广告、烟草销售、卷烟价格等诸多问题均进展不大的情况下,唯独在烟草走私问题上各国很快达成了一致意见。世界各国同仇敌忾,携手打击烟草走私,虽然在一定程度上抑制了烟草走私高涨的泛滥势头,但各种导致烟草走私的因素仍然存在,如烟税的增加、政治集团的介入、如何正确处理走私与税收的关系、如何对待烟草公司背后强大的政治势力等等,都是人们应深入思考的问题。所以,在烟草走私与反走私的斗争中,正义要战胜邪恶尚需时日。

(来源:中国烟草在线 http：//www.tobaccochina.com;作者:佚名)

注 释

1. 全球经济一体化

"全球经济一体化"是世界各国之间在经济交往活动中的一种大趋势和发展状态。开始于19世纪末期,在第二次世界大战之后向更深远、更广泛的层面发展。它产生的基础是,世界各国之间的经济发展相互依赖、各国国内市场资源相对缺乏而国际市场资源相对丰富,以及世界经济的高速发展要求各国的经济与市场开放。其主要特征是世界市场统一、各国经济与市场开放、贸易自由等;主要标志是包括世界贸易组织、世界银行、国际货币基金组织、世界知识产权组织等国际组织的建立和联合国制定的,或世界各国之间签署的众多的国际条约和国际惯例。它是国际贸易自由化、经济民主化、市场统一化的集中体现。

2. 黑手党和国际恐怖组织

"黑手党"(Mafia)起源于意大利西西里岛,二战期间随难民一起迁移到美国,发展成一种组织严密、势力庞大的犯罪集团。其后,又蔓延到其他国家。

"恐怖主义"(terrorism)一词最早出现在18世纪法国大革命时期,国际恐怖主义的真正形成是在上世纪60年代末。它是一个具有浓重政治色彩的概念,并附着于某种意识形态,进行有组织、有制度和有政治目的的恐怖活动,袭击目标和活动范围超出了国界。

预习题

一、根据课文内容,选择正确的答案。

1. 烟草走私行为愈演愈烈的主要原因是(　　)。
   A. 高额利润诱惑　　　　　　　B. 打击力度不够
   C. 走私行为隐蔽　　　　　　　D. 世界贸易频繁

2. 烟草走私活动屡打不止,与下面哪一项没有关系?(　　)
   A. 走私手段更加隐蔽　　　　　B. 烟草公司暗地支持
   C. 国际社会普遍关注　　　　　D. 分工合作更加严密

3. 下面哪一项不是造成烟草走私黑幕令人触目惊心的原因?(　　)
   A. 国际恐怖组织推波助澜　　　B. 全球反烟浪潮逐年高涨
   C. 国家重要人物暗中参与　　　D. 众多烟草公司追求利润

4. 全球控烟大会第5次政府间谈判会议上达成了一致意见的是(　　)。
   A. 降低烟草价格　　　　　　　B. 限制烟草广告
   C. 禁止烟草销售　　　　　　　D. 打击烟草走私

二、根据课文内容,判断下面句子的正误。

1. 因为可以获取暴利,所以烟草走私行为有可能在全球泛滥。(　　)

2. 随着全球经济一体化的发展,烟草走私也从国际间的有组织性逐渐转变为小规模的自由行为。(　　)

3. 在我国,陕西省一直是香烟走私的热点地区。(　　)

4. 虽然各国都把卷烟销售额下降的原因归咎于烟草走私,但走私烟草的行为仍是屡打不止,甚至愈打愈多。(　　)

5. 烟草公司之所以暗中支持烟草走私,主要是因为走私可以打开新市场,扩大销售量,从而维持自身的销售金额。(　　)

6. 国际恐怖组织也参与烟草走私活动,主要目的不是要获取高额利润,而是为了实现他们的政治野心。(　　)

三、根据课文内容,回答下面问题。

1. 为什么说烟草走私是目前各个国家共同面临的一个难题?
2. 举例说明烟草走私带来的危害。
3. 为什么说烟草走私的黑幕会让人感到触目惊心?
4. 导致烟草走私活动日益猖獗的因素包括哪一些?

词汇例释

一、解读

及物动词。详细说明事实情况,并深入分析内在原因。常出现在新闻标题中。例如:

～工作报告　～招生政策　～人生　～健康

政策～　法规～　时事～　热点～

二、驱使

动词。意思是受到某种力量的推动而做某事。例如:

在暴利的驱使下,一大批不法分子将黑手伸向了鸟类。去年,仅宁夏回族自治区就有1500多只野鸭惨遭毒杀。

反美武装活动主要是受金钱而非意识形态的驱使,他们每发动一次袭击最少能拿到100万美元酬金。

辨析:"驱使"与"促使"

两者的相同处是都可以在后面加上名词和动词形成兼语结构,表示"使得某人做某事"的意思。不同点在于:

(1) 从形式上看,"驱使"除了可以构成主动意义的兼语结构之外,还常常构成含有被动意义的"受……驱使"或"在……驱使下"等形式。"促使"很少有这种用法。

(2) 从意义上看,"驱使"含有贬义,受到驱使的对象或者从事不正当行为,或者被迫做自己所不愿意做的事情。"促使"没有这种意味。例如:

妒忌心驱使她干出了蠢事。

有些人在利益的驱使下,给消费者设下了重重"陷阱"。

最近出台的一系列宏观调控措施将会促使中国房地产市场朝着更加健康的方向发展。

迄今为止,美国已经连续数次通过降低联邦基金利率,促使经济进入快速复苏的轨道。

三、演变

不及物动词,指发展变化。例如:

各种星球之所以有不同的形态,是由于它们正处在演变过程中的不同阶段,元素的构成比例也不同。

在中国漫长的封建社会中,由孔子思想演变而来的儒家思想是占统治地位的理论。

辨析:"演变"和"转变"

两者的不同主要表现在以下两个方面。

(1) 词性不同。"演变"是不及物动词,"转变"是及物动词。例如:

演变:形态～ 物种～ 星体～ 制度～

转变:～思想 ～作风 ～立场 ～角色

(2) 语义重点不同。"演变"侧重于指发展,即事物的前后往往是一个由低级到高级或由具体到抽象的发展过程;"转变"侧重于指变化,即由一种情况变为另一种情况。"演变"所经历的时间较长,"转变"所经历的时间较短。例如:

汉字字体的演变大约分为三个阶段,一是从商周甲骨文、金文变为小篆,二是从小篆变为隶书,三是从隶书变为楷书。

为了使全民健身计划得到有效的实施,运行机制必须由政府行为向个人行为转变。

四、态势

名词。表示某种状态或趋势。例如:

2002年,我国经济运行扭转了上年下滑的势头,出现持续增长的态势。

政府房地产调控政策的作用正在逐步显现出来,部分消费者表现出持币待购的态势。

辨析:"态势"与"形势"

都指事物发展的状况。区别在于:

(1) 从搭配对象上看,"态势"的修饰语通常表示发展变化,"形势"的修饰语往往限定范围。

态势：增长～　运行～　调整～　发展～

形势：国际～　政治～　经济～　社会～

　　　就业～　发展～　供需～　出线～

(2) 从表义重点上看，"态势"侧重于发展趋势，"形势"主要指当时的状况。例如：

上海楼市供大于求的态势进一步显现。这表明，开发商和有关方面希望通过控制新房上市节奏来缓解供需矛盾的意图很难变为现实。

高校学生要提高思想政治素质，正确认识国内外形势，增强民族自信心和自豪感。

今年全国电力供需形势仍然很紧张，总体缺额同2003年大体相当。

五、大有……之势

固定用法。表示很有可能出现某种情况，且这种情况常有程度高或意想不到的意思。例如：

这些最新推向市场的产品并没有任何降价的动向，相反大有猛涨之势。

近年来，成都的DIY商家开始异军突起，大有跟品牌PC再争高低之势。

我国面临的污染问题已经非常严重，环境污染大有"农村包围城市"之势。

六、归咎于

及物动词。常用为"把/将…A…归咎于…B…"形式，表示认为出现A这种不如意的情况，责任就在于B。例如：

美国联邦储备委员会主席格林斯潘20日说，美国面临的失业问题是需求下降和劳动生产率提高等原因造成的，不能将它归咎于其他国家。

国内众多媒体都将某些大城市房地产价格的飙升归咎于"温州炒房团"，"温州炒房团"似乎成了房价飙升的罪魁祸首。

普京支持率首次跌破50%，分析人士把这归咎于政府目前发动的社会改革不得人心。

七、萎缩

不及物动词。原本表示身体、草木等干枯。例如：

肌肉萎缩疾病是目前世界上难以医治的一类疾病，这些病常导致患者失去生活能力甚至死亡。

视神经萎缩是视神经纤维变性的表现，主要症状表现为视力减退和视盘颜色苍白。

后引申为经济等衰退。例如：

同为春节前后期间两周的成交量，今年比去年萎缩了将近二分之一。

在深圳一些家电专业卖场，传统彩电的销售额在日益萎缩。

上午，两市成交金额大幅萎缩，这充分表明目前投资者的态度明显趋于谨慎，市场观望气氛越来越浓厚。

八、诸多

形容词。只能作定语，且只修饰双音节词，不能修饰单音节词。例如：

～因素　～环节　～变数　～内容　～弊端　～问题

九、涉嫌

及物动词。被怀疑或被认为与某种不正当行为有关联。常用主动的形式表示被动的意义，主语是被怀疑的对象，宾语一般由双音节或多音节的动词性成分充当。例如：

～贪污　～诈骗　～犯罪　～违法　～走私

某政府官员涉嫌挪用侵占公共财物、生活腐化堕落等违法、违纪的主要事实，并已被依法逮捕。

巴西警方宣布，球王贝利的儿子再次被捕，他涉嫌卷入了贩毒案件。

新世界软件有限公司董事长因涉嫌巨额诈骗，目前已被北京警方刑事拘留。

十、披露

及物动词。意思是通过媒体向社会大众公开发布某些内部的信息。例如：

日前，美国"阿波罗"登月飞船的宇航员披露了他们感受到的月球尘埃的味道。

准确地说，证券市场能否有效运转是以信息披露制度的成熟程度为基础的。

辨析："披露"与"揭露"

两者的区别主要在于：

(1) 陈述对象有差别。"披露"的对象既可指他人，也可指自己；"揭露"的

对象只能是他人。例如:

《费城日报》今天披露,艾弗森落选的真正内幕是国家队赞助商"耐克"对艾弗森代言的"锐步"品牌进行打压。

今天,有51家公司在《上海证券报》上集中披露了2005年年报。

他总结了去年该公司终期介入监理的几个装修投诉案例,以帮助读者揭露家庭装修中的诸多黑幕。

(2) 表义重点不相同。"披露"指把事实情况公布出来,宾语不存在褒贬义;"揭露"是把阴谋或罪行等显露出来,宾语有明显的贬义色彩。例如:

披露:~事实　~情况　~信息
揭露:~罪行　~阴谋　~诡计

十一、一波未平一波又起

成语。某人或某件事情接连出现多种不好的情况,前面一种情况还没有平息下来,后面一种情况又出现了。例如:

近年来,银行业的收费行动可谓一波未平一波又起,围绕银行收费引发的争议声也不绝于耳。

近来的泰森真是应验了那句"人倒霉起来喝凉水都会塞牙"。一波未平,一波又起,本周五,他由于拖欠税款而再次遭到了起诉。

十二、到……地步

固定搭配,表示某种不好的情况已经达到了极高的程度。在这个结构中,"地步"指情况、处境、程度等,其前面必须有修饰语,具体说明所达到的程度。例如:

现在的流行歌坛几乎已经到了人满为患的地步,逼得大伙儿都要弄点儿卖唱片的新招。

巴以紧张关系目前有所升级,但还没有到彻底"摊牌"的地步。

专家警告说,肥胖症已经在发展中国家上升到失控的地步。

曼联和切尔西的联赛冠军之争已经到了白热化的地步。

十三、抑制

及物动词。意思是压下去,使不出现。例如:

2005年上海市房价上涨过快的势头得到了抑制,房地产开发投资增幅稳步回落。

财政税收政策对控制房地产投机的作用远远大于金融政策。

辨析:"抑制"与"控制"

(1) 宾语形式不同。"抑制"的宾语一般是动词性成分,"控制"的宾语可以是动词性成分,但更多的是名词性成分。例如:

抑制:～膨胀　～生长　～复发　～死亡

控制:～资金　～人口　～名额　～数量　～感情　～时间
　　　～投资　～发展　～使用　～开发

(2) 表义重点不同。"抑制"主要指制止某种情况出现,"控制"侧重于不让某一情况无节制地发展或超出范围。例如:

复旦大学医学院肝癌研究所刘银坤教授的一项最新研究发现,从人的尿液中提取的一种名叫CDA-2的复合物,能有效抑制实验性肝癌的转移和复发。

我们可以用鼠标来设置静音或调节音量大小,如果是笔记本电脑还可以使用键盘来对音量进行控制。

年龄在40岁以上的人,要尽量控制高胆固醇饮食。

状语和结构助词"地"

动词或形容词性偏正词组中的修饰语叫状语,结构助词"地"是状语标记。状语种类很多,有的不能用"地",有的可以或必须用"地"。

1. 时间名词、处所名词以及方位词组作状语的时候都不能用"地",如"明天来"、"他上海没去过"、"商店里顾客很多"等等。

2. 介词结构作状语不能用"地",例如:

① 由于卷烟走私,乌干达政府每年的税收减少了100亿先令。

② 专家认为,"市场观察"网站为道琼斯挽回了许多市场份额。

3. 代词作状语不能用"地",例如,"这样说"、"怎么做"等等。

4. 单音节副词作状语不能用"地",如"刚来"、"才离开"等。双音节副词作状语一般也不能用"地",例如,"马上走"、"依然如此"、"必须请假"等等。但

也有少数例外,后面可以加"地"表示强调,例如:

③ 即使休假,他也经常(地)打电话到公司询问业务情况。

④ 他已经悄悄(地)走了。

5. 表示动作频率的数量词组一般作补语,如果动词后面的成分比较复杂,有时可以出现在前面作状语。数量词组作状语不能用"地",例如:

⑤ 去年,我三次去北京都没看见他。

数量词组的重叠形式作状语时,后面可以加"地"表示强调,例如,"一个一个(地)仔细检查"、"一次次(地)来看我"。

6. 形容词作状语的情况比较复杂,单音节形容词作状语不能用"地",如"快走"、"大干"、"苦斗"。单音节形容词重叠作状语,后面可以用"地",如"慢慢(地)说"、"苦苦(地)挣扎"。

双音节形容词作状语一般要用"地",例如:

⑥ 湖南卫视清醒地意识到自己的优势在于娱乐节目。

但也有少数双音节形容词作状语时,后面的"地"可以不用,尤其是出现在某些常规组合中时,常常不用"地",如"仔细检查"、"努力学习"、"认真工作"、"庄严宣布"等。

7. 词组作状语一般要用"地",尤其是主谓词组以及成语,后面一定要用"地",例如:

⑦ 只见他脸色煞白地站了起来,向董事长汇报了事情的经过。

⑧ 最近,一些劣质商品经过各种各样的包装,堂而皇之地进入了大型超市。

综合练习

一、用正确的语调朗读下面的句子。

1. 走私行为不仅严重损害国家利益,而且严重扰乱正常的社会经济秩序。

2. 随着全球经济一体化的发展,世界各国之间的贸易往来越来越频繁,烟草走私也从以往的小规模贩私行为演变为专业性、集团性、分工明确、组织严密的国际走私活动。

3. 虽然目前国际上均对走私保持高压态势,但在高额利润的诱惑下,烟草走私行为仍然有恃无恐,大有在全球泛滥之势。

4. 烟草走私活动屡打不止,甚至愈打愈多,除了与烟税越提越高、犯罪分子的走私手段更加隐蔽、分工合作更加严密等外在原因有关外,与烟草公司的暗地支持、助纣为虐也大有关系。

5. 为了维持自己的销售金额,利用走私来打开新的市场,扩大自己的销售量似乎成了众多大烟草公司不约而同的选择。

6. 世界各国同仇敌忾,携手打击烟草走私,虽然在一定程度上抑制了烟草走私高涨的泛滥势头,但各种导致烟草走私的因素仍然存在。

二、给下列词语选择正确的解释。

1. 牵扯(　　)　　　A. 次数很多。
2. 抑制(　　)　　　B. 帮助坏人做坏事。
3. 涉嫌(　　)　　　C. 放肆,无所顾忌。
4. 高涨(　　)　　　D. 涉及。
5. 频繁(　　)　　　E. 推动事物发展并使其扩大影响。
6. 猖獗(　　)　　　F. 存在跟某件事情有关的嫌疑。
7. 助纣为虐(　　)　G. 控制,使不出现。
8. 推波助澜(　　)　H. 迅速上升。

三、选择合适的词语填入句中的括号里。

不可告人　　不约而同　　同仇敌忾　　驱使　　泛滥　　高压　　归咎
乔装打扮　　有恃无恐　　愈演愈烈　　萎缩　　状告　　携手　　势头

1. 学术界早已对学术道德建设、学风建设提出了明确要求,但学术腐败现象仍屡禁不止,甚至有(　　)的趋势。

2. 这大概是中国近年发生的第一起外资企业(　　)地方政府的行政诉讼案。

3. 队员们都从伤病中恢复过来了,火箭队的上升(　　)看起来也更加强劲。

4. 接受采访的群众对回收药品现象深恶痛绝的同时,对政府部门打击不力也颇有微词,认为正是监管不到位才使药贩子(　　)。

5. 媒体对周日辽连之战的比分提出了质疑,似乎在2∶5的比分背后隐藏着某种(　　)的秘密。

6. 美国流行乐天王迈克尔·杰克逊在巴林身着传统的阿拉伯女性服装购物,但(　　)的他还是被公众当场发现。

7. 春节过后的2月向来是申城演出市场的淡季,但今年却不同,围绕着"情人节",各大剧场都(　　)地推出多台浪漫音乐会。

8. 1919年5月4日,北京爆发了一场轰轰烈烈的反帝爱国群众运动,革命浪潮迅速席卷全国,各界民众(　　),共同奏响了一曲浩气长存的时代壮歌。

9. 目前,国际组织对恐怖分子一致采取(　　)政策,恐怖活动日渐减少。

10. 第46届世界乒乓球锦标赛半决赛刚刚结束,中国男女队(　　)挺进决赛。

11. 在中国目前阶段,提高人口素质是防止艾滋病(　　)的有效途径。

12. 在羡慕、攀比,甚至是有几分嫉妒心态的(　　)下,多数家长对自己孩子的期望永远都是"不知足",都是"恨铁不成钢"。

13. 主教练认为这场比赛打平更合理,他将球队失利的原因(　　)于主裁判的判决不合理。

14. 大盘成交量在下午继续(　　),全天的能量仅能维持100亿元左右。

四、下列几组词语意义或用法相近,很容易混淆,请把它们区别开来。

1. 演变／转变

　　A. 我国政府的职能(　　)由于受到来自于旧的经济体制和政治体制、行政体制的制约,显现出艰巨性和长期性。

　　B. 随着社会的发展,医学的主要研究对象从传染病和普通病(　　)为重大的慢性疾病。

　　C. 可以说,苏联(　　)是世界社会主义运动史上世纪性的悲剧。

　　D. 一个国家的社会形态一般是从发展型向发达型、从专制型向民主型、从农业型向工业服务型(　　)。

2. 披露／揭露

　　A. 年度报告是上市公司最常见和最重要的信息(　　)形式,它传递着上市公司在整个会计年度内的全景信息。

　　B. 国资委2005年效能监察取得了新成效,(　　)并查处了一批违纪案件。

　　C. 就在上周,几十个员工联名(　　)了某企业管理者的腐败事实。

D. 乐购超市日前（　　），他们将在春节期间举行大型的商品促销活动。

3. 抑制／控制

A. 企业必须加强内部风险（　　），建立并完善内部人力资源风险防范体系和危机处理机制。

B. 目前，青海候鸟禽流感疫情已得到了有效（　　），日平均死亡数量明显下降。

C. 中央决定将宏观经济政策从（　　）通货膨胀向扩大内需转型，把增长和就业放在首要位置。

D. 中国疾病预防中心昨天表示，中国医务工作者已经总结出了七种能够（　　）非典型肺炎病原生长的药物。

4. 驱使／促使

A. 肾脏切除手术还处在研究阶段，副作用不可预测。所以说现在很多医院做这种手术完全是受经济利益的（　　）。

B. 会计准则体系的建立，可以（　　）上市公司提高信息质量，从而改善其经营业绩。

C. 调查发现，暴利是（　　）一些中小医疗机构违规做注射隆胸术的重要原因。

D. 中国证监会将开展大规模的专业培训，（　　）全系统监管人员尽快掌握新准则的精神。

5. 态势／形势

A. 2005年上半年，家电行业经济运行（　　）良好，保持了平稳和较快的发展。

B. 事实证明，1300点的确是短期内难以逾越的重要关口，大盘的调整（　　）越来越清晰，未来的不确定性仅仅在于以何种方式调整以及调整的幅度等问题。

C. 科学地分析和判断国内外（　　），历来是我们党制定正确路线的前提。

D. 中国队两胜一平积7分，出线（　　）一片大好。

五、用所给的词语改写下面的句子。

1. 本来，特大透水事故发生后，矿方应迅速组织抢救并上报，但他们却想方设法消灭痕迹，欺上瞒下。与此同时，一些嗜财如命的人也在帮助隐瞒事

实。(助纣为虐)

2. 贝克总经理涉嫌违约被起诉,与经纪公司的纠纷正闹得沸沸扬扬。然而事情还没有结束,他又惹上了新的麻烦。(一波未平一波又起)

3. 当天,美军虐囚事件中更多让人不忍目睹的照片被澳大利亚媒体公布于众。(触目惊心)

4. 目前,全国仅有10个省份在着手进行户籍改革"试点",改革城乡分割的二元户籍制度依然面临着非常艰巨的任务。(任重道远)

5. 10年间,我国大学学费猛涨二十倍,涨幅远远超过了国民收入的增长速度。人们不禁要问:是什么因素使大学出现了高收费的现象?(推波助澜)

6. 最近一段时间以来,一些劣质商品经过各种各样的包装,堂而皇之地进入了大型超市。(乔装打扮)

六、用指定的词语完成下面的句子。

1. 按照有关负责人的话说,该市的交通违规现象越来越严重,_____。(大有……之势)

2. 目前的房价一直居高不下,_____。(大有关系)

3. 单位领导在接受记者采访时表示:此次事故主要原因_____。(归咎于)

4. 每年高考前后都会出现一些迷信活动,流行一些莫名其妙的禁忌,然而今年,这种情况_____。(到了……地步)

5. 中国一些著名的旅游城市他几乎都去过,_____。(唯独)

6. 足球联赛取消升降级制度这一做法存在着诸多弊端,_____。(不绝于耳)

七、用正确的语序把所给的词语排列成句子,并加上适当的标点符号。

1. 归咎于 比赛失利的 把 德国队 裁判 原因
2. 将 投入生产 所有员工 促使 积极 新的措施
3. 被 他 赌博 逮捕 涉嫌 警察 参与
4. 在今天 都 披露了 上市公司 年报 不约而同地

5. 已经 触目惊心的 烟草走私 地步 到了 令人
6. 弊端 目前 存在着 税收制度 诸多 还

八、下列句子中哪个地方必须加上结构助词"地"?

1.（　）今年 A 他刚刚 B 进入公司,但工作认真,并出色 C 完成了几次任务,很快 D 获得了同事们的认可。
2.（　）她在围裙上 A 擦干净手,一张张 B 点着崭新的钞票,然后 C 马上 D 放进卧室的抽屉里。
3.（　）经过这件事 A,她逐渐 B 学会了如何 C 更好 D 与他人沟通。
4.（　）他无精打采 A 走进教室,坐在椅子上 B 发呆,直到有个同学大声 C 叫他,他才 D 回过神来。
5.（　）春节里 A,鞭炮从初一到十五 B 总是 C 劈里啪啦 D 响个不停。
6.（　）他离她十几步 A 远,已经 B 清楚 C 认出 D 是她。
7.（　）父亲又一次 A 把手搭在他肩膀上 B,轻轻 C 把他 D 推向门口。
8.（　）他热情 A 招待了我,还给我 B 介绍了一些情况,后来 C 还经常 D 带我去参观。

九、课堂辩论。

目前,全社会都已经意识到"吸烟有害健康",而且烟草走私又会给社会带来严重的危害,但是,世界各国并没有禁止烟草的生产和销售。请就这一问题展开讨论:

正方:应该禁止烟草的生产和销售,因为它既有害身体健康,又损害国家利益。

反方:不应该禁止烟草的生产和销售,因为它能给国家带来巨大的财政收入。

阅读材料

走私洋烟的危害

生　词

1. 再度　　　zàidù　　　　（副）　再次；又一次。
2. 缉获　　　jīhuò　　　　（动）　搜查并缴获。
3. 冲击　　　chōngjī　　　（动）　打击；影响（指不利方面）。
4. 干扰　　　gānrǎo　　　（动）　影响使不能正常工作。
5. 骤　　　　zhòu　　　　（副）　快速；突然。
6. 崇尚　　　chóngshàng（动）　十分推崇并积极提倡。
7. 派头儿　　pàitóur　　　（名）　气派（多含贬义）。
8. 丢份儿　　diū fènr　　　（动）　失去身份。
9. 潜在　　　qiánzài　　　（形）　存在于事物内部而不容易发觉。
10. 屡禁不止　lǚjìnbùzhǐ　　（成）　每次控制都不能使停止。
11. 愈演愈烈
    　　　　　yùyǎnyùliè　　（成）　情况变得越来越严重。
12. 腐蚀　　　fǔshí　　　　（动）　使人在坏的思想、行为、环境等因素的影响下逐渐退化而做坏事。
13. 灵魂　　　línghún　　　（名）　心灵；人格。
14. 有形　　　yǒuxíng　　　（形）　能看得见的。
15. 显而易见　xiǎn'éryìjiàn　（成）　非常明显。
16. 诱发　　　yòufā　　　　（动）　导致发生。
17. 见利忘义　jiànlì-wàngyì　（成）　看到好处就忘记了正义而去做坏事。
18. 薄弱　　　bóruò　　　　（形）　不坚强，容易受到损害或被改变。

课　文

据有关部门统计,自1989年以来,我国东南沿海地区走私活动再度猖獗,其中以洋烟走私为甚,在缉获的走私物品中,洋烟货值约占全部货值的70%左右。1992年,走私烟流入国内市场近500万件,致使国家流失关税近50亿元。我国是卷烟供大于求的买方市场[1],洋烟的入侵冲击了国内市场,相当于每年挤掉一个中等省份的卷烟年产销量,减少税收约5亿元,给国家造成了严重的经济损失。

(1) 危害我国的烟草专卖制度

走私洋烟的流入,严重威胁到烟草行业的集中统一管理和专卖经营管理的体制。走私烟的冲击造成了卷烟经销渠道的混乱,烟草系统主渠道供批卷烟受到干扰,在一些地区,烟草系统控制的卷烟销售经营权,已被烟贩子们不同程度地侵占。

(2) 影响我国正常的寄售烟经营业务

据统计,近几年来我国正常经营的进口寄售烟不断下降,其原因是走私洋烟数量骤增后,其卖价比寄售烟的卖价低得多,寄售烟[2]无法与走私洋烟进行"竞争"。

(3) 挤占我国的卷烟市场

目前,每年走私洋烟的非法流入量,已相当于我国一个中等省份全年的卷烟销量,也就是说,一个中等省份的卷烟市场被走私烟侵占了。由于洋烟的吸食口味比较独特,引起了我国部分消费者,尤其是青年烟民的崇尚。他们视吸洋烟为"派头儿",视吸国产烟为"丢份儿"。目前,在我国三亿左右的烟民中,至少有一半是青年消费者,这就为走私洋烟提供了巨大的潜在市场。洋烟走私屡禁不止而且愈演愈烈也说明了这一潜在市场有着大量需求的事实,同时也表明,洋烟侵占我国卷烟市场的危险性相当大。

(4) 腐蚀部分人的灵魂

外烟走私造成的巨大经济损失和对烟草行业的有形影响是显而易见的,给社会造成的影响,也是相当严重的。它严重腐蚀人们的思想,诱发各种违法犯罪活动。洋烟走私会使部分人见利忘义,它影响了社会风气,腐蚀了部分意志薄弱者的灵魂。

(来源:中国烟草科教网 http://www.tobaccoinfo.com.cn;作者:佚名)

注 释

1. 买方市场

卖方市场是价格及其他交易条件主要决定于卖方的市场。由于市场供不应求,买方之间展开竞争,卖方处于有利的市场地位,即使抬高价格,也能把商品卖出去,从而出现某种商品的市场价格由卖方起支配作用的现象。

买方市场是价格及其他交易条件主要决定于买方的市场。由于市场供过于求,卖者之间展开竞争,为了减少自己的过剩存货,他们不得不接受较低的价格。这样就出现了某种商品的市场价格由买方起支配作用的现象。

2. 寄售烟

寄售(consignment)是一种委托代售的贸易方式,也是国际贸易中习惯采用的做法之一,有别于代理销售的贸易方式。它是指委托的(货主)先将货物运往寄售地,委托国外一个代销人(受委托人),按照寄售协议规定的条件,由代销人代替货主进行销售,货物出售后,由代销人向货主结算货款的一种贸易做法。

由于寄售烟需要交纳一定的税收,所以在价格的竞争上,它无法与走私烟比较,占据的市场份额也就更少。

思考和练习

一、根据课文内容,选择正确的答案。

1. 寄售烟无法与走私洋烟"竞争"的主要原因是(　　)。
   A. 走私洋烟的数量更多
   B. 走私洋烟的价格更便宜
   C. 寄售烟的吸食口味更一般
   D. 寄售烟的进口渠道更复杂

2. 走私洋烟存在巨大潜在市场的最重要的原因是(　　)。
   A. 价格便宜　　　　　　　　B. 外形美观
   C. 口味独特　　　　　　　　D. 质量上佳

3. 文章最后一段主要是用来说明(　　)。
   A. 走私洋烟的危害　　　　　B. "玩火者必自焚"
   C. 走私洋烟的方式　　　　　D. 走私洋烟的人群

4. 下面哪一项不是走私洋烟所带来的危害？（　　）
　　A. 危害烟草专卖制度　　　　B. 影响寄售烟经营业务
　　C. 改变市场供求关系　　　　D. 侵占国内卷烟市场

二、根据课文内容，判断下面句子的正误。
　　1. 我国东南沿海地区走私活动最严重的就是烟草走私。（　　）
　　2. 近几年，我国正常经营的进口寄售烟在不断下降，这是因为寄售烟的利润很低。（　　）
　　3. 青年烟民对洋烟非常崇尚，这使得走私烟的市场相当巨大。（　　）
　　4. 由于走私活动非常隐蔽，所以走私洋烟所带来的经济损失也是不容易发觉的。（　　）
　　5. 洋烟走私可以毒化社会风气，也可以腐蚀意志薄弱者的灵魂。（　　）

三、根据课文内容，回答下面的问题。
　　1. "洋烟走私"对我国造成了哪些危害？
　　2. 为什么近几年来我国正常经营的进口寄售烟不断下降？
　　3. 走私洋烟的潜在市场是由什么造成的？

第 9 课

中国汽车产业知识产权诉讼案例分析

一、生词

1.	自主	zìzhǔ	（动）	自己做主，不受他人支配。
2.	诉讼	sùsòng	（动）	打官司。
3.	蓬勃	péngbó	（形）	旺盛。
4.	拷贝	kǎobèi	（动）	复制，课文中指的是抄袭。
5.	纠纷	jiūfēn	（名）	争执不下的事情，矛盾。
6.	抄袭	chāoxí	（动）	照抄别人的东西当做自己的。
7.	意识	yìshí	（动、名）	察觉，发现；人的头脑对于客观物质世界的反映，是感觉、思维等各种心理过程的总和。
8.	景气	jǐngqì	（形）	经济繁荣兴旺。
9.	扎根	zhā gēn	（动）	使生根固定。比喻深入下去，打下基础。
10.	排挤	páijǐ	（动）	利用势力或手段使不利于自己的人失去地位或利益。
11.	先发制人			
		xiānfā-zhìrén	（成）	先下手取得主动，制服对方。
12.	阻碍	zǔ'ài	（动）	使不能发展或前进。

13. 一箭双雕 yíjiàn-shuāngdiāo	（成）	一箭射中两只雕,比喻一举两得,做一件事情得到两方面的好处。
14. 完善 wánshàn	（形、动）	完备美好,没有缺点;使完备美好。
15. 部署 bùshǔ	（动）	安排。
16. 引进 yǐnjìn	（动）	从其他地方吸收（人才、技术、资金等）。
17. 归属 guīshǔ	（动）	归于;划定从属关系。
18. 遵循 zūnxún	（动）	遵从,遵照并依从、依照。
19. 充分 chōngfèn	（形）	尽量,在某个范围内达到最大限度。
20. 流失 liúshī	（动）	课文中比喻人才离开原单位另谋职业。
21. 转让 zhuǎnràng	（动）	把自己的东西或合法利益或权利让给他人的行为。
22. 需求 xūqiú	（名）	由需要而产生的要求。
23. 依赖 yīlài	（动）	依靠。
24. 基地 jīdì	（名）	课文中比喻专门发展某种事业基础的地区。

课　文

　　随着汽车产业的蓬勃发展,与汽车相关的知识产权诉讼也随之增多。民族汽车企业不断受到国际汽车巨头关于知识产权的诉讼。近年来,众多汽车拷贝纠纷正愈演愈烈。从来宝S-RV涉嫌模仿本田CR-V被日本本田与东风本田联合起诉一事,到比亚迪刚亮相的新车F3被认为有抄袭花冠之嫌,再加上阁萝模仿POLO事件等等。

　　丰田起诉吉利一案是中国加入世界贸易组织后法院受理的首例汽车知识产权纠纷案。该案可以看做是由于竞争加剧法律诉讼也成为市场竞争手段的典型案例。本文主要分析发生产权诉讼的原因,讨论中国企业未来应如何应对诉讼,以及在目前这种情况下如何发展等问题。

一、跨国企业为什么要起诉

很多跨国集团已经逐渐意识到在目前世界经济不景气的情况下中国市场的重要性。而要最大限度地分享中国市场份额,使自己的产品品牌在中国扎根,就必须要逐步消除中国民族企业未来与之竞争的可能性,对中国汽车企业进行排挤。而提起知识产权诉讼是达到这一目的的最好手段之一。以先发制人的办法来扩大企业的影响,既能提升国外品牌的知名度、占领市场、保证利润,又能打击中国民族品牌,阻碍中国民族汽车工业的发展,可谓是一箭双雕之计[1]。

二、中国企业被诉的原因

从日本、韩国的经验来看,各国汽车产业发展初期,仿制确实普遍存在。中国汽车工业自然也不能例外。国内汽车公司在长期的"市场换技术"策略下,没有建立自己的品牌,研发部门也极度萎缩,中国的知识产权制度不够完善,行业协会的整合宣传力度也不够,国内企业在知识产权诉讼方面比较缺乏经验,加之对相关政策法规不够了解。上述种种因素导致今天这样"两难"[2]局面的出现。

三、中国企业的应对措施

中国企业应建立知识产权保护制度,完善知识产权运作机制。比如,设立专门负责公司的全球专利战略部署的部门,对公司的知识产权进行管理和规划,分析引进技术的知识产权法律状态,向员工提供相关的专利技术,分析失效专利的可利用性等。设立专门的负责公司知识产权的法律部门,负责进行起诉和应诉。建立激励员工进行发明创造的机制,同有关员工签订符合自身实际的知识产权保护协议,约定知识产权归属和奖励措施。

四、今后中国企业应该遵循的方针

1. 加强同国内外汽车整车厂之间的合作。只有合作,在局部领域变竞争对手为合作伙伴,才能提高汽车企业的竞争力。

2. 充分重视人才的培养和管理使用。随着跨国公司在华投资办厂,利用高薪吸引了一部分有专长的工程科技人员,造成国内企业的人才"流失"。为此各企业应重视人才培训,稳定技术开发队伍,合理使用人才。

3. 引进外资的同时，必须考虑相应先进技术的转让，突出自主开发能力的形成。建立技术创新机制，掌握具有自主知识产权的核心技术，形成自己的核心竞争能力。国内汽车企业应积极寻求与技术先进的公司合作。要从依赖引进、仿制为主的简单生产向自主创新、自主开发转变，努力在整车生产价值链中占有较大份额。

4. 强化品牌意识。加大对品牌资产的投入，培育国内一流、国际知名的品牌，提升品牌价值。没有本国的汽车品牌，汽车企业将只是跨国公司的定点生产企业，只是其国际生产体系中的廉价生产基地，无法开发拥有自主产权的产品。

（来源：车盟 http://www.chemeng.com.cn；作者：佚名）

注　释

1. 以先发制人的办法来扩大企业的影响，既能提升国外品牌的知名度、占领市场、保证利润，又能打击中国民族品牌，阻碍中国民族汽车工业的发展，可谓是一箭双雕之计。

"先发制人"一词的意思是在与对方或对手较量之前抢先一步张扬声势，先下手取得主动权以更好地制服对方。这里的意思是跨国企业在中国民族企业对拷贝案件作出任何反映之前先把中国企业告上法庭，中国普遍认为原告比被告有理，因此跨国企业可以利用这招博得舆论的同情和支持。

"一箭双雕"是个成语，意思是做一件事却得到两方面的好处，同义词是"一举两得"。这里指的是跨国企业抢先一步把中国企业告上法庭的做法不但能扩大自己的影响提高知名度，同时也能打击中国民族汽车品牌，阻碍其发展壮大。

2. "两难"

"两难"指的是国内汽车公司目前面临的左右为难的尴尬局面。一方面，仿制国外公司的产品会被诉侵权，另一方面在短时间内无法建立起自己的品牌。

预 习 题

一、根据课文内容,给下面的每一道题选择正确的答案。

1. 在越来越多的汽车知识产权纠纷中,下列哪个案件是符合事实的?(　　)

　　A. 来宝 S-RV 模仿宝马 CR-V　　　　B. 阁萝模仿双环
　　C. 双环抄袭花冠　　　　　　　　　D. 比亚迪抄袭花冠

2. 下列哪项不是跨国企业起诉中国民族企业的原因?(　　)

　　A. 为了提升自身的知名度,占领市场,保证利润。
　　B. 为了排挤中国民族汽车企业,最大限度地分享中国市场。
　　C. 为了帮助中国民族企业摆脱抄袭模仿的路子。
　　D. 为了打击中国民族品牌,阻碍中国民族产业的发展

3. 下面哪项不是中国民族汽车企业被起诉的原因?(　　)

　　A. 中国汽车业确实存在着像阁萝模仿 POLO 这样的触犯法律的行为。
　　B. 中国汽车产业发展势头猛烈,大有超过跨国企业的迹象,引起了跨国企业的嫉妒。
　　C. 中国的知识产权制度不够完善,行业协会的整合宣传力度也不够,国内企业在知识产权诉讼方面比较缺乏经验。
　　D. 国内企业不重视品牌建设,研究开发工作不到位,没有自己建立自己的知名品牌。

二、根据课文内容,判断下面句子的正误。

1. 这篇课文主要讨论的中心问题是阁萝为什么要模仿 POLO。(　　)
2. 目前世界汽车市场经济不景气,主动诉讼就成为跨国企业打开中国市场的主要手段之一。(　　)
3. 从世界各国汽车产业发展的历史来看,仿制是不可避免的问题。(　　)
4. 面对起诉,中国汽车企业应该深刻检讨自身存在的问题,建立起知识产权保护制度,完善知识产权运作机制,才不至于在日益激烈的市场竞争中被淘汰出局。(　　)

5. 只要加强同国内外汽车整车厂之间的合作,重视人才的培养和管理使用,中国企业就可以在市场竞争中立于不败之地。（　　）

6. 强化品牌意识,提升民族品牌价值是中国汽车产业应该遵循的方针之一。（　　）

三、根据课文内容,回答下面的问题。

1. 中国民族汽车企业不断受到跨国企业起诉的原因是什么?
2. 面对跨国企业的诉讼,中国企业应该采取什么措施来保护自己?
3. 中国民族汽车企业应该遵循什么样的方针来发展壮大?

词 汇 例 释

一、纠纷

名词。表示矛盾,争执不下的事情,不容易解决的问题。比"矛盾"书面化。例如:

这起纠纷最好由警察来处理。

这是一个充满法律纠纷的问题。

这个关于产权问题的纠纷已经有了结果。

二、触犯

及物动词。

(1) 触及并违反(法律)。例如:

触犯宪法会有坐牢甚至杀头的危险。

他的行为触犯了婚姻法,被判刑三年。

(2) 触犯,冲犯。例如:

不要随便触犯他,他可是家里至高无上的太爷爷。

三、意识

1. 及物动词。察觉,发现。后边常用"到"。例如:

她不高兴了,可我并没意识到这一点。

柳条绿了,我忽然意识到春天已经来了。

2. 名词。人的头脑对于客观物质世界的反映,是感觉、思维等各种心理过程的总和。例如：

她在毫无意识的情况下被装上车运走了。

马克思主义哲学认为,存在决定意识,意识又反作用于存在。

辨析："意识"与"感觉"

感觉：

(1) 名词。外部事物作用于人的感官时,在人脑中所应起的直接反应。例如：

我们都有一种感觉,那就是公司要垮了。

(2) 动词。觉得、认为,多用来指观点、态度。例如：

你感觉这本书怎么样？

四、景气

形容词。一般指国家、地区的经济或企业的经营情况比较好。多用否定形式。例如：

最近国家经济不景气,失业人数有所增加。

尽管采取了很多措施,这厂子还是一直不景气。

这个地区的汽车产业很不景气。

五、维护

及物动词。通过某种行为,使得某个对象维持原来的良好状态,不至于变坏或受到损害。例如：

消费者要善于利用法律维护自己的权益。

他在众人面前维护了自己的尊严。

我们每个人都应该维护集体利益。

辨析："维护"与"爱护"、"保护"

爱护：喜欢并保护。例如：

我们要像爱护自己的眼睛一样爱护孩子们的好奇心。

每个人都应该爱护人类共同生活的家园——地球。

保护：使某人或某比较具体的事物免受可能遇到的伤害、破坏或影响。例如：

保护公民的人身安全是国家的义务。

保护自然环境是每个公民的责任和义务。

六、完善

1. 形容词。意思是完备美好。例如：

一流的设施和完善的服务使得这家旅馆名声在外。

如有不完善的地方,还请多提意见。

2. 及物动词。使某物完备美好。例如：

我们要不断完善管理制度。

医疗设备必须不断完善才能更好地为病人服务。

七、部署

及物动词。安排布置(人力、任务)。例如：

我们领导已部署了一个完美的计划。

司令在这个山头上部署了一个团的兵力。

八、充分

1. 形容词。意思是足够的,充足的,多用于形容抽象事物。例如：

我有充分的证据证明你就是那个谋杀犯。

对于这场考试,我已经做好了充分的思想准备。

2. 用做状语,意思是尽量。例如：

他们充分协商了每一个细节问题。

我们要充分利用现有的条件。

九、遵循

及物动词。意思是依照。它后面的宾语是比较大的抽象名词,如规律、法则、原则等。例如：

不管干什么事情,我们都得遵循自然规律。

加入WTO后,中国必须遵循国际市场法则。

辨析:"遵循"与"遵守"

"遵守"。依照规定做,不违背。它后面的宾语是比较小的抽象名词,如纪律、规定等。例如：

做人要遵守诺言。

学生应该遵守学校纪律。

十、逐渐

副词。指慢慢地、一点点地。一般形容行为自然地变化，没有人为的因素。例如：

剧院里的观众逐渐多了起来。

河水逐渐上涨。

辨析："逐渐"与"逐步"

逐步：一步步，多用于表达有步骤、有计划的行为。例如：

我们应该逐步降低生产成本。

这个问题要逐步加以解决。

十一、采用

及物动词。经选择后采纳并应用（建议、技术等）。例如：

在他的建议下我们采用了新技术。

他想采用这一计划来挽回败局。

辨析："采用"与"应用"、"使用"

应用：使用（技术、方法等）。例如：

计算机技术的普遍应用是社会进步的标志之一。

在语言学习时，这种方法应用得最为普遍。

使用：及物动词，使人员、器物、资金等为某种目的服务。使用范围很广。主语多为人。例如：

我会熟练使用打字机了。

我们应该合理使用资金。

如何正确使用标点符号是一门很深的学问。

补语和结构助词"得"

在述补词组中，述语后面的补充成分叫补语。结构助词"得"是补语的标记。补语的种类很多，并非所有补语前面都需要或可以加上"得"。

数量补语、时间补语、处所补语前面不能用"得"，如"去过三次"、"住了十年"、"出生在北京"等。

表示程度的句子成分通常放在动词或形容词前面作状语,但也有少数可以出现在后面作补语。程度补语的形式不太有规则,有的要求用"得",如"好得很"、"冷得多";有的不能用"得",如"热闹极了"、"坏透了"。

结果补语和趋向补语前面也不用"得",如"听懂"、"爬上去"。否定一般用"没",如"没听懂"、"没爬上去"。

可能补语绝大部分由结果补语或趋向补语转化而来,其肯定形式是在补语前加上"得",否定形式是用"不"替换"得"。例如,"听得懂／听不懂"、"爬得上去／爬不上去"。有些可能补语没有对应的结果补语或趋向补语,例如,"说得／说不得"、"拿得了／拿不了"。

情状补语前面必须用"得"。从语义上看,情状补语有两种:一种是对述语所表示的动作加以评论,表示否定时,否定副词"不"出现在补语前面,如"跑得很快／跑得不快"。另一种表示动作所引起的情状变化,如"累得满头大汗"、"吓得浑身发抖"。其否定形式是在述语前面用否定副词"没",否定整个述补词组。带情状补语的句子可以用疑问代词"怎么样"询问动作情状,如"跑得怎么样"、"吓得怎么样"。可能补语没有这种用法。

部分述补词组语法特点对照表

	肯定	否定	正反疑问	特指疑问
结果补语	听懂	没听懂	听懂没有	——
趋向补语	爬上去	没爬上去	爬上去没有	——
可能补语	听得懂	听不懂	听得懂听不懂	
	爬得上去	爬不上去	爬得上去爬不上去	
情状补语	跑得很快	跑得不快	跑快不快	跑得怎么样
	吓得浑身发抖	没吓得浑身发抖	吓得浑身发抖没有	吓得怎么样

综 合 练 习

一、用正确的语调朗读下面的句子。

1. 随着汽车产业的蓬勃发展,与汽车相关的知识产权诉讼也随之增多。

2. 以先发制人的办法来扩大企业的影响,既能提升国外品牌的知名度、占领市场、保证利润,又能打击中国民族品牌,阻碍中国民族汽车工业的发展,可谓是一箭双雕之计。

3. 从日本、韩国的经验来看,各国汽车产业发展初期,仿制确实普遍存在。中国汽车工业自然也不能例外。

4. 中国企业应建立知识产权保护制度,完善知识产权运作机制。

5. 只有合作,在局部领域变竞争对手为合作伙伴,才能提高汽车企业的竞争力。

6. 要从依赖引进、仿制为主的简单生产向自主创新、自主开发转变,努力在整车生产价值链中占有较大份额。

7. 没有本国的汽车品牌,汽车企业将只是跨国公司的定点生产企业,只是其国际生产体系中的廉价生产基地,无法开发拥有自主产权的产品。

二、给下列词语选择正确的解释。

1. 亮相（   ）   A. 繁荣,旺盛,比喻发展势头很好。
2. 自主（   ）   B. 涉及并违反。
3. 排挤（   ）   C. 指控某种罪行或犯法行为,或向法庭控告要求以适当的法律形式惩罚罪行或犯法行为。
4. 纠纷（   ）   D. 比喻公开露面或表演。
5. 触犯（   ）   E. 经济繁荣兴旺。
6. 蓬勃（   ）   F. 争执不下的事情或不容易解决的问题。
7. 起诉（   ）   G. 完备美好,没有缺点;使没有缺点。
8. 意识（   ）   H. 自己做主,不受他人支配。
9. 景气（   ）   I. 有用的物质散失掉或被风、水带走,比喻人才离开原单位另谋职业。
10. 阻碍（   ）   J. 尽量,在某个范围内达到最大限度。
11. 维护（   ）   K. 利用势力或手段使不利于自己的人失去地位或利益。
12. 完善（   ）   L. 运行和操作,指进行中的工作状态。
13. 运作（   ）   M. 察觉,发现。
14. 流失（   ）   N. 保全,保护,使不受损失。
15. 充分（   ）   O. 阻挡使不能发展或前进。

三、从所给的词语中,选出最合适的填入句中的括号里。

| 蓬勃 | 依赖 | 纠纷 | 景气 | 维护 | 部署 |
| 完善 | 亮相 | 意识 | 触犯 | 阻碍 | 充分 |

1. 据气象台报道,连日的雪雨天气（   ）了春天的脚步。

2. 经过严密细致的（　　），该特务掉进了我们所设的圈套被活捉。

3. 在这危险的一刻,他挺身而出（　　）了母亲的尊严。

4. 我公司开发的新品种小型轿车在展览会上一（　　）便备受瞩目。

5. 经过几年时间不懈的努力,这个昔日贫穷的山村如今已经（　　）发展起来。

6. 过分（　　）药品会损害一个人的健康。

7. 一般来说,宗族之间的（　　）最终由族长来解决。

8. 我们应该不断（　　）现有的医疗保障制度以保证人民群众的身体健康。

9. 虽然已经（　　）到自己的做法是错误的,可他还是不愿意就此承认。

10. 由于单位效益不（　　），他很早就下岗了。

11. 不要包庇犯罪分子,这种行为是（　　）法律的。

12. 虽然事先做了（　　）的准备,他还是没能成功完成任务。

四、下列几组词语意义或用法相近,很容易混淆,请把它们区别开来。

1. 遵循 / 遵守

    A. 既然答应了人家,你就应该（　　）自己的诺言。

    B. 不管做什么事情,我们最好（　　）相关的规则。

    C. （　　）纪律是军人的天职。

    D. 领导说了,你只管（　　）他的指示做事就行。

2. 意识 / 感觉

    A. 打了两天针了,你现在（　　）怎么样?

    B. 面对强大的竞争对手,中国汽车企业已经（　　）到了潜在的危机。

    C. 她不高兴了,可我没（　　）到这一点,还是说个不停。

    D. 突然间开始刮风,奶奶（　　）到有点冷,就赶紧回家了。

3. 逐渐 / 逐步

    A. 在市场竞争日益激烈的今天,我们应该（　　）降低生产成本来增强竞争力。

    B. 在这两年时间里,小李的外语水平（　　）提高。

    C. 自从加入WTO,中国对国内企业存在的问题正（　　）加以解决。

    D. 河水正在（　　）上涨。

4. 维护 / 保护 / 爱护
    A. 在危急时刻,他挺身而出(　　)自己的信仰。
    B. 多亏他的暗中(　　),这一路才会平安无事。
    C. 为了(　　)自己的面子,他竟然出卖了最好的朋友。
    D. (　　)公共设施是每个公民应尽的义务。
    E. 为了(　　)主人安全撤退,这位忠心耿耿的随从付出了宝贵的生命。

5. 采用 / 使用 / 应用
    A. 计算机技术的普遍(　　)是我国经济迅速发展的标志之一。
    B. 他可以熟练地(　　)两种语言写作。
    C. 能不能(　　)劳动工具是人和动物的根本区别。
    D. 在没有其他办法的情况下,总经理(　　)了他的计划,希望可以挽回败局。

五、用所给的词语改写下列句子。

1. 著名演员李大川第一次在这个小城露面时就引起了轰动。(亮相)
2. 虽然政府投入了很多资金来帮助该地区发展各种产业,可当地的经济还是不繁荣。(景气)
3. 因为这家民营企业的欺骗行为,老陈联合其他受害者要求法院对其作出惩罚。(诉讼)
4. 他承包的这项重大工程估计明年开春开始进行。(上马)
5. 这件争执不下的事情最好由法院作出审判。(纠纷)

六、用正确的语序把所给的词语排列成句子,并加上适当的标点符号。

1. 重视　的　充分　管理　使用　人才　和　必须
2. 避免　是　仿制　不可　的
3. 制伏　的　先发制人　对手　好办法　是
4. 做好　我们　应该　考试　在　之前　准备　充分的
5. 木材　大兴安岭　的　中国　是　基地
6. 愈演愈烈　众多　纠纷　正　汽车拷贝
7. 意识　到　他　已经　危险　了
8. 跨国企业　诉讼　中国企业　排挤　来　用

七、把下列句子改变为否定句和正反疑问句。

1. 这部电影我看得懂,你不用解释。
2. 我昨天看见小王了。
3. 那天我不小心从马上摔下来了。
4. 昨天晚上我挤上了21路车。
5. 她高兴得跳了起来。
6. 她说汉语说得很流利。
7. 我学得会这首歌。
8. 他从学校跑回来了。

八、造句。

1. 排挤——
2. 触犯——
3. 意识——
4. 维护——
5. 完善——
6. 部署——
7. 引进——
8. 充分——

九、主题讨论。

你们国家有哪些汽车品牌?哪些汽车品牌在你们国家比较受欢迎?简要说明原因。

十、社会实践。

请大家分组搜集一些有关知识产权纠纷案件,向全班同学介绍,并请别的组的同学分别充当法官、律师进行法庭辩论。

案 例 两 则

 生　词

1.	步履	bùlǚ	(动、名)	行走,这里指发展;脚步。
2.	艰难	jiānnán	(形)	艰苦,困难。
3.	序幕	xùmù	(名)	课文中用来比喻某件事情的开始阶段。
4.	争议	zhēngyì	(动)	争论,互相辩论。
5.	焦点	jiāodiǎn	(名)	比喻问题的关键或争论、注意力的集中点。
6.	驳回	bóhuí	(动)	批驳答复,运用高级权威来回绝。
7.	蕴藏	yùncáng	(动)	蓄积而未显露或未发掘。
8.	官司	guānsi	(名)	诉讼。
9.	帷幕	wéimù	(名)	悬挂起来用于遮挡的大块布、绸、丝绒等,课文中"落下帷幕"指某事告一段落。
10.	违反	wéifǎn	(动)	不符合,不遵守。
11.	复审	fùshěn	(动)	重复审查,对已审案件进行第二次审理。
12.	举证	jǔzhèng	(动)	拿出证明。
13.	库存	kùcún	(名)	指仓库中现有的现金或物资。
14.	崭新	zhǎnxīn	(形)	形容非常新,全新。
15.	铺垫	pūdiàn	(名)	课文里指行将来临的事物的衬托。
16.	推广	tuīguǎng	(动)	扩大应用或实行范围。
17.	布局	bùjú	(名、动)	对事物的规划和安排;对事物进行规划和安排。
18.	警告	jǐnggào	(动)	告戒,使警惕,使某人不要干某事。

课　文

中国由汽车制造国转变为自主品牌国步履艰难。2003年,丰田起诉吉利侵犯知识产权案揭开了中国入世后汽车领域涉外知识产权纠纷的序幕[1]。此案主要争议焦点是商标侵权和不正当竞争。一审判决驳回丰田诉讼请求,丰田没有上诉[2]。这场诉讼不是简单的商业纠纷,背后蕴藏着中外汽车企业对于知识产权的激烈竞争,诉讼结果直接影响着中国汽车的自主研发前途。这场官司的胜出,使中国汽车企业增强了自主研发的信心。

丰田起诉吉利知识产权诉讼案刚刚落下帷幕,通用汽车又开始起诉奇瑞轿车,通用指控奇瑞仿制通用的技术的行为违反了《中华人民共和国反不正当竞争法》;同时,向中国国家知识产权局专利复审委员会申请奇瑞QQ车的外观设计专利无效。

笔者认为,这场诉讼通用胜出困难重重。第一,通用必须举证其是否享有商业秘密;第二,通用还必须举证证明其技术符合技术秘密和商业秘密的特征;第三,通用必须证明奇瑞采取了何种不正当的手段获取其技术秘密。

通用和奇瑞的诉讼纠纷反映了中国市场在通用公司眼中的战略地位。今年通用在中国的合资企业上海通用的预计利润为80亿元,继续稳居中国各大汽车企业利润之首。但由于未能打入欧洲市场,在经销商处的库存超过120万辆。现在,通用准备大规模进军中国市场来缓解压力,非常希望为崭新的雪佛兰品牌的上市作好一切铺垫。按照通用的规划,别克品牌主要攻打中高档车市场,经济型车都将归在雪佛兰旗下[3]。今年通用在中国的战略重点便是大力推广雪佛兰品牌。对于通用来说,别克品牌已做到了一定高度,再要往上提升难度是非常大的,因此,通用未来在中国的销量和利润增长主要依靠雪佛兰。奇瑞QQ打乱了通用在小型车市场上的布局,令雪佛兰SPRAK不得不降价销售,通用担心历史重演,因此用法律的形式警告奇瑞[4]。

(来源:车盟 http://www.chemeng.com.cn;作者:佚名)

注　释

1. 2003年，丰田起诉吉利侵犯知识产权案揭开了中国入世后汽车领域涉外知识产权纠纷的序幕。

"序幕"本义是戏剧第一幕之前的一场戏，用来介绍人物的历史、剧情发生的起因或暗示全剧的主题，这里用来比喻某件事情的开始阶段。"揭开了中国入世后汽车领域涉外知识产权纠纷的序幕。"意思就是说，丰田和吉利的案子是中国入世后汽车领域的第一起知识产权纠纷。

2. 此案主要争议焦点是商标侵权和不正当竞争。一审判决驳回丰田诉讼请求，丰田没有上诉。

"焦点"本义是辐射线（如光、热、声）会聚或由此发散（或看来好像发散）的一点，这里指问题的关键。

"上诉"指的是当事人不服第一审的判决或裁定，依法向上一级法院提请重新审理。这里指丰田服从了一审的判决，再没向上一级法院提出重新审理此案。

3. 按照通用的规划，别克品牌主要攻打中高档车市场，经济型车都将归在雪佛兰旗下。

"攻打"本义是集结军事力量进行冲击，尤指对城堡或者防守的阵地发起军事冲锋或者猛攻，这里的意思是说通用想用"别克"这个品牌来打开中国的中高档车市场。这里的"旗下"指的是通用的经济型车都由雪佛兰生产。

4. 通用担心历史重演，因此用法律的形式警告奇瑞。

"历史重演"指的是发生过的事再一次发生，多指经验教训方面的。"警告"的意思是告诫、使警惕。

思考和练习

一、根据课文内容，给下列各题选择正确的答案。

1. 丰田起诉吉利一案的结果是什么？（　　　）

　A. 丰田汽车公司赢得诉讼，吉利确实侵犯了丰田的商标权。

　B. 吉利汽车公司赢了这场官司，法院驳回丰田汽车公司的诉讼请求。

　C. 丰田汽车公司在诉讼请求被驳回后，继续向更高一级的法院上诉。

　D. 吉利汽车公司输了官司，使得中国民族企业备受打击。

2. 通用汽车公司指控哪家汽车公司违反了不正当竞争法？（　　）
　　A. 雪佛兰汽车　　　　　　　B. 奇瑞QQ汽车
　　C. 别克汽车　　　　　　　　D. 吉利汽车
3. 通用起诉奇瑞的背后原因不包括什么？（　　）
　　A. 奇瑞QQ打乱了通用在小型车市场上的布局，降低了通用的利润。
　　B. 奇瑞QQ被证实窃取了通用的商业秘密，违反了不正当竞争法。
　　C. 通用汽车要通过排挤奇瑞QQ来巩固其在中国市场上的地位。
　　D. 通用汽车要利用中国市场来缓解其在欧洲市场的压力。
4. 作者对通用与奇瑞的案子的态度是什么？（　　）
　　A. 通用一定会赢得诉讼　　　B. 通用一定会输了官司
　　C. 通用有很大可能会赢得官司　D. 通用赢得诉讼的可能性很小

二、根据课文内容，判断下列句子的正误。

1. 这篇文章主要告诉我们中国由汽车制造国转变为自主品牌国是很不容易的一件事。（　　）
2. 中国入世后汽车领域关于知识产权纠纷的第一起案件是通用起诉奇瑞QQ。（　　）
3. 丰田和吉利都是中国民族汽车产业的品牌。（　　）
4. 通用和奇瑞的纠纷反映了通用汽车公司非常重视中国市场。（　　）
5. 按照通用的规划，在中国市场上，中、高档车品牌分别是别克和雪佛兰。（　　）
6. 今年通用对中国市场的重点计划是大力推广经济型的雪佛兰汽车。（　　）

三、指出画线的词语在句中的意思。

1. 中国由汽车制造国转变为自主品牌国步履艰难。（　　）
　　A. 脚上穿的鞋子　　　　　　B. 走路的姿势
　　C. 步子，指发展　　　　　　D. 一大步
2. 此案主要争议焦点是商标侵权和不正当竞争。（　　）
　　A. 辐射线汇聚的一点　　　　B. 问题的关键
　　C. 注意力的集中点　　　　　D. 黑色的小点
3. 通用必须举证其是否享有商业秘密。（　　）
　　A. 举起并证明　　　　　　　B. 举出例子来证明

C. 所有的证据　　　　　　　D. 检举揭发

4. 今年通用在中国的战略重点便是大力<u>推广</u>雪佛兰品牌。(　　)

　　A. 推行,使广大　　　　　B. 使扩大应用范围

　　C. 推进,推动　　　　　　D. 广泛,广阔

四、根据课文内容,回答下面的问题。

1. 丰田起诉吉利案的主要争议焦点是什么?

2. 通用为什么要起诉奇瑞QQ?

3. 这篇课文的中心语是哪句话?

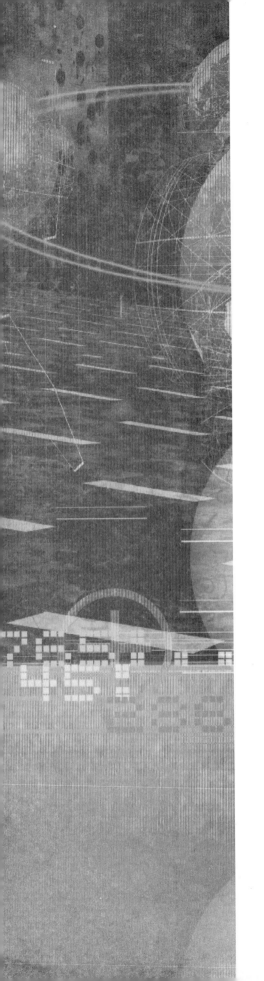

第四单元

第 10 课

牛市、熊市及其市场特征

生 词

1. 重合　chónghé　（动）　课文中指重叠。
2. 无动于衷　wúdòngyúzhōng　（成）　心里一点也不受感动；一点也不动心。
3. 远见　yuǎnjiàn　（名）　远大的眼光。
4. 指标　zhǐbiāo　（名）　计划中规定达到的目标。
5. 微量　wēiliàng　（名）　极少的量。
6. 交投　jiāotóu　（名）　指投机市场中的交易行为。
7. 僵持　jiāngchí　（动）　因相持不下而没有发生变化。
8. 基调　jīdiào　（名）　主要精神或总体情况。
9. 维持　wéichí　（动）　使继续存在下去。
10. 徘徊　páihuái　（动）　在一个地方来回走动。也可以指拿不定主意。
11. 漠视　mòshì　（动）　冷淡地对待；不重视。
12. 席卷　xíjuǎn　（动）　像卷席子一样把东西全部卷进去。
13. 戒心　jièxīn　（名）　防备的心理。
14. 疯狂　fēngkuáng　（形）　像发了疯一样。比喻失去了理智。
15. 沉迷　chénmí　（动）　深深地迷恋。

16. 明智	míngzhì	（形）	很有远见；想得周到。
17. 炽热	chìrè	（形）	非常热烈。
18. 风吹草动	fēngchuī-cǎodòng	（成）	比喻细小的变化。
19. 恐慌	kǒnghuāng	（形）	因担忧害怕而心里不安。
20. 观望	guānwàng	（动）	怀着犹豫不决的心情观看事物的发展变化。
21. 接踵而至	jiēzhǒng'érzhì	（成）	一个跟着一个接连出现。
22. 弥漫	mímàn	（动）	充满；遍布。
23. 下挫	xiàcuò	（动）	向下回落。课文中指股价下跌。
24. 质地	zhìdì	（名）	某种材料的结构的性质。
25. 崩溃	bēngkuì	（动）	彻底丧失；完全破坏。
26. 吸纳	xīnà	（动）	吸收并接纳。课文中指买进股票。
27. 周期	zhōuqī	（名）	事物在运动变化过程中，某些特征连续两次出现所经历的时间。

课　文

所谓"牛市"，也称多头市场，指市场行情普遍看涨，延续时间较长的大升市。所谓"熊市"，也称空头市场，指行情普遍看淡，延续时间相对较长的大跌市。

道·琼斯根据美国股市的经验数据，总结出牛市和熊市不同的市场特征，认为牛市和熊市可以各自分为三个不同的时期。

牛市第一期：与熊市第三期的一部分重合，往往是在市场最悲观的情况下出现的。大部分投资者对市场心灰意冷，即使市场出现利好消息也无动于衷，很多人开始不计成本地抛出所有的股票。而有远见的投资者则通过对各类经济指标和各种经济形势的分析，预计到市场情况即将发生变化，于是开始选择优质股买入，成交量出现微量回升。市场在回升过程中虽偶有回落，但每次回落的低点都比上一次高，于是吸引新的投资者入市,整个市场交投开始活跃。

牛市第二期:这时市况虽然明显好转,但熊市的惨跌使投资者心有余悸,中途出现一种非升非跌的僵持局面,不过总的来说大市基调良好,股价力图上升。这段时间可维持数月甚至超过一年,这主要视投资者因上次熊市所造成的心理打击的程度轻重而定。

牛市第三期:经过一段时间的徘徊后,股市成交量不断增加,越来越多的投资者进入市场。大市的每次回落不但不会使投资人退出市场,反而吸引更多的投资者进入,市场情绪高涨。此外,公司利好的消息也不断传出,例如盈利倍增、收购合并等。上市公司也趁机大举集资,或送红股或将股票拆细,以吸引中小投资者。在这一阶段的末期,市场投机气氛极浓,即使出现负面消息也会被作为投机热点进行炒作,垃圾股、冷门股[1]的股价均大幅度上涨,而一些稳健的优质股则反而被漠视。同时,炒股之风席卷社会各个角落,各行各业、男女老少均会加入炒股大军。

熊市第一期:其初段就是牛市第三期的末段,往往出现在市场投资气氛最高涨的情况下。这时市场绝对乐观,投资者对后市变化完全没有戒心。正当绝大多数投资者疯狂沉迷于股市升势时,少数明智的投资者和个别投资大户已开始将资金撤离。因此,市场的交投虽然十分炽热,但已有降温的迹象。这时如果股价再进一步攀升,成交量却不能同步跟上的话,大跌就可能出现。在这个时期,当股价下跌时,许多人仍然认为这种下跌只是上升过程中的回调,其实,这是股价大跌的开始。

熊市第二期:这一阶段,股票市场一有风吹草动就会触发"恐慌性抛售"[2]。一方面市场热点太多,想要买进的人反而因难以选择而退缩不前,持观望态度;另一方面更多的人开始急于抛出,股价因此急速下跌。在允许进行信用交易的市场中,从事买空交易的投机者遭受的打击更大,他们往往会因偿还融入资金的压力而被迫抛售[3]。于是股价越跌越急,一发不可收拾。经过一轮疯狂的抛售和股价急跌之后,投资者会觉得跌势有点过分,因为上市公司以及经济环境的现状尚未达到如此悲观的地步,于是市场会出现若干次较大的回升和反弹。这一段中期性反弹可能维持几个星期或者几个月,回升或反弹的幅度一般为整个市场总跌幅的三分之一至二分之一。

熊市第三期:经过一段时间的中期性反弹以后,经济形势和上市公司的前景趋于恶化,公司业绩下降,财务困难。各种真假难辨的利空消息又接踵而至,对投资者信心造成进一步打击。这时整个股票市场弥漫着悲观气氛,股价继反弹后出现较大幅度的下挫。

在此期间,股价持续下跌,但跌势没有加剧。那些质地不良的股票再跌的可能性已经不大,但由于市场信心崩溃,下跌的股票主要集中在业绩一向良好的蓝筹股和优质股上。4 这一阶段正好与牛市第一阶段的初段吻合,有远见和理智的投资者会认为这是最佳的吸纳时机,因而购入低价优质股,待大市回升后获得丰厚回报。

一般来说,熊市经历的时间要比牛市短,大约只占牛市的三分之一至二分之一。回顾1993年到1997年这段时间,我国上海、深圳证券交易所所经历的股价大幅涨跌的变化,就是一次完整的由牛转熊,再由熊转牛的周期性过程5。

(来源:清华在线 http://info.qinghuaonline.com;作者:佚名)

注　释

1. 垃圾股、冷门股

垃圾股指业绩较差、交易清淡的股票,与绩优股相对;冷门股指交易量小,流通性差,价格变动小的股票。一般来说,投资者不会选择这样的股票买入,否则要冒很大的风险。但在市场投机气氛非常浓厚的情况下,投资者也会把这样的股票作为热点并大量买入,却并不关心业绩较好的股票。这往往是熊市来临前的征兆。

2. "恐慌性抛售"

"恐慌性抛售"是投资者不计成本卖出股票的一种不正常现象,往往出现在突发利空事件或敏感技术点位被跌破时。

3. 在允许进行信用交易的市场中,从事买空交易的投机者遭受的打击更大,他们往往会因偿还融入资金的压力而被迫抛售。

信用交易指投资者自身不投入资金或实物,但以个人良好的信誉向经纪人借入资金或证券来进行的交易。也叫做保证金交易。买空交易在此处也是指信用交易。当熊市出现时,投资者纷纷抛出股票,股价便迅速下跌,从事买空交易的投资者因为要急于偿还融入金或保证金而不得不抛售手中的股票,所以受到的损失就更大。

4. 那些质地不良的股票再跌的可能性已经不大,但由于市场信心崩溃,下跌的股票主要集中在业绩一向良好的蓝筹股和优质股上。

质地不良的股票是指业绩差的股票;蓝筹股指总资产规模大,股票流动性强,业绩良好的股票,一般是行业龙头股。

质地差的股票投机性大,经受不住市场的考验,熊市初期,首先是这一类股票开始下跌。当股市进入熊市后期,这类绩差股已经下跌到了底部,再也没有下跌的空间了,但由于市场气氛极其悲观,市场信心空前崩溃,业绩一向良好的股票也会出现下跌。

5. 回顾 1993 年到 1997 年这段时间,我国上海、深圳证券交易所所经历的股价大幅涨跌的变化,就是一次完整的由牛转熊,再由熊转牛的周期性过程。

我国的沪、深股市 1993 年 3 月结束牛市,股指由此一路下跌,到 1996 年进入底部,并于该年 5 月开始出现上扬态势而一路飙升,在 1997 年 6 月达到最高位。这就是一次由牛转熊、再由熊转牛的周期性过程。

预 习 题

一、根据课文内容,选择正确的答案。

1. 牛市第一期的市场特征是(　　)。
   A. 交易非常活跃　　　　　　B. 市场开始活跃
   C. 股价大幅上升　　　　　　D. 股民大量买股

2. 哪种情况不是牛市第三期的市场特征?(　　)
   A. 利好消息频繁出现　　　　B. 股价出现下跌迹象
   C. 投机气氛空前高涨　　　　D. 成交数量不断增加

3. 关于熊市第二期的市场特征,下面哪一项是正确的?(　　)
   A. 股票价格急速下跌　　　　B. 股民信心彻底崩溃
   C. 市场没有反弹现象　　　　D. 市场热点非常缺乏

4. 在熊市第三期,(　　)。
   A. 垃圾股无限下跌　　　　　B. 蓝筹股开始回升
   C. 利空消息接踵而至　　　　D. 股价出现小幅下挫

二、根据课文内容,判断下面说法的正误。

1. 所谓牛市,是指行情普遍看淡,延续时间相对较长的大跌市。(   )
2. 有理智的投资者会在市场最悲观的时候买进优质股。(   )
3. 牛市第二期呈现出一种僵持局面,且这种局面可能会持续较长一段时间。(   )
4. 在熊市刚开始出现的时候,市场的投机气氛仍然很浓,投资者仍深深沉迷于股市中。(   )
5. 当股价不断攀升时,即使成交量不能同步跟上,也不会出现大跌的情况。(   )
6. 在股价急速下跌的过程中,从事买空交易的投机者所遭受到的打击比一般股民要小。(   )
7. 从经历的时间看,一般说来,牛市比熊市更短。(   )

三、根据课文内容,回答下面问题。

1. 有远见的投资者会在怎样的情况下买入股票?又会在什么时候撤离市场?
2. 在市场投机气氛最浓的牛市第三期,什么样的股票上涨幅度更大?
3. 什么时候股票市场会出现"恐慌性抛售"?
4. 简单叙述由牛市转向熊市的周期性过程。

词 汇 例 释

一、回落

不及物动词。指价格在上升到一定的高位后再逐渐跌落下来。例如:

亚太股市周五收盘走高,商品价格的回落增强了投资者对大型工业公司收益有望改善的期待。

由于石油输出国组织(欧佩克)8日举行的部长级会议决定维持该组织的原油日产量不变,当天国际市场原油价格进一步回落。

辨析:"回落"与"下跌"

(1)词义范围上:"回落"多指整个市场的情况,一般不指个别商品的情况;"下跌"则可以。例如:

2005年,我国物价涨幅全线回落,居民消费价格上涨1.8%。

近日,金士顿256MB和512MB的内存价格都呈现出下跌走势。

（2）词义内涵上:"回落"是指价格上升后再下降;"下跌"一般指从原有的价格开始下降。例如：

周四沪深两市B股大盘均呈现冲高回落态势,表现略有差异。

现货市场价格继续维持小幅下跌走势,市场气氛依然很平静,贸易活动不太活跃。

（3）词义色彩上:"回落"有褒义色彩;"下跌"有时含有不如意的意思。例如：

我国的房价正在稳步回落,房地产投资的增长幅度也在逐步减小。

受供求矛盾的影响,市场似乎进入了恐慌性下跌阶段。

二、炒作

及物动词。通过人为的方式使某种现象引起公众的注意,产生较大的影响,带有贬义。常用为"新闻～、媒体～、商业～、外汇～、人为～"等。例如：

炒房团和庄家坐庄的原理一样:通过炒作一些房地产热点城市的标志性产品,以及在房源供给上和开发商达成某种默契,从而影响消费者的消费心理。

明星们利用绯闻、隐私来为自己炒作,这早已司空见惯,眼下更有愈演愈烈之势。

同情弱者固然无可厚非,但恶意炒作名人也不见得就是什么好事。

出版社对所出版的书籍进行炒作,主要是想借助媒体来提高出版社自身的社会认可度。

从国内各大邮票网站的行情播报来看,奥运题材仍然是各地邮市主要炒作的品种。

三、僵持

不及物动词。指因几种力量在对比上不相上下而没有使情况发生变化,而这又不是各方所希望看到的。例如：

目前全国房地产市场仍处于买卖双方僵持的状态,但市场偏冷的局面不会持续很久。

由总统选举结果引发的乌克兰政局动荡已进入第四天,乌克兰大选争执双方依然僵持。

作谓语,后可接时间词补语。例如：

夫妻双方因为财产纠纷问题而僵持了很长一段时间。

作定语,常限定"局面"、"状态"、"阶段"等。例如:

在强大的政策攻势下,楼市持续很长时间的僵持局面开始被打破,大量待价而沽的空房近两天来纷纷挂牌于二手房市场。

房价目前并没有出现明显的稳定回落态势,只是处于一种短暂的僵持阶段,市场正在寻找新的方向。

四、力图

动词。想方设法谋求达到某一目标,且这一目标意义重大、作用明显。例如:

中国未来十五年的目标是力图使科技发展成为经济和社会发展的有力杠杆。

公司采取各种促销手段,力图使年销售额突破千亿大关。

此次召开世贸组织会议,力图打破全球贸易协议谈判的僵局,以促进全球贸易的发展。

农业银行将大力发展个人房贷业务,力图扭转目前其他业务发展不利的局面。

五、稳健

形容词。稳定而有力量;或者表示不轻举妄动。例如:

代表们迈着稳健的步伐走进人民大会堂。

意大利足球队一向以防守稳健而著称。

这时,有理智的投资者一般会选择稳健的优质股买入。

> **辨析:"稳健"与"稳重"**

"稳重"指言谈、举止等沉着而有分寸,多用于描述人的言行。两者都是形容词,且都包含稳定的意思,区别在于:

(1) 当描述人的言行时,"稳健"的褒义色彩更强,"稳重"有时带有"保守"义;另外,"稳健"倾向于指年轻人,而"稳重"倾向于指老年人。例如:

经过这几年的基层锻炼,他变得更加稳健了。

老王处理问题总是比较稳重,但有时也显得不够果断。

(2) "稳健"还可以描绘步伐、力量、气势、风格、政策等,"稳重"不可以。例如:

在实施宏观调控政策后,中国经济仍然继续稳健前行。

下半年人民银行继续执行稳健的货币政策,巩固宏观调控成果。

由此,专家给出了一套具体而稳健的投资方案,对风险大的投资不予考虑。

六、漠视

动词。冷淡地对待;不重视。例如:

无论如何,对这部分人的漠视,都可能会给这个社会留下深深的伤痕。

造成这一现象的原因,是因为生产厂家长期漠视中国消费者的消费方式。

这种现象既暴露了城市管理者小看公厕的态度,也暴露了城市管理者潜意识里漠视公众权利的心态。

七、席卷

及物动词。宾语是处所名词,常包含影响范围大、影响程度深的意思。例如:

有专家分析说,禽流感病毒正在不断地发生变异,估计半年之内有可能席卷全球。

在短短的这几年里,汉语热已经席卷了全球。

报道显示,一股来自西伯利亚地区的较强冷空气席卷了大半个中国。

自二月以来,裁员风潮再度席卷了整个美国。

八、看__

后接动词性成分或形容词性成分可以构成动结式复合词。表示"认为存在某种可能性"的意思。搭配的对象比较有限,且都为单音节形式,如"看涨、看跌、看高、看低、看淡"等。

据有关消息报道,今年考研的复试分数线将普遍看涨。

不少专家认为,受楼市整体低迷的影响,二手房租金有可能长期看跌。

从目前的走势来看,到今年年底,油价将看高到每桶80美元。

因油价上涨过快,二手车行情普遍看低。

有关专家预测,今年本科毕业生的就业前景看淡。

九、视……而定

固定表达式。根据某种具体情况而确定。"视"后面的宾语往往是主谓短语,该主谓短语的谓语通常是形容词,而且包含正反两种情况。例如：

现在还不能确定买多少,这要视价格高低而定。

下周末去不去旅行要视天气好坏而定。

也可以是名词性短语,该名词性短语在意义上必须隐含正反两种可能性。例如：

中国是否加息,主要视整体宏观经济情况及通货膨胀走势而定。

北京大学今年的招生人数要视考试情况而定。

发言人表示,下一轮六方会谈的日期要视本次会谈的具体情况而定。

十、大举

副词。指大规模地进行。例如：

房价的迅速飙升,与外来资金的大举进入有很大的关系。

成都大举推行居住证制度,有助于深化户籍制度改革,完善流动人口管理体制。

美国电信企业将大举进军数字电视市场,与有线电视企业展开全面竞争。

辨析:"大举"与"大肆"

"大肆"指不加考虑、无所顾忌地进行。两者的区别在于:"大肆"所修饰的成分包含贬义,指进行不正当行为或做坏事,"大举"没有这种意思。例如：

一些媒体只从经济利益出发,对明星们的私生活进行大肆炒作。

近来股指连续下跌,投资者将矛头指向证券投资基金,认为是基金的大肆抛售才导致了股市的暴跌。

某些高官通过让子女经商办公司,再以自己的权力施加影响,帮助子女大肆捞钱。

相同之处是,它们所修饰的动词都必须为双音节形式。如：

大举：～进军　～推行　～转移　～进入

大肆：～扩张　～攀比　～炒作　～侵略

十一、维持

及物动词。使某种状况继续存在。例如：

老人家在退休后经常帮助警察维持交通秩序。

爸妈都下岗了,他只能靠做家教来维持学业。

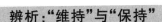

辨析:"维持"与"保持"

两者的词汇意义基本相同,但在搭配对象和词义色彩上有较大差别。"保持"所侧重的对象往往是一种满意的状况、一种积极的行为;"维持"则强调对象是一种最基本的或最低的要求。因此,"保持"常带有积极义色彩,"维持"有时含有消极义。如:

保持:～优势 ～先进 ～团结 ～联系

维持:～生存 ～生命 ～现状 ～秩序

十二、吻合

1. 不及物动词。表示完全符合。例如:

一个企业应该正确界定自身的文化特征,并使它与企业特征吻合。

2. 形容词。表示完全一致。例如:

在这部电影中,刘晓庆扮演一个京城酒楼的女老板,她忠贞专一,热情善良。刘晓庆说这一点与她本人的性格很吻合。

辨析:"吻合"与"重合"

两者都作不及物动词,多出现在"与……吻合／重合"中。例如:

预计商用车行业还会有10年的增长期,这与我国的经济增长相吻合。

目前,在法院受理的行政和民事案件中,有相当数量的行政争议与民事争议重合。

区别在于:

(1) 意义上,"重合"有重叠、复合的意思,常用于表示同类型的两个对象在形式上完全一致。"吻合"不是简单的重叠或复合,常表示不同性质的两个对象之间有内在的一致性。例如:

两个能够完全重合的图形称为全等图形。

继1996年后,2005年的藏历新年和夏历春节再次重合于一天。

由于成功地采用了最优控制理论,神舟六号飞船的实际运行轨迹与理论轨迹基本吻合。

企业文化不但需要建设,还需要完善,要想方设法破除旧的、跟不上发展的、与企业特征不再吻合的文化。

(2) 词性上,"吻合"还可以作形容词,"重合"不可以。例如:

我突然发现,他的名字与他的性格确实是非常吻合。

十三、触发

及物动词。表示受到触动而引起某种反应。宾语多由谓词性成分或小句充当。例如：

人们关心的问题是，油价的上涨是否会触发人民币升值。

近期的热点题材非常多，因此触发了短线迅速飙升。

南京大学易学研究所尝试开设"建筑风水文化"的认证培训，将会触发人们对中国哲学的未来走向产生深入的思考。

语言结构的层次性

语言结构具有层次性，各种结构成分不是一次性组合在一起的，而是按照一定层次逐步组合起来的。层次分析就是用某种方式把语言的层次结构描述出来。层次切分有两条基本原则：(1) 除了并列结构外，一般都是一分为二；(2) 切分出来的各个部分必须是合法的结构，同时，各部分之间必须有合法的关系。

层次的标记方式可以采用树形图，也可以采用画线法。采用画线法时，"｜"表示第一层次，"‖"表示第二层次，其余类推。分析时，还可以在画线部分的下面标出结构关系，例如：

① 国外‖｜投资者｜纷纷｜进驻‖上海。
　　偏正　　主谓　偏正　述宾

第一层次切分出来的两大部分之间有主谓关系，主语部分是一个偏正词组，可以进一步切分为定语和中心语两部分；谓语部分也是一个偏正词组，可以进一步切分为状语和中心语两部分。状语部分是一个副词，中心语部分是一个述宾词组。因此，中心语部分还可以再切分，分出动词和宾语。

从理论上说，语法结构的层次分析可以从复句一直切分到语素。但在阅读理解时，不必如此繁琐。简单的句子不用切分也可以理解。即使是复杂的句子，也只需要切分出句子的主要层次，然后，对其中有疑问的部分作进一步分析。例如：

② 上海的9家便利店公司｜无疑｜｜｜看准了｜｜便利店将成为零售业中继超市和购物中心大卖场之后的又一主力业态后面所蕴藏的巨大的商业价值。

例②中比较难懂的是"看准"后面的宾语，因此，可以把这部分拿出来作进一步分析。分析时同样略过小的层次，抓主要部分：

③ ……便利店将成为零售业中继超市和购物中心大卖场之后的又一主力业态｜｜｜后面｜｜｜所蕴藏的｜巨大的商业价值

这部分的基本结构显示为"……后面所蕴藏的巨大的商业价值"。至此，整个句子的意思就不难把握了。

层次分析法可以和前面介绍过的"主干成分分析法"结合起来使用，因此，对例②进行分析时，也可以先找出句子的主干成分：

④ ……便利店公司……看准了……商业价值。

然后，再找出其中有疑难的部分用层次分析法作进一步分析。这样，往往可以起到事半功倍的效果。

综 合 练 习

一、用正确的语调朗读下列句子。

1. 这时市况虽然明显好转，但熊市的惨跌使投资者心有余悸，中途出现一种非升非跌的僵持局面，不过总的来说大市基调良好，股价力图上升。

2. 经过一段时间的徘徊后，股市成交量不断增加，越来越多的投资者进入市场，市场情绪高涨。

3. 市场投机气氛极浓，即使出现负面消息也会被作为投机热点进行炒作，垃圾股、冷门股的股价均大幅度上涨，而一些稳健的优质股则反而被漠视。

4. 炒股之风席卷社会各个角落，各行各业、男女老幼均会加入炒股大军。

5. 正当绝大多数投资者疯狂沉迷于股市升势时，少数明智的投资者和个别投资大户已开始将资金撤离。因此，市场的交投虽然十分炽热，但已有降温的迹象。

6. 这一阶段，股票市场一有风吹草动就会触发"恐慌性抛售"。一方面市场热点太多，想要买进的人反而因难以选择而退缩不前，持观望态度，另一方面更多的人开始急于抛出，股价因此急速下跌。

7. 各种真假难辨的利空消息又接踵而至,对投资者信心造成进一步打击。这时整个股票市场弥漫着悲观气氛,股价继反弹后出现较大幅度的下挫。

二、给下列词语选择正确的解释。

1. 基调（ ）
2. 攀升（ ）
3. 局面（ ）
4. 高涨（ ）
5. 负面（ ）
6. 迹象（ ）
7. 心灰意冷（ ）
8. 心有余悸（ ）

A. （情绪、意志等）急速发展。
B. 表露出来的不明显的情况。
C. 灰心丧气,意志消沉。
D. 主要精神或总体情况。
E. 心里仍有害怕的感觉。
F. 某一时期内事情的状态。
G. 不利的或消极的。
H. （价格等）快速上涨。

三、选择合适的词语填入句中的括号里。

| 接踵而至 | 风吹草动 | 沉迷 | 席卷 | 僵持 | 炒作 |
| 无动于衷 | 心有余悸 | 观望 | 崩溃 | 下挫 | 弥漫 |

1. 目前的房价都是房地产商的（　　）所为,民众如果不参与,房价早就下跌了。

2. 国际油价2日继续大幅（　　）,其中纽约油价跌破每桶65美元。

3. 由于交投不太活跃,所以多数商家仍持（　　）态度,进场意识并不强烈。

4. 但严重的观望情绪主导了多数投资者的操作策略,使得大盘面对如此重大利好仍然（　　）。

5. 每到情人节,空气中都似乎（　　）着浪漫的气息。

6. 近期上海二手房市场开始陷入（　　）状态,虽然中心区域价格下调明显,但似乎依然没有达到购房者的预期价位。

7. 汽车经销商的日子并没有因为汽车市场的好转而好起来,反而是有一点（　　）就可能会压垮他们脆弱的神经。

8. 市场开始好转,对股市行情的意见分歧也开始加大,有人认为这是牛市的开始,也有人认为这是大盘（　　）前的征兆。

9. （　　）的利空消息使得美元不堪重压,美元指数几乎呈单边走弱态势。

10. 中文热在智利出现仅仅一年,却(　　)全国各个角落:从大学校园到市政府,从企业高级经理人到部队军官,不少人开始热衷于学习中文。

11. 现在有些孩子不爱学习,却整天(　　)于电子游戏。

12. 去年的惨痛教训使得山西人对投资煤炭仍然(　　),但温州商人已经进入山西开始悄无声息的创业了。

四、区别下列各组词,并选择最恰当的填入括号内。

1. 维持／保持

    A. 无论情况多么危急,我们始终都要(　　)清醒的头脑。

    B. 这是多年遗留下来的一个老问题,要想一下子解决是不可能的,只好暂时(　　)现状。

    C. 随着病情的日益加重,病人只能靠人工输氧(　　)生命了。

    D. 要想身体健康,就要(　　)良好的生活习惯。

2. 大举／大肆

    A. 天巴县一乡官非法收受贿赂并(　　)贪污公款,近日被法院判处有期徒刑6年。

    B. 上周五还风光无限的中国最大搜索网站"百度",本周一便遭遇了原始股东的(　　)抛售,收盘时下跌5.7个百分点。

    C. 随着联想集团的率先进入,微软、摩托罗拉等国际IT巨头也都表示要(　　)进军汽车零部件市场。

    D. 一年后,他又带领着一支更加成熟的乐队准备(　　)进军娱乐界。

3. 稳健／稳重

    A. 今后,我国要继续实施(　　)的财政政策,并着力推进投资、消费和出口的健康发展。

    B. 他觉得,女孩子在社交场合上的言谈举止应该(　　)一点儿。

    C. 尽管利空消息不断出现,但大盘走势依然(　　)。

    D. 他是个办事(　　)的人,什么事交给他都可以让人放心。

4. 回落／下跌

    A. 近期国际油价持续(　　),上周有4个交易日以阴线报收,累计跌幅达5%。

    B. 业内人士指出,如果不出台有实质性效果的政策,上海的房价将在现有基础上(　　)30%～40%。

    C. 由于盘中隐忧一直存在,预计短期内股指将出现冲高(　　)。

D. 中国经济已经处于这一轮经济周期的高点,2006年开始国内经济将开始出现(   )。

5. 重合 / 吻合

   A. 目前,大盘短线处在下跌过程中,成交量严重萎缩,日均量只有105亿元,与60日均量线几乎(   )。

   B. 分层(layer)就是将几个音色(   )在一起。它能够简单地将单一音色制作成有深度的音色。

   C. 我国资本市场具有鲜明的转轨特征,在这一阶段,改革和发展的政策措施要与市场发展的实际相(   )。

   D. 已公布的上市公司三季度报告显示,行情热点与基金动向基本(   )。

五、用所给的词语改写下面的句子。

1. 人们常说"早餐要吃饱,中餐要吃好,晚餐要吃少。"然而这不能一概而论,要看个人的具体情况。(视……而定)

2. 尽管亚洲已经逐渐走出1997年金融危机的阴影,但亚洲各国显然还很担心金融危机会再度出现。(心有余悸)

3. 印尼苏门答腊岛北面海域26日发生强烈地震并引发了海啸,使东南亚多个国家受到了影响。(席卷)

4. 近年来,世界石油市场似乎变得越来越"弱不禁风"。即使是一次小小的争端,也会使石油价格快速上涨。(风吹草动)

5. 网络游戏从"盛大的传奇"正式运营开始,就得到了迅速的发展,且几乎每年都有新的游戏问世。(一发不可收拾)

6. 中国工商银行近日表示,工行不会因为股份制改革而裁减大量的员工。(大幅度)

六、指出画线的词语在句中的意思。

1. 目前我国家庭卧室内普遍采用的色彩搭配方案是以白色为<u>基调</u>,再配以色彩比较浓重的家具。

   A. 总体情况　　　　　　B. 主题旋律
   C. 基本色调　　　　　　D. 主要做法

2. 贷款利率上调后,可能会对股市盘面带来<u>负面</u>影响。

   A. 相反的一面　　　　　B. 不利的一面

C. 负责的一面　　　　　　　D. 失败的一面
3. 市场的交投虽然十分炽热,但已有降温的迹象。
   A. 温度降低　　　　　　　B. 股价下跌
   C. 市场冷淡　　　　　　　D. 交易减少
4. 继周三、四的震荡行情之后,港股昨天继续呈现观望态势。
   A. 往四处看　　　　　　　B. 仔细地看
   C. 犹豫地看　　　　　　　D. 从上向下看
5. 经过一段时间的徘徊后,股市成交量不断增加,越来越多的投资者进入市场。
   A. 上下波动　　　　　　　B. 来回走动
   C. 犹豫不决　　　　　　　D. 前后滚动

七、把下面词语按正确的语序排列成句子,并加上适当的标点符号。
   1. 投资者　让　连续下滑　沪深股市的　很多　心有余悸
   2. 利用　目前　时机　有相当一部分资金　入市　大盘回落的　积极
   3. 大肆炒作　市场　有时　某个冷门股　进行　对
   4. 是　市场开放程度的　促成　关键因素　股票走势强劲的　提高
   5. 采取　场外资金　股价的高开低走　说明　逢低吸纳的　策略
   6. 投资者的　连续攀升　足以　大盘的　高涨热情　反映

八、用层次分析法分析下列句子。
   1. 这些投资者作了大量的市场调查。
   2. 他的表演赢得了观众的热烈掌声。
   3. 这场纠纷反映了中国市场的不规范状况。
   4. 沪深两市 B 股大盘呈现冲高回落态势。

九、课堂讨论。
   1. 假设你现在有很多钱,打算投入股市。你会选择什么时候"入市",什么时候"退市"?
   2. 请采访一位股民,然后,向全班同学介绍他的炒股经历。

阅读材料

股票的价格

生　词

1.	凭证	píngzhèng	（名）	证据。
2.	股东	gǔdōng	（名）	股票持有者。
3.	施加	shījiā	（动）	给予（压力、影响等）。
4.	派息	pàixī	（动）	股份公司把经营利润分配给股东。
5.	净	jìng	（形）	纯而没有杂质。
6.	清算	qīngsuàn	（动）	彻底地计算。
7.	数额	shù'é	（名）	一定的数目。
8.	注册	zhùcè	（动）	向有关单位登记并存挡。
9.	公积金	gōngjījīn	（名）	在岗职工缴存的一种基金。
10.	累积	lěijī	（动）	积累起来（的数目等）
11.	盈余	yíngyú	（名）	收入中除去开支后剩下的部分。
12.	破产	pò chǎn	（动）	丧失全部财产。
13.	倒闭	dǎobì	（动）	指公司或企业因亏本而停业。
14.	依据	yījù	（动、名）	根据。

课　文

　　股票是虚拟资本的一种形式，它本身没有价值[1]。从本质上讲，股票仅是一个拥有某一种所有权的凭证。股票所以能够有价格，是因为股票的持有人，即股东，不但可以参加股东大会，对股份公司的经营决策施加影响，还享有参与分红与派息的权利，获得相应的经济利益。同理，凭借某一单位数量的股票，其持有人所能获得的经济收益越大，股票的价格相应的也就越高[2]。

股票的价格可分为五种形式：面值、净值、清算价格、发行价和市价。

1. 面值

股票的面值，是股份公司在所发行的股票票面上标明的票面金额，它以元/股为单位，其作用是用来表明每一张股票所包含的资本数额。在我国上海和深圳证券交易所流通的股票面值均为壹元，即每股一元。

2. 净值

股票的净值又称为账面价值，也称为每股净资产，是用会计统计的方法计算出来的每股股票所包含的资产净值。其计算方法是用公司的净资产（包括注册资金、各种公积金、累积盈余等，不包括债务）除以总股本，得到的就是每股的净值。股份公司的账面价值越高，则股东实际拥有的资产就越多。

3. 股票的清算价格

股票的清算价格是指一旦股份公司破产或倒闭后进行清算时，每股股票所代表的实际价值。从理论上讲，股票的每股清算价格应与股票的账面价值相一致，但企业在破产清算时，其财产价值是以实际的销售价格来计算的，而在进行财产处置时，其售价一般都会低于实际价值。所以股票的清算价格就会与股票的净值不相一致。股票的清算价格只是在股份公司因破产或其他原因丧失法人资格而进行清算时才被作为确定股票价格的依据，在股票的发行和流通过程中没有意义。

4. 股票的发行价

当股票上市发行时，上市公司从公司自身利益以及确保股票成功上市等角度出发，对上市的股票不会按面值发行，而是会制订一个较为合理的价格来发行，这个价格就称为股票的发行价。

5. 股票的市价

股票的市价，是指股票在交易过程中交易双方达成的成交价，通常所指的股票价格就是指市价。股票的市价直接反映着股票市场的行情，是股民购买股票的依据。由于受众多因素的影响，股票的市价处于经常性的变化之中。股票价格是股票市场价值的集中体现，因此这一价格又称为股票行市。

(来源：理财周刊 http://www.amoney.com.cn；作者：佚名)

 注 释

1. 股票是虚拟资本的一种形式,它本身没有价值。

虚拟资本是一种自身没有实际价值的资产,它只有依附于实物资产才有价值可言。股票只是股份公司在筹集资金时向出资人发行的股份凭证。

2. 凭借某一单位数量的股票,其持有人所能获得的经济收益越大,股票的价格相应的也就越高。

经济收益是包含机会成本的收益,不同于一般的财务利润。股票持有人即股东都持有一定数量的股票,如果股票的价格升高,那么股东的经济收益就更大;反过来也可以说,股东的经济收益越大,股票的价格就越高。

 思考和练习

一、根据课文内容选择正确的答案。

1. 关于股票,哪种说法是正确的?(　　)
   A. 股票本身有价值
   B. 股票本身没有价格
   C. 股票是一种投资凭证
   D. 股票是一种真实资本

2. 股票的面值就是(　　)。
   A. 股票的票面金额
   B. 股票的账面价值
   C. 股票的发行价格
   D. 股票的流通价格

3. 股票的清算价格(　　)。
   A. 与股票的账面价值一致
   B. 在发行和流通时有意义
   C. 售价一般低于实际价值
   D. 公司赢利后的利润价格

4. 关于股票的市价,哪种说法不正确?(　　)
   A. 是交易中的成交价格
   B. 总会高于其发行价格
   C. 能集中体现股票行市
   D. 股民购买股票的依据

二、根据课文内容,判断下面说法的正误。

1. 股票之所以有价格,是因为股票持有者可以参与分红和派息,并获得相应的经济利益。(　　)

2. 股票的账面价值简称为面值。(　　)

3. 股东所拥有的实际资产是根据股票的面值确定的,即股票的票面金额越大,股东所拥有的资产就越多。(　　)

4. 从理论上讲,股票的清算价格与股票的账面价值相一致。实际上也是如此。(　　)

5. 为确保股票成功上市,上市公司对上市的股票一般不会按面值发行。(　　)

6. 在股票市场中起更大作用的既不是清算价格,也不是发行价格,而是市价。(　　)

三、根据课文内容,回答下面的问题。

1. 股票的价格可分为哪几类?
2. 账面价值的计算方法是什么?
3. 为什么股票的清算价格与股票的净值不相一致?

第 11 课

跨国投资对母国产业结构的影响

 **生　词**

1. 跨国投资	kuàguó tóuzī		为从事某项经济活动而在其他国家投入资金。
2. 母国	mǔguó	（名）	课文中指母公司所在的国家。
3. 产业结构	chǎnyè jiégòu		各产业的构成及各产业之间的联系和比例关系。
4. 进程	jìnchéng	（名）	事物发展变化或进行的过程。
5. 东道国	dōngdàoguó	（名）	课文中指母公司以外的其他实体所在的国家。
6. 升级	shēngjí	（名）	指规模扩大、程度加深、活动加剧等。
7. 机制	jīzhì	（名）	有机体的构造、功能及其相互关系。
8. 机会成本	jīhuì chéngběn		把一种资源投入某一特定用途之后，所放弃的在其他用途中所能得到的最大利益。
9. 享用	xiǎngyòng	（动）	使用某种东西而得到物质上或精神上的满足。

10. 培植	péizhí	(动)	扶植势力或培养人才。
11. 前景	qiánjǐng	(名)	将要出现的景象和情形。
12. 替换	tìhuàn	(动)	更替调换；倒换。
13. 释放	shìfàng	(动)	把所含的物质或能量放出来。
14. 壁垒	bìlěi	(名)	旧时兵营四周的墙壁,泛指防御、戒备的工事,引申为阻止对手进入的各种障碍。
15. 扩张	kuòzhāng	(动)	扩大范围、势力等。
16. 开拓	kāituò	(动)	开辟。
17. 缺陷	quēxiàn	(名)	瑕疵；缺点；欠缺；不完美。
18. 环节	huánjié	(名)	相互关联的许多事物中的一个。
19. 招致	zhāozhì	(动)	引起。
20. 倾销	qīngxiāo	(动)	为了打击竞争对手,用低于正常价值的价格大量销售产品。
21. 市场份额	shìchǎng fèn'é		某产品或公司在某市场或某品类领域所占有的整体销售量的比例。
22. 支柱	zhīzhù	(名)	建筑中起支撑作用的柱子。比喻中坚力量。
23. 骨干	gǔgàn	(名)	事物的主要部分或最实质性的成分。
24. 优化	yōuhuà	(动)	采取一定措施使变得优秀。

课　文

随着经济全球化的进程加快,资本的国际流动日益加强。在新经济时代,国际直接投资正以前所未有的速度迅猛增长,成为推动世界经济发展的重要力量。跨国投资不仅能够促进东道国产业结构的升级,而且对母国产业结构调整也产生着深刻的影响。

"进入"机制：获取境外资源,支持产业"进入"

现代经济可以在国际范围内合理配置资源,对外投资就是获取境外资源、支持产业进入的重要途径。

通过跨国投资带动产业进入,体现了从"比较优势"到"竞争优势"的国际经济发展规律。按照大卫·李嘉图的观点,比较优势就是一个国家生产某种产品的机会成本优势。因此,只有依托本国的比较优势来发展那些具有比较优势的产业,才会有利于产业的升级和持续发展。迈克尔·波特[1]提出"国家竞争优势论",强调政府在培植优势产业方面的能动作用,特别是在经济全球化条件下,可以超越本国的"资源禀赋[2]",而通过利用他国的"资源禀赋",去培植优势产业和形成竞争优势。

利用他国的"资源禀赋"需要两个条件:一是在技术、资金、劳动力要素等方面优于别的国家,从而在总体上保持成本优势;二是进入到别的国家境内,平等地享用他们的"资源禀赋"。现代经济有两个显著特点,即"知识化"和"全球化",它们为开展跨国经营与投资,获取境外资源,支持新的产业或培植有发展前景的产业提供了可能性。

"退出"机制:转移边际产业[3],支持产业"退出"

跨国投资是转移边际产业、支持产业退出的有效手段。日本学者小岛清提出的"日本型海外直接投资"理论,其核心观点就是"边际产业转移论"。他主张从投资国已经处于或者即将陷于劣势的"边际产业",依次对外直接投资。用这个理论指导产业结构的调整,可以得出符合逻辑的结论:第一,退出"传统产业"是优化产业结构的必要条件。优化产业结构就是要对有限的生产要素进行最佳的配置,它必然会提出双重的要求,即有进有退、优进劣退,将生产要素从丧失比较优势的产业中退出,转移到新的比较优势的产业中去。第二,转移"边际产业"是退出"传统产业"的合理办法。当一个产业在本国丧失比较优势时,将它转移到具有比较优势的东道国,即通过产业地点的转移和要素的部分替换使优势延续,这就在退出中保持了经济效益和稳定持续发展。第三,跨国投资是优化产业结构的有效途径。投资国按顺序扶植边际产业的对外直接投资,既可以绕过贸易壁垒[4],放弃相对劣势的产业,又可以腾出生产要素的空间发展新兴产业,进而使母国的产业实现从低技术、低附加值到高技术、高附加值结构的转换,逐步走向高级化。

"扩张"机制:开拓国际市场,支持产业"扩张"

跨国投资可以绕过"贸易壁垒",节约综合费用,是开拓国际市场、支持产业扩张的有效途径。

传统的出口贸易有两个缺陷:一是综合费用较高。除了运输和销售环节的费用外,还有不可预测的费用。二是招致国外抵制,很容易受到"反倾销"[5]的影响。开展跨国投资,直接在东道国生产和销售,可解决这两个矛盾。一方面,它可以绕开贸易壁垒,避免"反倾销"的限制,凭借自身的竞争优势扩大产品的市场份额;另一方面,它可以利用廉价的原料、劳动力等生产要素,降低生产成本,加之运输、营销等费用的减少,综合费用有所降低,从而占领市场,获得成本和价格的优势。而市场的扩大将促进支柱产业的建立和完善,进而形成有特色、有重点、有效率、有优势的产业结构。

跨国投资扩大国际市场,以市场扩张带动产业扩张。美国的对外直接投资,多数是为了推进它的全球经济战略,通过在国外建立基地,扩大生产和销售规模,培植具有竞争优势的骨干产业,从而使本国的产业结构趋于优化。现在,发达国家对发展中国家的直接投资,越来越多地变成了这种形式。同时,发展中国家为了接受"技术外溢"[6]、提升产业结构、形成"后发优势"、实施"赶超战略",也比较欢迎这种高技术、高附加值产业[7]的直接投资。

(来源:光明网 http://www.gmw.cn;作者:欧阳峣)

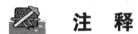

注 释

1. 迈克尔·波特

迈克尔·波特(Michael E. Porter)是当今世界上竞争战略和竞争力方面公认的第一权威,提出了"五种竞争力量"和"三种竞争战略"的理论观点。波特创立了国家竞争优势理论来分析竞争优势的来源,强调政府在培植优势产业方面的能动作用,该理论在客观上也是对比较优势来源的众多解释的整合与完善。其代表作有《竞争战略》(*Competitive Strategy*:*Techniques for Analyzing Industries and Competitors*)、《竞争优势》(*Competitive Advantage*:*Creating and Sustaining Superior Performance*)和《波特看日本竞争力》等书,曾多次获经济学知名大奖。

2. 资源禀赋

课文中指一个国家所天然拥有的各种生产要素。包括天然资源、气候、地理位置以及劳动力资源等。

3. 边际产业

在投资国,边际产业的地位处于产业比较优势的下层,而在东道国其地位是处于比较优势的上层。

4. 贸易壁垒

在国际贸易中,影响并制约着商品自由流通的各种手段和措施。

5. 反倾销

反倾销(anti-dumping)系指进口国主管当局根据受到损害的国内工业的申诉,按照一定的法律程序对以低于正常价值的价格在进口国进行销售的、并对进口国生产相似产品的产业造成法定损害的外国产品,进行立案、调查和处理的过程和措施。反倾销是以前的《关贸总协定》和现在的"世界贸易组织"所承认的用以抵制不公平国际贸易行为的一种措施。

6. 技术外溢

"技术外溢"是马歇尔分析产业集群时得出的产业集群产生的原因之一。马歇尔认为,企业在特定地区的集群有利于新知识、新技术、新创意在扎堆的企业之间传播和应用。事实上,由于企业扎堆,某企业的技术创新所获得的技术知识信息,包括管理方式、新技术、新工艺等,有很大一部分会外溢出去成为集群内企业的公共知识、技术。正是基于对技术溢出的追求,企业才有了集群的倾向,产业才会在地理空间上集群,从而形成产业集群。

7. 高附加值产业

附加值是附加价值的简称,是在产品原有价值的基础上,通过生产过程中的有效劳动新创造的价值,即附加在产品原有价值上的新价值;高附加值产业是指"投入产出"比较高的产业,其技术含量、文化价值等,比一般产业要高出很多。

预 习 题

一、根据课文内容,给下面的每一道题选择正确的答案。

1. "国家竞争优势论"是由谁提出的?(　　)

    A. 大卫·李嘉图　　　　　　　B. 小岛清

    C. 迈克尔·波特　　　　　　　D. 文中未提及

2. 现代经济有两个显著特点,即"知识化"和(　　)。

    A. "全球化"　　　　　　　　B. "技术化"

C. "资本化"   D. "资源化"

3. （　　）提出了"边际产业转移论"？
   A. 迈克尔·波特   B. 大卫·李嘉图
   C. 小岛清   D. 以上都不对

4. 课文最后一段的主要意思是（　　）。
   A. 美国的对外直接投资情况。
   B. 发展中国家欢迎直接投资。
   C. 发达国家对发展中国家的直接投资，越来越多地以跨国投资形式出现。
   D. 跨国投资扩大国际市场，以市场扩张带动产业扩张。

二、根据课文内容，判断下面句子的正误。

1. 国际直接投资成为推动世界经济发展的唯一力量。（　　）
2. 跨国投资既能促进东道国产业结构的升级，还能帮助母国产业结构调整。（　　）
3. 利用他国的"资源禀赋"需要很多条件。（　　）
4. 跨国投资是转移边际产业、支持产业退出的必需手段。（　　）
5. 优化产业结构必须依靠跨国投资。（　　）
6. 跨国投资可以节约综合费用，降低成本。（　　）

三、根据课文内容，回答下面的问题。

1. 为什么跨国投资能够带动产业进入？
2. 利用他国的"资源禀赋"需要哪些条件？
3. 小岛清提出的"日本型海外直接投资"理论的主要内容是什么？
4. 传统的出口贸易有哪些缺陷？

词汇例释

一、迅猛

形容词。表示速度快而且气势大。例如：
中国工业生产继续呈现迅猛的扩张态势。

二、产业

名词。指国民经济的各行各业。例如：

产业经济是一门应用性质的学科。

新世纪的到来,使中国健康产业步入了一个蓬勃发展的新纪元。

辨析:"产业"与"工业"

"工业"指采掘自然物质资源或对各种原材料进行加工形成产品的社会生产部门。例如：

汽车工业已成为支柱产业。

三、显著

形容词。明显;显示得很清楚。例如：

绿色食品有什么显著特点？

中国农产品质量安全水平显著提高。

四、必要

形容词。不可缺少,非这样不行。例如：

为了稳定人口,稳定人民生活的能源和教育是必要的。

解决房地产问题,改革税制已经十分必要。

辨析:"必要"与"必需"

"必需"指非有不可的,不能少的。例如：

股市投资必需练就一个好的心理素质。

构建和谐社会,必须完善行政立法机制。

五、总体上

名词。从全部的、整体的情况看。例如：

目前全球经济总体上处在新一轮的增长周期中。

从总体上看,全球陆地环境是一个统一的整体,但是这个整体的不同地区,却经常表现出极为显著的地域差异。

辨析:"总体上"与"大体上"

"大体上"指从多数情况和主要方面来看。例如：

在中国,儒家思想大体上是占统治地位的哲学思想。

人类大脑的两半球,在功能划分上,大体上是左半球管右半身,右半球管左半身。

六、合理

形容词。指合乎道理和事理。例如:

对方的这个报价是否合理?

请大家多多提出合理化建议。

辨析:"合理"与"合适"

"合适"指符合实际情况或客观要求。例如:

合适的人去合适的企业,做合适的工作。

这个工作你来完成是非常合适的。

七、享用

动词。指使用某种东西而得到物质上或精神上的满足。例如:

既要享用美食,又要力求瘦身和营养,这已成为时下女性的共同心愿。

世界各国的人们是如何享用咖啡的?

八、战略

名词。比喻决定全局的策略。例如:

李肇星说,中美开展战略对话是两国元首去年智利圣地亚哥会晤时达成的重要共识。

摩托罗拉是如何成功实现战略转型的?

辨析:"战略"与"战术"

"战术"指战时运用军队达到战略目标的手段;作战具体部署和克敌制胜的谋略。例如:

企业的营销战略应当建立在对实际营销战术深刻理解的基础上。

九、核心

名词。中心,主要部分。例如:

他是我们出口部的业务核心。

李铭知道许多公司的核心机密。

十、边际

名词。边缘,界限。例如:

边际文化是由文化传播、文化采借和文化融合而逐渐形成的,从中可以看到多种文化的相似处。

她看见了草原边际即将西落的太阳,想到自己和亲人分别的悲哀,开始伤感起来。

十一、配置

动词。安排,布置。例如:

政府和市场机制在资源配置方面都有各自的优势和弊端。

国家财政可以有效调节资源配置,这是国家财政的一个重要作用。

十二、趋于

动词。归向。宾语往往是双音节的形容词,例如:

本次房博会从总体情况来看,房地产市场已基本趋于稳定。

彩电业由于市场趋于饱和,业绩的增长空间已经十分有限。

十三、抵制

动词。阻止;抗拒;排斥。例如:

我们要教育青少年抵制不良思想的影响。

征收反倾销税目的在于抵制倾销,保护国内产业。

总起分说的表达方式

人们对事物的描述可通过"总起分说"的方式来表达,能够起到条理、清楚的效果。"总起分说"是先对事物有一个总体的说明,然后再进行详细、具体的描述。表达方式主要有以下三种:

1. 用数词分列:通过数词"一……,二……,三……"或"第一……,第二……,第三……"等分列表达。例如:

① 传统的出口贸易有两个缺陷：一是综合费用较高。除了运输和销售环节的费用外，还有不可预测的费用。二是招致国外抵制，很容易受到"反倾销"的影响。

② 用这个理论指导产业结构的调整，可以得出符合逻辑的结论：第一，退出"传统产业"是优化产业结构的必要条件。第二，转移"边际产业"是退出"传统产业"的合理办法。第三，跨国投资是优化产业结构的有效途径。

2. 用表示先后顺序的词语或数字表达：通过"首先……，其次……，再次（第三）……，最后（第四）……"、"先……，再……，然后……，最后……"或"其一……，其二……"等表达。例如：

③ 报刊发行秩序混乱所带来的危害是有目共睹的。首先，在经济上造成国有资产严重流失；其次，在政治上掀起党内媒体盲目混战；第三，在文化上诱导民间大众贪图心理；第四，在社会上破坏和谐社会良好环境。

④ 暑假我安排了具体的旅游计划，先去西安，再去重庆，然后游览长江三峡，最后去香港。

⑤ 对服装业，特别是童装业而言，品牌至少有三大方面的内涵与价值，其一，品质的保证；其二，款式符合个性化需求；其三，身份、地位等心理层面的满足。

3. 用表示并列的关联词语表达，如"一方面……，另一方面……"等。例如：

⑥ 对于当代的大学生来说更要注重自己能力的提高，一方面要掌握好知识体系，另一方面就是我们自身在学校利用各种各样的机会锻炼自己。

4. 用数字"1……，2……"分列表达。例如：

⑦ 解决纠纷的形式主要有三种：（1）协商解决，即旅游者与旅行社就质量问题进行协商；（2）调解解决，即向旅游质量监督管理部门投诉；（3）诉讼解决，即直接向法院提起民事诉讼。

综合练习

一、用正确的语调朗读下列句子。

1. 在新经济时代，国际直接投资正以前所未有的速度迅猛增长，成为推动世界经济发展的重要力量。

2. 现代经济可以在国际范围内合理配置资源，对外投资就是获取境外资源、支持产业进入的重要途径。

3. 现代经济有两个显著特点，即"知识化"和"全球化"，它们为开展跨国经营与投资，获取境外资源，支持新的产业或培植有发展前景的产业提供了可能性。

4. 跨国投资是转移边际产业、支持产业退出的有效手段。

5. 投资国按顺序扶植边际产业的对外直接投资,既可以绕过贸易壁垒,放弃相对劣势的产业,又可以腾出生产要素的空间发展新兴产业,进而使母国的产业实现从低技术、低附加值到高技术、高附加值结构的转换,逐步走向高级化。

6. 同时,发展中国家为了接受"技术外溢"、提升产业结构、形成"后发优势"、实施"赶超战略",也比较欢迎这种高技术、高附加值产业的直接投资。

二、给下列词语选择正确的解释。

1. 母国（　　）   A. 相互关联的许多事物中的一个。
2. 进程（　　）   B. 更替调换;倒换。
3. 东道国（　　） C. 引起。
4. 机制（　　）   D. 事物发展变化或进行的过程。
5. 升级（　　）   E. 扶植势力或培养人才。
6. 享用（　　）   F. 母公司所在的国家。
7. 培植（　　）   G. 将要出现的景象和情形。
8. 前景（　　）   H. 采取一定措施使变得优秀。
9. 替换（　　）   I. 母公司以外的其他实体所在的国家。
10. 环节（　　） J. 指规模扩大、程度加深、活动加剧等。
11. 招致（　　） K. 有机体的构造、功能及其相互关系。
12. 优化（　　） L. 使用或食用某种东西而得到满足。

三、从所给的词语中,选出最合适的填入句中的括号里。

> 机制　扩张　机会成本　骨干　支柱　升级
> 释放　市场份额　产业结构　优化　前景　环节

1. 大连首季度GDP增长19%,工业成为拉动经济增长的（　　）产业。
2. 公司出台一系列措施是为了（　　）公司的人员结构。
3. 杭州市政府积极探寻城市（　　）的转化和升级。
4. 通过自己喜欢的一种活动,人们往往能够将压力（　　）出来的。
5. 耐克公司注重设计创新是市场（　　）看好的重要原因。
6. 本课程的教学（　　）由课堂讲授、课外作业、教学实验、校外基地教学、课程设计及期末考试等六部分组成。
7. 中科院的研究所要努力在创新性国家的建设中发挥（　　）作用。

8. 最新数据显示,2005年国产品牌手机（　　）已降到2003年以来的最低点。

9. MBA的（　　）是指去读MBA而放弃的潜在收益。

10. 目前中国移动在内地市场面临激烈竞争,因此在过去两年中已开始寻找海外（　　）机会。

11. 正是房地产市场特殊的价格形成（　　）的作用,使房地产市场表现为暴涨暴跌的特点。

12. 我电脑上的病毒软件好久没有（　　）了。

四、下列几组词语意义或用法相近,很容易混淆,请把它们区别开来。

1. 产业 / 工业
   A. 关于下达2006年中国纺织（　　）协会科技指导性项目计划的通知。
   B. 王旭东称中国与东盟信息（　　）合作前景广阔。
   C. 文学艺术是文化（　　）的母体人员的普通话水平测试。
   D. 中国的纺织（　　）非常发达。

2. 必要 / 必需
   A. 面对这种情况,我们要采取一些（　　）措施。
   B. 我们这学期学习的主要内容是日常（　　）的商务口语和写作用语。
   C. 新闻媒体的监督是极其（　　）的。
   D. 旅游时要带好生活（　　）用品。

3. 总体上 / 大体上
   A. 最近,我公司航班票价的最低折扣（　　）为6折起销售。
   B. 这种产品的生产过程（　　）分为三个环节。
   C. 当前的经济发展（　　）仍处于较快增长期。
   D. 我们应该从（　　）改变应试教育倾向。

4. 合理 / 合适
   A. 为了保证公平,他的这个建议是（　　）的。
   B. 对于这个职位,他应该是个（　　）的人选。
   C. 总理指出,在生产过程中要注重能源资源节约和（　　）利用。
   D. 买一套（　　）的住房不是件容易的事。

五、用括号里的词完成下列句子。

1. ＿＿＿＿＿＿＿＿＿＿＿＿＿＿＿＿＿,我们班这次考试成绩不错。（总体上）

2. 经过销售部全体业务员的不断努力，＿＿＿＿＿＿＿＿＿＿＿＿＿＿。（显著）
3. 今天观看比赛的人非常多，＿＿＿＿＿＿＿＿＿＿＿＿＿＿。（依次）
4. ＿＿＿＿＿＿＿＿＿＿＿＿＿＿，这是我们公司目前的首要任务。（优化）
5. 他五年前毕业于北京大学，＿＿＿＿＿＿＿＿＿＿＿＿＿＿。（骨干）
6. ＿＿＿＿＿＿＿＿＿＿＿＿＿＿＿＿＿＿＿，这样我们公司才会有较强的竞争能力。（培植）

六、用正确的语序把所给的词语排列成句子。

1. 国家的　政府　在研究　发达　中国　经济模式　一直
2. 工作　大学　公司　毕业后　在　张先生　国际贸易　一家
3. 前途　影响　和　人们的　会　感受　工作　个人
4. 决定　数额　公司　这家　改变　美国　投资
5. 看　这部　总体上　是成功的　从　电视剧
6. 为　发展　科学技术　广阔的　开拓了　前景　工业的
7. 市场份额　直线　今年的　在　上升　贵公司
8. 本地的　控制了　公司　市场　他们　鞋类

七、造句。

1. 机会成本——
2. 产业结构——
3. 开拓——
4. 进程——
5. 投资——
6. 招致——

八、 对经济不太发达的国家来说，外国资本的进入，对民族工商业的发展有利也有弊。请用总起分说的方式谈谈你对跨国投资的看法。

九、小任务。

请学生按国别分组，先作一个简单的市场调查，看看自己国家的企业在中国有哪些投资项目。然后，各派一名代表，在课堂上介绍自己的调查结果，并发表感想，或接受同学的提问。

阅读材料

中国企业跨国投资出现新趋势

生　词

1. 截至	jiézhì	（动）	截止到某个时候。
2. 总额	zǒng'é	（名）	加在一起的总数。
3. 参与	cānyù	（动）	参加。
4. 跨国公司	kuàguó gōngsī		在两个或两个以上的国家有附属机构、经营活动或投资的大型企业。也称"多国公司"、"国际公司"。
5. 呈现	chéngxiàn	（动）	显现；展示出。
6. 备案	bèi'àn	（动）	向主管机关报告事由，登记备查。
7. 境外	jìngwài	（名）	国境以外；国外。
8. 原材料	yuáncáiliào	（名）	未加工或半成品的原料和材料。
9. 散件	sǎnjiàn	（名）	还没有集中于大包装中的零散物件，与"整件"相对而言。
10. 零配件	língpèijiàn	（名）	可以用来装配成机器、工具等的单个制件。
11. 遍及	biànjí	（动）	存在于各个方面、各个地方。
12. 拓宽	tuòkuān	（动）	开拓使宽广。
13. 承包	chéngbāo	（动）	接受工程或大宗订货等任务，负责按合同规定完成。
14. 主导	zhǔdǎo	（形）	统领全局，推动全局发展。
15. 兼并	jiānbìng	（动）	指侵吞别国的领土或别人的产业。

课　文

新华网青岛6月2日电　截至2003年底,我国企业对外投资总额超过110亿美元。对外投资已成为我国企业参与经济全球化,形成跨国公司的重要形式。

2日举行的第三届APEC中小企业技术交流暨展览会上,中国商务部合作司境外投资企业处处长彭南峰分析说,目前中国对外投资呈现以下五大特点:

一是投资规模逐步扩大。截至2003年底,经商务部含外经贸部批准和备案的对外投资设立的企业7470家,中方协议投资额114.3亿美元。其中,境外加工贸易企业489家,中方协议投资额13.07亿美元,每年带动原材料、散件、零配件出口26亿美元。

二是投资区域日益广阔。我国对外投资目的地从上世纪80年代集中于美、欧、日、港澳等少数发达国家和地区,发展到周边国家和亚洲、非洲、拉丁美洲及东欧、独联体等广大发展中国家,遍及168个国家和地区。

三是投资领域不断拓宽。我国对外投资已由初期的进出口贸易、航运和餐饮等少数领域,拓展到加工制造、资源利用、工程承包、农业合作和研究开发等国家鼓励的领域。目前,服务贸易、生产加工、资源开发为我国对外投资的三大支柱领域。这三大领域的中方投资额共占中方对外投资额的92%。

四是投资主体日趋优化。我国对外投资主体从初期以国有外贸商业公司和工贸公司为主,转变为目前已有比较优势的各种所有制企业为主体。其中,中央管理的企业及沿海地区的企业在对外投资中日益发挥主导作用。2003年,中央管理的企业对外投资占中方投资额的49%,沿海地区企业占43%,中央企业平均投资规模超过1500万美元。

五是形式日趋多样。我国对外投资从建点、开办窗口等简单方式,发展到投资办厂、资源开发,并开始采用收购兼并、股权置换、境外上市和建立战略合作联盟等国际通行的跨国投资方式。2003年,我国以并购方式产生的投资额8.34亿美元,占去年中方投资额的40%以上。

彭南峰预测,今后我国企业对外投资还将快速增长,对外投资便利化程度将不断提高。政府将创造更加宽松的外部环境,为企业提供财政、金融、外汇、税收等国际通行的投资促进服务。企业作为投资主体的市场地位将进一步确立,市场配置资源的作用日渐增强。

(来源:新华网 http://news.xinhuanet.com;作者:佚名)

思考和练习

一、根据课文内容,给下面的每一道题选择正确的答案。

1. 这篇文章的主要内容是(　　)。
   A. 中国企业对外投资规模不断扩大
   B. 中国对外投资的特点
   C. 中国企业对外投资总额巨大
   D. 中国企业对外投资形式多样

2. 到2003年底,中国企业对外投资总额超过(　　)亿美元。
   A. 110　　　　B. 26　　　　C. 13　　　　D. 1500

3. 2003年,中央管理的企业对外投资占中方投资额的(　　)。
   A. 50%　　　　B. 40%　　　　C. 43%　　　　D. 49%

4. 以下哪一类不是中国对外投资的支柱领域?(　　)
   A. 服务贸易　　B. 农业合作　　C. 生产加工　　D. 资源开发

二、根据课文内容,判断下面句子的正误。

1. 对外投资已成为中国企业参与经济全球化的重要形式。(　　)
2. 目前中国对外投资呈现以下六大特点。(　　)
3. 中国对外投资规模迅速扩大。(　　)
4. 中国对外投资领域不断拓宽。(　　)
5. 中国对外投资采用收购兼并、股权置换、境外上市和建立战略合作联盟等国际通行的跨国投资方式。(　　)
6. 目前中国对外投资主体以国有外贸商业公司和工贸公司为主。(　　)

三、根据课文内容,回答下面的问题。

1. 为什么对外投资已成为中国企业参与经济全球化的重要形式?
2. 中国对外投资区域发生了哪些变化?
3. 中国对外投资主体发生了哪些变化?

第 12 课

HR[1] 部门如何应对跨文化整合

生 词

1. 应对 yìngduì （动） 答对；采取措施、对策以应付出现的情况。
2. 公众 gōngzhòng （名） 社会上大多数的人。
3. 瞩目 zhǔmù （动） 把视线集中在一点上。
4. 薪酬 xīnchóu （名） 由于使用别人的劳动、物件等而付给别人的钱或实物。略相当于"工资"。
5. 规范 guīfàn （形） 符合约定俗成或明文规定的标准。
6. 鸿沟 hónggōu （名） 比喻明显的分界线。
7. 迸发 bèngfā （动） 由内而外地突然发出。
8. 坦诚 tǎnchéng （形） 心地纯洁，态度诚恳。
9. 妥协 tuǒxié （动） 用让步的方法避免冲突或争执。
10. 诠释 quánshì （动） 说明；解释。
11. 案例 ànlì （名） 指对现实生活中某个事件的真实记录和客观的叙述。
12. 反馈 fǎnkuì （动） 又称回馈，是控制论的基本概念，指将系统的输出信息返回到输入端，并以某种方式改变输入，进而影响系统功能的过程。课文中指把员工对公司上层的各种决策的看法返回给上层领导。

13. 提升	tíshēng	（动）	提高并使之升级。
14. 理念	lǐniàn	（名）	对人的具体行为有指导作用的某种抽象的观念。
15. 统合	tǒnghé	（动）	指将从各方面收集来的信息，进行多次的组织分析、处理，做出正确决策，使整个机体和谐有效地运作。
16. 对接	duìjiē	（动）	课文中指把两个不同的系统结合起来，形成一个整体。
17. 潜质	qiánzhì	（名）	潜在的尚未表现出来的良好品质。
18. 视野	shìyě	（名）	眼睛看到的空间范围。
19. 变革	biàngé	（动）	变化改革。
20. 操之过急	cāozhīguòjí	（成）	处理事情过于急躁。

专 名

1. 联想（lenovo） Liánxiǎng （名） 即联想集团公司，成立于1984年，由中科院计算所科技人员创办。现已发展为一家在信息产业内多元化发展的大型企业集团，其总部设在美国纽约。主要产品有电脑、打印机、投影机、MP3、数码相机等。

2. 杨元庆 Yáng Yuánqìng 人名，联想集团董事长。

课 文

自2004年12月8日联想宣布并购IBM个人电脑事业部（PCD）[2]之后，就一直成为公众瞩目的焦点。人们在关心合并后的业绩的同时也在担忧：这两家背景完全不同的企业,是否能顺利实现跨文化整合？所谓"跨文化整合",就是在两个文化背景完全不同的企业之间找到共同点,实施统一的人事安排、薪酬设计、行为规范、企业理念及企业文化。联想对IBM的文化整合,就属于典型的跨文化整合,而且文化的跨度还相当大。因为联想是东方文化的代表,IBM是西方文化的代表,东西方文化融合本身就存在着很深的鸿沟。

新联想首先从企业理念及文化方面入手寻求突破。公司组成了过渡时期领导团队"T&T"(Transition and Transformation team),通过不断沟通与了解,学习对方的优势,理解不同国家民族的文化特点。虽然两种文化之间常常会迸发出碰撞,但是员工之间形成了共同而强烈的愿望,那就是顺利实现新公司的整合,把新联想做成业界的领袖。在整合过程中,杨元庆与公司执行总裁(Chief Executive Officer,简称CEO)Steve先生共同提出要遵循三个原则,即"坦诚、尊重、妥协"。

2005年1月,由来自原联想和原IBM两家公司不同部门的专家组成了一支专门的文化融合团队,负责收集、整理和分析来自公司各部门员工的意见,对现有的公司文化、员工渴望的公司文化以及两者之间的差距进行评估分析,并在此基础上对新联想的文化进行新的诠释。此后的几个月里,该团队访问了几乎所有T&T成员,通过遍布全球的专门小组采访了42位原两家公司的高层管理人员,还向随机抽样[3]的2000多名员工发送了调查问卷。通过调查数据的分析发现,在请员工选择他们认为新公司最重要的十项文化观念中,原联想和原PCD的员工选择的结果,竟有五项是相同的,分别是：客户至上、诚信、创新、更有竞争力、生活与工作的平衡。这种情形在以往业界的并购案例中相当罕见,这说明两家公司原有的文化很相似,员工不仅希望这些观念成为新公司的核心理念,还希望成为指导其工作行为的文化。最终,新联想确定的核心价值观为：成就客户、创业创新、精准求实、诚信正直。

作为HR部门,在"跨文化整合"期间,会面临许多全新的挑战：大到怎样让来自不同文化背景下的同事很好地合作、怎样让员工适应不同的语言不同的工作方式,小到怎么开好一次会议。我们越来越意识到了"沟通"在融合过程中的重要作用。在整合期间,HR部门定期进行员工心态调查,掌握员工心态变化。例如,通过圆桌会、午餐会等让员工和高层直接面对面沟通,以此拉近员工和高管之间的距离；建立专门的员工意见反馈通道和网上信息沟通平台等。此外,还有针对性地对员工进行跨文化培训,加深他们对不同文化背景下的工作和生活的理解。

怎样在两种文化融合中充分发挥HR的专业价值,是HR部门一直追求的目标。对于正走向国际化的企业而言,不断提升管理理念,从全球的视角统合HR各项资源,优化创新HR流程体系是让企业在人力资源方面长期保持竞争力的重要因素。为使不同类型的员工都能得到很好的发展空间,我们在完善行政发展序列的基础上,建立了专业发展序列[4](联想自己的技术职称晋升体系),并且和原来IBM完善的员工发展体系进行对接,以确保为各类专业技术人才提供更多的选择机会和发展空间。为了加速融合,新联想还启动了一个名为"知识交换(Knowledge Exchange)"的人才交流计划。分布在全球的员工被互派到对方工作,虽然这样做成本提高了,但我们把它看成是对培养跨文化高潜质骨干员工的投资。同时新联想还在全球招聘高级人才作为高管助理,他们具备的国际经验和视野对于变革管理和文化融合将起到极大的促进作用,这也是新联想培养未来领导人的方法之一。

目前,新联想的HR部门面临的最大挑战是如何建立全球一体化的HR政策,如薪酬福利制度、人员发展政策、学习策略等。"跨文化整合"是一个长期的过程,需要企业付出时间和耐心,切不可操之过急。

(来源:HR管理世界 http://www.hroot.com;作者:张瑾)

注　释

1. HR:

Human Resources的缩略形式,意思是"人力资源"。汉语中有一部分外来词不翻译,直接借用外语的书写形式,这种外来词叫做"借形词"。

2. 2004年12月8日联想宣布并购IBM个人电脑事业部(PCD)

2004年12月8日,联想集团以17.5亿美元收购IBM的个人电脑(PC)业务部门。为了进一步推动企业的全球化,联想还将公司总部迁往IBM公司总部的所在地纽约州阿蒙克市,并且把一些管理职责交给IBM的一些官员。

IBM:即国际商业机器公司。IBM个人电脑(PC)事业部,主要从事笔记本和台式电脑生产和销售,总部设于美国北卡罗来纳州罗利市,在北卡罗来纳州罗利和日本大和设有研发中心,约有9500名员工,2004年被联想集团公司并购。

并购:M&A,是兼并(Merger)和收购(Acquisition)的简称。企业并购指两家或更多的独立的企业、公司合并组成一家企业,通常由一家占优势的公司吸收一家或更多的公司。并购的方法:(1)用现金或证券购买其他公司的资产;(2)购买其他公司的股份或股票;(3)对其他公司股东发行新股票以换取其所持有的股权,从而取得其他公司的资产和负债。

3. 随机抽样

随机抽样是一种非全面调查,它是从全部调查研究对象中,任意抽选一部分进行调查,并据以对全部调查研究对象作出估计和推断的一种调查方法。

4. 我们在完善行政发展序列的基础上,建立了专业发展序列。

行政发展序列包括:经理、总监、总经理等;专业发展序列包括:主管、高级主管、分析师、专家、首席科学家等。

预 习 题

一、根据课文内容,给下列各题选择正确的答案。

1. 联想并购 IBM 后,人们的担忧是什么(　　)?
   A. "跨文化整合"难以成功
   B. 联想的业绩将受到影响
   C. 联想代表东方文化,IBM 代表西方文化
   D. 实施不了统一的人事安排

2. 课文第三段的主要意思是(　　)。
   A. 文化融合团队采用各种方法对新联想的文化进行新的诠释
   B. 两家公司原有的文化很相似
   C. 文化融合团队访问了 T&T 成员,采访了高层管理人员,还发送了调查问卷。
   D. 新联想确定了核心价值观

3. 新联想的 HR 部门面临的最大难题是(　　)。
   A. 企业理念及文化方面
   B. 怎样在两种文化融合中充分发挥 HR 的专业价值
   C. 如何建立全球一体化的 HR 政策
   D. 怎样让来自不同文化背景下的同事很好地合作

4. 课文的主要内容是（　　）。

　　A. 联想为什么要并构 IBM 的 PCD

　　B. 联想对 IBM 的跨文化整合

　　C. 新联想如何培养未来领导人

　　D. HR 部门在企业的跨文化整合中的职责

二、根据课文内容，判断下列各题的正误。

　　1. 人们对联想并购 IBM 这件事很担心。（　　）

　　2. 联想对 IBM 的文化整合，是在两个文化背景完全不同的企业之间找到共同点。（　　）

　　3. 联想对 IBM 的文化整合，因为文化的跨度很大，所以具有典型性。（　　）

　　4. 联想与 IBM 的文化融合从一开始就很和谐。（　　）

　　5. 新联想的企业文化是"坦诚、尊重、妥协"。（　　）

　　6. 原联想和原 PCD 的员工认为："客户至上、诚信、创新、更有竞争力、生活与工作的平衡"是最重要的五项文化观念。（　　）

　　7. HR 部门，在"跨文化整合"期间，会面临许多全新的挑战。（　　）

　　8. 新联想启动的人才交流计划虽然工作成本提高了，但也是一种合理的投资。（　　）

三、根据课文内容回答下列问题。

　　1. 自 2004 年 12 月 8 日联想宣布并购 IBM PCD 之后，人们的反应怎样？什么是"跨文化整合"？

　　2. 在整合过程中，新联想做了哪些事情？

　　3. HR 怎样在两种文化融合中充分发挥自己的专业价值？

　　4. 新联想的 HR 部门面临的最大挑战是什么？

词 汇 例 释

一、跨……

　　动词。本来指抬起一只脚向前或向左右迈（一大步）。又用来比喻超越一定数量、时间、地区等的界限。例如：跨国、跨地区、跨年度、跨行业。

二、所谓

形容词。

1. 通常所说的。例如:

这就是所谓"一夫当关,万夫莫开"的地方。

多用于提出需要解释的词语,接着加以解释。可以用来修饰名词、动词、小句。不可用作谓语。例如:

所谓投入,就是卖力地做一件事。

2. 用于引述别人的词语,含有不承认的意思。所引的词语多加上引号。例如:

所谓"错版货币"是不存在的。因为印钞厂印制钞票时使用的印版、制造硬币使用的钢模等,是一个整体,在印制过程中,不可能出现局部倒置或颠倒的问题。

三、大到……小到……

这个格式通常用来表示列举时所涉及到的范围,"大到……"表示所涉及范围的最大限度,"小到……"表示所涉及范围的最小限度。例如:

不同的酒吧有着不同的主题,就像人一样,世界上没有一模一样的人,同样世界上也没有一模一样的酒吧,大到装修小到每件物品,主人都会让自己的酒吧与众不同。

四、实施

动词。实行(法令、政策等)。可带"了、着、过",可以带名词、动词、小句作为宾语。例如:

国务院有关部门要加强对本规划实施情况的跟踪分析。

A. 实施+名词。例如:

实施互利共赢的开放战略,坚持对外开放基本国策,在更大范围、更广领域、更高层次上参与国际经济技术合作和竞争。

B. 实施+动词。例如:

广交会期间,展馆周边地区实施交通管制。

C. 用作宾语。例如:

随着本市"禁摩"令的实施,众多"车手"将代步工具转向绿色环保的电动自行车。

辨析:"实施"与"实行"

"实施"与"实行"后面的宾语常常是计划、方案、办法之类的词语。除此之外,"实施"的宾语还可以是"项目",而"实行"不能与"项目"搭配使用。但是"实施"的宾语一般比较宏大、重要,多用于书面语,而"实行"的宾语则相对微小、多用于口语。

五、典型

1. 名词。指具有代表性的人物或事件。例如:

比尔·盖茨是新一代经营者的典型。

2. 形容词。具有代表性的。例如:

我国的房地产周期其实是典型的"政策性周期",它与成熟的市场经济国家的房地产周期具有显著差异。

六、过渡

动词。事物由一个阶段或一种状态逐渐发展变化而转入另一个阶段或另一种状态。常用在"从/由……过渡到……"或"向……过渡"等格式中。例如:

Pv4 向 Pv6 过渡的过程是渐进的,可控制的。

中国科学应尽快从"跟着别人做"过渡到"自己想着做"。

七、本身

代词。指自身(多指集团、单位或事物),其功能和意义与它前面的名(代)词相等。例如:

博客(blog)的出现本身就已经预示了新闻行业的某种趋势。

辨析:"本身"和"亲身"

"亲身"表示"自己去做"。副词,与跟在它后面的动词(大多为经历、体验等)一起充当谓语成分。而"本身"是名词。例如:

这是我的亲身经历。

八、几乎

副词。

1. 表示非常接近;差不多。例如:

狗年春节到来之前的这次降价,产品几乎涵盖了高中低各档次。

几年没见,他汉语说得几乎和中国人一模一样了。

国内一家权威医药杂志最近公布一项大型调查表明:几乎所有人都有用

药不良习惯。

2. 用在动词之前,表示马上就要发生但结果并没有发生。肯定式多指不希望发生的事,很少指希望发生的事。而否定式中用否定词"没、没有"时,如果是说话人不希望发生的事,意思跟肯定式相同;指希望发生的事时,意思跟肯定式相反。例如:

几乎没摔倒＝几乎摔倒(都表示没有摔倒)

这本书那么受欢迎,我几乎没买到。(实际上买到了)

比赛我们队几乎赢了。(实际上没赢)

辨析:"几乎"和"差点儿"

"几乎"与"差点儿"在用法2上基本相同,但是口语中更常用"差点儿"。此外,"差点儿"还有第三种用法:希望发生的事,结果发生了,感到庆幸。例如:

他差点儿没考上大学。

此时,不能换为"几乎"。

九、成就

1. 名词。事业上的成绩(一般指比较显著的成绩)。例如:

新中国成立以来,中国在桥梁建造方面取得了巨大成就,仅在长江和黄河上就建造了近百座桥梁。

2. 动词。完成(多指事业方面)。例如:

一屋不扫,何以扫天下？如果一件小事也做不好,如何成就一件大事呢？

十、提供

动词。供给(意见、资料、物资、条件等)。例如:

联合国秘书长安南26日发表声明,对伊朗大地震造成重大人员伤亡深表同情,并呼吁国际社会向伊朗提供人道主义援助。

十一、启动

动词。本来指(机器、仪表、电器设备等)开始工作。例如:

打开电源就可以启动机器了。

现在常常用来指某项工程或工作的开始。例如:

"建设社会主义新农村"目标今年将全面启动。

十二、视野

名词。指眼睛看到的空间范围;眼界。例如:

《环球》杂志使用大量新闻图片,配以中英文简述,让读者透视全球的政治时事、经济文化、娱乐时尚等,拓宽人们的视野。

> **辨析:"视野"与"视角"**

两者都是名词。视角,多指观察问题的角度,常用在"从/以……的视角……"等格式中,"视野"没有这种用法。例如:

这部影片从城市青年的视角反映了农村的贫困生活。

十三、面临

动词。遇到(问题、形势等);面对。必须带宾语。例如:

中国将面临人口老龄化速度加快的挑战。

十四、切

1. 副词。切实;务必;一定。例如:

切不可/切记

2. 动词。贴近;亲近。例如:

这是我的切身体会。

急切;殷切。例如:

离家一年多了,他现在回家心切。

注释性成分的表达方式

当人们需要对前面提到的事物做进一步说明或解释时,就出现了"注释性成分"。"注释性成分"表示其后面内容是对前面内容的注释。后文对前文的注释主要有以下三种表达方式:

1. 书面语中多用"即"来表达。例如:

① 在整合过程中,杨元庆与公司执行总裁 Steve 先生共同提出要遵循三

个原则,即"坦诚、尊重、妥协"。

2. 口语中多用"也就是说"、"或者说"等来表达。例如：

② 常听到家长或老师抱怨孩子做事时不能专心,不能持久,也就是说,孩子的注意稳定性和集中性不好。

③ 艺术家的灵性从自然中来,或者说自然界的美可以唤起艺术家的灵性。

3. 用标点符号如括号、破折号、冒号等引出注释性话语。例如：

④ 公司组成了过渡时期领导团队"T&T"(Transition and Transformation team),通过不断沟通与了解,学习对方的优势,理解不同国家民族的文化特点。

⑤ 十字街口——平日最热闹的地方——来往的人比较多,可是正在街心站立着一个全副武装的士兵,闪着一条白光——刺刀。

⑥ 最终,新联想确定的核心价值观为：成就客户、创业创新、精准求实、诚信正直。

括号内注释性话语紧接在被注释词语后,末尾不用标点符号,并且可以不连着正文读出。但冒号和破折号引出的注释性话语必须连着正文读出。

综 合 练 习

一、用正确的语调朗读下面的句子。

1. 联想对IBM的文化整合,就属于典型的跨文化整合,而且文化的跨度还相当大。

2. 新联想首先从企业理念及文化方面入手寻求突破。

3. 员工之间形成了共同而强烈的愿望,那就是顺利实现新公司的整合,把新联想做成业界的领袖。

4. 最终,新联想确定的核心价值观为：成就客户、创业创新、精准求实、诚信正直。

5. 我们越来越意识到了"沟通"在融合过程中的重要作用。

6. 怎样在两种文化融合中充分发挥HR的专业价值,是HR部门一直追求的目标。

7. 为了加速融合,新联想还启动了一个人才交流计划。

8. "跨文化整合"是一个长期的过程,需要企业付出时间和耐心,切不可操之过急。

二、给下列词语选择正确的解释。

1. 公众（　　）　　A. 把员工对公司上层的各种决策的看法返回给上层领导。

2. 薪酬（　　）　　B. 用让步的方法避免冲突或争执

3. 坦诚（　　）　　C. 处理事情过于急躁

4. 妥协（　　）　　D. 社会上大多数的人。

5. 反馈（　　）　　E. 符合约定俗成或明文规定的标准。

6. 视野（　　）　　F. 心地纯洁，态度诚恳。

7. 操之过急（　　）　　G. 眼睛看到的空间范围

8. 规范（　　）　　H. 由于使用别人的劳动、物件等而付给别人的钱或实物。

三、从所给的词语中选择最合适的填入句子的括号中。

| 应对 | 公众 | 瞩目 | 薪酬 | 规范 |
| 坦诚 | 视野 | 妥协 | 反馈 | 潜质 |

1. 政府信息网是对外开放的窗口，是向（　　）提供信息服务的平台。

2. 随着人才和劳动力交流的日益市场化和普遍化，人们能够越来越坦然和直截了当地谈论（　　）问题了。

3. 香港举行联合演习模拟（　　）人感染禽流感。

4. 在讨论两国之间重大问题时，两位领导人都表现出了（　　）和务实的态度。

5. 舆论认为，中印两个大国此次握手必将引起世人（　　）。

6. 中共中央总书记、国家主席、中央军委主席胡锦涛4日在这里强调，反对"台独"分裂活动决不（　　）。

7. 博客(blog)必须对读者和社会承担责任和义务，必须遵循应有的道德（　　）和伦理准则等。

8. 陈天桥是生于70年代的20位最具（　　）商业精英之一，他们虽然没有"贵族"血统，但已是商界无人不晓的焦点人物、亿万富翁。

9. 我们发现，在这貌似平静的十万大山中，正蓄积着一股强大的冲击力，它荡开历史和大自然给大山带来的封闭，使大山的儿女们敞开（　　），以崭新的思路改造传统落后的"吃山"模式。

10. 您如果有什么信息，要记住及时（　　）给我们。

四、下面几组词语意义或用法相近,很容易混淆,请把它们区别开来。

1. 实施 / 实行
    A. 意大利境内野生棕熊早已经消失,所以该国(　　)了一项从周边国家引进棕熊的项目,并且花费巨资对棕熊进行保护。
    B. 某些行为往往以行政权力为后盾,与经济垄断的形式纠葛在一起来(　　)的。
    C. 该公司目前已引进白种鸭和谷种鸭4万多只,以"公司＋基地＋农户"的模式运行,集饲料加工、种鸭饲养、雏鸭孵化、肉鸭屠宰加工及冷库储存为一体,(　　)一条龙生产。
    D. 有调查显示,近三分之二的被调查者认为有必要(　　)手机实名制,一半以上的人认为手机实名制能够遏制一定的犯罪。

2. 视野 / 视角
    A. 人们关注的"焦点"还有很多,如国企振兴、就业、社会和谐、公共安全、农村问题、协调发展以及国际热点等,《焦点访谈》应该开拓(　　)。
    B. 当我们提出这个问题时,我们希望用经济的(　　)对中国服装生存现状和未来做一个大致的评估。
    C. 目前有许多企业管理顾问公司,除了安排专业课程外,还有一些一般性课程,目的即在扩大(　　)。
    D. 该书最重要的学术特色是注重多学科理念和方法的接通,从各种不同的(　　)来考察中国传统音乐文化的传承。

3. 本身 / 亲身
    A. 对新闻立时效应的热心、对争取加入国际新闻热门的自豪,带来的副作用是使一些科学工作者在确定课题时偏离科学(　　)发展。
    B. 一段时间以来,我(　　)体验到以积极的心态去做好勤工助学,在很好地完成工作之外,还可以帮助自己培养平实务本的精神。
    C. 物质探索(　　)无所谓对错,它是科学研究活动的范畴。
    D. 只要(　　)体验,就会对事物有更细致的了解,失败是成功之母。

4. 几乎 / 差点儿
    A. 一共复制了四百多件顶级书画珍品,效果极为惊人,(　　)乱真。
    B. 2005年,丁渤和他的团队共接受购房者委托验房4000多套,(　　)包括新上市的所有楼盘,约占当年南京商品住宅销售总量的10%。
    C. 张某近日被法院以挪用公款罪判刑5年,并责令退赔赃款173602元,而厂长(　　)也被追究包庇的刑事责任。
    D. 很多人都很羡慕我工作和家庭兼顾得不错,他们却不知我的生活也曾一团糟,甚至(　　)走进绝境。

五、用所给的词语改写下列句子。

1. 此次展览会,星澜视频会议系统在同类产品中,光彩夺目,备受国内媒体关注。(瞩目)

2. 时间在18岁与40岁之间划下了一道线,这条线随着心态和想法的不同渐渐地变宽,发展成为无法逾越的差距。(鸿沟)

3. 如果在使用中遇到问题,消费者可以通过合法途径将情况告诉我们。(反馈)

4. 如今的高校教育越来越注重第二课堂,以此发挥学生没有被发掘出来的才能。(潜质)

5. 家长在重点培养孩子某一单项技能时,应循循善诱,切莫强迫孩子,也不要过于着急。(操之过急)

六、用正确的语序把所给的词语排列成句子,并加上适当的标点符号。

1. 拓宽　是　全国　海外投资　重要举措　投资渠道的　社会保障基金

2. 财政状况　过程中　困难的地区　在争取项目　一些　往往　处于劣势

3. 因为　发展的良机　不足　配套资金　而　滑过　从他们的指尖

4. 要　土地供应政策　那样　像金融货币政策　国家最重要的　成为宏观调控手段

5. 个人住房公积金　将　上调　贷款利率　从2006年5月8日起　0.18个百分点

七、造句。

1. 坦诚——
2. 几乎——
3. 视野——
4. 操之过急——
5. 反馈——

八、社会实践。

全班同学分成两个小组,分头收集关于联想集团和IBM并购方面的详细资料,然后,每个小组派一名代表,向全班同学介绍,并回答大家的问题。本小组的成员可以协助回答。

解读企业文化

生　词

1. 玄奥	xuán'ào	（形）	深刻而又让人感觉不可捉摸。
2. 范畴	fànchóu	（名）	人的思维对客观事物的普遍本质的概括和反映。
3. 脱节	tuōjié	（动）	原来连接着的物体分开，也指原来联系着的事物失去联系，或原来应该联系的事物没有联系起来。
4. 效用	xiàoyòng	（名）	效果和作用。
5. 形同虚设	xíngtóngxūshè	（成）	比喻事物一点用处都没有。
6. 弘扬	hóngyáng	（动）	使扩大影响。
7. 先贤	xiānxián	（名）	已经死去的有才能的人。
8. 长治久安	chángzhì-jiǔ'ān	（成）	指长时间范围内的政局稳定、治安良好。
9. 运作	yùnzuò	（动）	运营、操作。
10. 取决（于）	qǔjué(yú)	（动）	由某方面或某种情况决定。
11. 磐石	pánshí	（名）	又厚又大的石头。
12. 百折不挠	bǎizhébùnáo	（成）	比喻意志坚强，无论受到多少挫折都不退缩。
13. 刹那	chànà	（名）	极短的时间。
14. 芳华	fānghuá	（名）	比喻美好的景象。

课　文

　　文化看似玄奥其实简单：几个好朋友下班后去喝一杯再回家，这是生活文化；德国的火车车厢非常安静，打手机的人要到车厢外面去，这是社会文化；与西方的刀叉、手抓的吃饭方式相比，中国人使用竹筷吃遍天下美食，从古流传至今，这是民族文化；客户至上，企业开会时允许随时接听客户来电，大家对此都表示理解，这是企业文化。

　　人们常说，观念是最难改变的，"企业文化"就是属于观念范畴的东西。上个世纪80年代初，我国商界流行着一个口号——"客户就是上帝"，这意味着观念发生了巨大转变。但在当时，我们虽然一进商场就看到大标语"客户是上帝"，现实情况却令人失望：售货员常常背对着顾客聊天，你不叫他，他就不理你。这种口号式管理往往与行动脱节，当然，有口号总比没有好，至少是个依据，是个开始。我国企业真正做到"客户是上帝"，不过是近几年的事情，也就是说，这个观念的转变用了近20年时间。可见，企业文化真正发生效用，首先必须为其成员所接受，必须成为信仰，否则形同虚设。

　　企业文化不是通过宣传和弘扬就会被员工所接受的，它需要机制[1]的培育和牵引。在200多年前，美国的建国先贤们讨论的不是谁当总统，而是"我们能够创建什么样的程序，使国家在我们死后仍然能拥有很多优秀的总统？"由此可见，制度十分重要。国家如此，企业更应如此。

　　企业制度是对规则的设计，制定什么样的规则，从本质上讲，取决于企业文化。企业文化是比制度更长久的信念和文化，只有形成了企业文化，这个企业持续发展的基础才会像磐石一般不可动摇。

　　企业文化是包括文化、管理在内的企业精神力量，它是企业的核心竞争力[2]。这种精神力量可以让企业的员工凝聚在一起，一起学习、一起发展、一起创新。这种基于"人"而不是"物"的竞争核心，就不害怕强大的对手，就有跌倒了再站起来的力量，就有能力"在竞争中学会竞争的规则，在竞争中学会如何赢得竞争。"

　　管理需要技巧；营销需要技巧；占领竞争优势地位更需要技巧。但有一样没有技巧,那就是百折不挠,勇于进取、敢于挑战的精神,这是一种为了企业共同的信念,不畏艰难的精神力量。在今天这样竞争多变的商业环境中,缺少这种力量,所有的辉煌都只能是刹那芳华。

(来源:http://www.hroot.com;作者:刘雅茹)

注 释

1. 机制

机制有多重含义,例如用机器制造的;机器的构造和工作原理等等。本文所说的机制的含义大致是指做事情的方式、方法。简单地说,机制就是制度加方法或者制度化了的方法。如果说制度是人们办事的规矩或为了实现一定目的的约定,那么机制就是能够促使人们遵守这些规矩和实现某种目的的方法,并且这些方法也是按规矩进行的。建立起机制,好处是能够保证好的工作方法贯彻执行,并且不会因为人员的流动而使这些方法流失,从而使这些方法能长期起作用,即建立起长效机制。

2. 企业文化是包括文化、管理在内的企业精神力量,它是企业的核心竞争力。

核心竞争力是包含在企业内部,与组织融为一体的技能和技术的组合,是企业内部集体的学习能力,而不是某一个单一的、独立的技能或技术。按照这种观念,赢利产品、技术、品牌、专利、实物资产、交往能力、团队协作、变革管理、质量、生产率、客户满意度等等都不是核心竞争力。

思考和练习

一、根据课文内容,给下面的每一道题选择正确的答案。

1. 以下哪一条不是文化的特点?( )
   A. 非常简单　　　　　　　　B. 玄奥复杂
   C. 内容广泛　　　　　　　　D. 包罗万象

2. 关于企业文化,我们从文章中知道的是( )。
   A. 是最难改变的
   B. 创立于20世纪80年代初

C. 企业的文化必须成为信仰，才能真正发挥效用

D. 企业文化通过宣传和弘扬才能被员工所接受

3. 文章第三段的主要内容是什么？（　　）

A. 美国的建国先贤们喜欢讨论如何建立企业文化

B. 企业文化需要机制的培育和牵引

C. 国家和企业都需要文化

D. 创造梦想的国家需要企业文化

4. 关于企业文化下面哪一点文章没有提到（　　）。

A. 企业文化是包括文化、管理在内的企业精神力量

B. 企业文化是企业的核心竞争力

C. 企业文化是企业所有职工共同创造的

D. 企业文化可以帮助人们在竞争中学会如何赢得竞争

二、根据课文内容，判断下面句子的正误。

1. 文化看起来很玄奥实际上却非常简单。（　　）

2. 民族文化都是从古流传至今的。（　　）

3. 观念是最难改变的，"企业文化"就是属于观念范畴的东西，因此，企业文化是最难改变的。（　　）

4. 从本质上讲，什么样的企业制度决定了什么样的企业文化。（　　）

5. 企业文化是包括文化、管理在内的企业精神力量，也是企业的核心竞争力。（　　）

6. 在今天的商业环境中，缺少企业文化，业绩再好的企业经营都不可能长久。（　　）

三、指出画线的词语在句子中的意思。

1. 客户<u>至</u>上，企业开会时允许随时接听客户来电，大家对此都表示理解，这是企业文化。（　　）

  A. 到来　　　　　　　　　　B. 来访

  C. 最重要　　　　　　　　　D. 咨询

2. 售货员常常<u>背</u>对着顾客聊天，你不叫他，他就不理你。（　　）

  A. 背靠背　　　　　　　　　B. 翻白眼

  C. 偷偷地　　　　　　　　　D. 背朝着

3. 在200多年前，美国的建国先贤们讨论的不是谁当总统，而是："我们能

够创建什么样的程序,使国家在我们死后仍然能拥有很多优秀的总统?(　　)

A. 在前面的　　　　　　　　B. 死去的
C. 先前的　　　　　　　　　D. 以前的

4. 这种<u>基于</u>"人"而不是"物"的竞争核心,就不害怕强大的对手,就有跌倒了再站起来的力量,就有能力"在竞争中学会竞争的规则,在竞争中学会如何赢得竞争。"(　　)

A. 基本的　　　　　　　　　B. 基础
C. 以……为基础　　　　　　D. 为……基本

5. 在今天这样竞争多变的商业环境中,缺少这种力量,所有的辉煌都只能是<u>刹那</u>芳华。(　　)

A. 暂时　　　　　　　　　　B. 一下子
C. 一回头　　　　　　　　　D. 那次

四、根据课文内容回答下列问题。

1. 文化到底是玄奥还是简单?为什么?

2. 为什么说我国企业从"客户是上帝"这个口号转变成实际行动用了近20年的时间?

3. 企业文化怎样才能被员工接受?

4. 企业文化有什么作用?

附录1　部分练习参考答案

第1课　黄金周不一定要出门旅游

预习题

一、根据课文内容,给下面的每一道题选择正确的答案。

　　1. B　2. C　3. C　4. B　5. C

二、根据课文内容,判断下面句子的正误。

　　1. 对　2. 错　3. 对　4. 对　5. 错　6. 对

三、根据课文内容,问答下面的问题。（略）

综合练习

一、用正确的语调朗读下列句子。（略）

二、给下列词语选择正确的解释。

　　1. L　2. E　3. J　4. D　5. G　6. K

　　7. F　8. B　9. C　10. A　11. I　12. H

三、从所给的词语中,选出最合适的填入句中的括号里。

　　1. 感慨　2. 一望无际　3. 心思　4. 声称　5. 不约而同

　　6. 立足于　7. 嘈杂　8. 青睐　9. 斟酌　10. 人山人海

　　11. 悄然　12. 取代　13. 现实

四、下面几组词语意义或用法相近,很容易混淆,请把它们区别开来。

　　1. A. 前夕　B. 以前　C. 以前　D. 前夕

　　2. A. 掀起　B. 引起　C. 引起　D. 掀起

　　3. A. 促使　B. 促进　C. 促进　D. 促使

　　4. A. 注意　B. 关心　C. 注意　D. 关注　E. 关注　F. 关心

五、用所给词语改写下列句子。

　　1. 每个国家的外交政策都立足于自己国家的利益。

　　2. 这件事太重要了,我得斟酌一番再给你答复。

　　3. 春节黄金周快到了,各大旅行社不约而同地推出了许多新的旅游线路。

4. 带着泥土气息的清风拂过一望无际的麦田。

5. 这个地方太嘈杂了,根本不适合晨练。

6. 这个新产品推向市场后,得到了广大消费者的青睐。

六、指出画线的词语在句子中的意思。

1. C 2. B 3. C 4. C

七、用正确的语序把所给的词语排列成句子,并加上适当的标点符号。

1. 我们不约而同地选择了去四川旅游。

2. 政府出台了新的相关政策。

3. 旅游是生活的一种调剂和补充。

4. 国人的度假方式越来越多元化。

5. 新产品受到消费者的青睐。

6. 黄金周掀起的消费热成为亮点。

7. 他出色的表现引起了不少人的嫉妒。

8. 新产品上市以前必须要做好市场调查。

八、把所给的句子改编成"……的是……"强调句,然后,比较一下,改变后的句子在意义和用法上有哪些变化。

1. 昨天,他买的是一本汉语语法教材。

2. 我这次去北京坐的是火车。

3. 今年夏天最流行的是这种款式的裙子。

4. 上学期数学考试他得的是全班最高分。

5. 她特别喜欢的是跟朋友们一起聊天。

6. 对于每个人来说,最重要的是健康。

九、造句。(略)

十、社会实践。(略)

思考和练习

一、根据课文内容,给下列各题选择正确的答案。

1. B 2. D 3. C 4. C

二、根据课文内容,判断下列句子的正误。

1. 错 2. 错 3. 对 4. 错 5. 错

三、下面几组词语意义或用法相近,很容易混淆,请把它们区别开来。

1. A. 收获 B. 收益 C. 收入 D. 收获 E. 收益 F. 收入

2. A. 疗养 B. 休养 C. 治疗 D. 治疗 E. 疗养 F. 休养

3. A. 衡量 B. 比较 C. 比较 D. 衡量

4. A. 结合　B. 组合　C. 结合　D. 组合

四、根据课文内容,回答下面的问题。(略)

第2课　新年百姓投资理财前瞻

预习题

一、根据课文内容,给下列各题选择正确的答案。
  1. D　2. C　3. B　4. B

二、根据课文内容,判断下列各题的正误。
  1. 错　2. 错　3. 错　4. 对　5. 错　6. 错　7. 错　8. 错

三、根据课文内容,回答下面的问题。(略)

综合练习

一、用正确的语调朗读下面的句子。(略)

二、给下列词语选择正确的解释。
  1. C　2. D　3. H　4. G　5. B　6. A　7. E　8. F　9. J　10. I

三、从所给的词语中,选出最合适的填入句中的括号里。
  1. 压缩　2. 规模　3. 缓解　4. 勘探　5. 挂钩　6. 慷慨
  7. 供给　8. 依托　9. 诞生　10. 定位　11. 风险　12. 启用

四、下面几组词语意义或用法相近,很容易混淆,请把它们区别开来。
  1. A. 广泛　B. 广大　C. 广大　D. 广泛
  2. A. 延续　B. 延续　C. 继续　D. 继续
  3. A. 固定　B. 稳定　C. 固定　D. 稳定

五、指出画线的词语在句子中的意思。
  1. C　2. D　3. A　4. B　5. D　6. B

六、用正确的语序把所给的词语排列成句子,并加上适当的标点符号。
  1. 新疆依托丰富的矿产资源,积极招商引资。
  2. 存款增多反而越来越不敢花钱了。
  3. 他们家终于住上了宽敞明亮的新房子。
  4. 花得少的学生反而期望挣得多。
  5. 人们的目光被门口奇异的广告所吸引。
  6. 整体而言,展会的国际化程度很高。

七、找出下列语句中的插入语,思考一下,这些插入语在句子或篇章中起了什么作用。
  1. 插入语"不瞒你们说"表示说话人主观的看法,也具有引起别人注意的作用。

2. 插入语"依我看嘛"表示说话人主观的看法。

3. 插入语"哪想到"表示意想不到,也具有连贯上句、引起转折的作用。

4. 插入语"据了解"表示消息的来源。

5. 插入语"看样子"表示推测,也具有连贯上下句的作用。

6. 插入语"一句话"表示承启、总结。

7. 插入语"据说"表示消息来源,具有承上的作用。

8. 插入语"凭良心说"表示说话性质,也具有引起别人思考的作用。

八、造句。(略)

九、社会实践。(略)

思考和练习

一、根据课文内容,给下列各题选择正确的答案。

1. A 2. D 3. C 4. A

二、根据课文内容,判断下列各题的正误。

1. 对 2. 错 3. 对 4. 错 5. 错 6. 对

三、指出画线的词语在句子中的意思。

1. A 2. C 3. D 4. B 5. B 6. A

四、根据课文内容,回答下面的问题。(略)

第3课 记者亲历短信信用卡诈骗

预习题

一、根据课文内容,给下列各题选择正确的答案。

1. B 2. A 3. D 4. B

二、根据课文内容,判断下列各题的正误。

1. 错 2. 对 3. 错 4. 错 5. 对 6. 对 7. 错 8. 错

三、根据课文内容,回答下面的问题。(略)

综合练习

一、用正确的语调朗读下面的句子。(略)

二、给下列词语选择正确的解释。

1. C 2. H 3. I 4. J 5. G 6. B 7. A 8. F 9. E 10. D

三、从所给的词语中,选出最合适的填入句中的括号里。

1. 核对 2. 拖延 3. 提醒 4. 规定 5. 抓获 6. 遥控

7. 诱骗 8. 怀疑 9. 迅速 10. 报警 11. 挪用 12. 统统

四、下面几组词语意义或用法相近,很容易混淆,请把它们区别开来。
1. A. 明显 B. 明显 C. 显然 D. 显然
2. A. 反应 B. 反映 C. 反应 D. 反映
3. A. 现实 B. 实际 C. 实际 D. 现实
4. A. 接收 B. 接收 C. 接受 D. 接受

五、指出画线的词语在句子中的意思。
1. A 2. B 3. B 4. C 5. C
6. C 7. A 8. B 9. B 10. B

六、用正确的语序把所给的词语排列成句子。
1. 外汇理财产品显然无法满足广大投资者的投资需求。
2. 民警随即赶到茶楼向老板和服务员了解情况。
3. 我手里非但没钱,还欠了一大笔外债。
4. 本次活动暂时不接收固定电话和小灵通短信。
5. 应该根据自己的实际需求来确定空调类型。
6. 专家提醒市民要谨慎投资黄金。

七、造句。(略)

八、主题讨论。(略)

思考和练习

一、根据课文内容,给下列各题选择正确的答案。
1. D 2. C 3. A 4. A

二、根据课文内容,判断下列各题的正误。
1. 错 2. 对 3. 错 4. 错 5. 对 6. 错

三、指出画线的词语在句子中的意思。
1. B 2. A 3. A 4. C

四、根据课文内容,回答下面的问题。(略)

第4课 网络广告增长,新闻网站再次走红

预习题

一、根据课文内容,给下面的每一道题选择正确的答案。
1. D 2. C 3. A 4. B

二、根据课文内容,判断下面句子的正误。
1. 对 2. 错 3. 错 4. 对 5. 对 6. 错

三、根据课文内容,回答下面的问题。(略)

综合练习

一、用正确的语调朗读下列句子。(略)

二、给下列词语选择正确的解释。
　　1. C　2. D　3. G　4. H　5. I
　　6. J　7. B　8. F　9. A　10. E

三、从所给的词语中,选出最合适的填入句中的括号里。
　　1. 待价而沽　2. 磨合　3. 创立　4. 预计　5. 启动　6. 走红
　　7. 复兴　8. 份额　9. 低谷　10. 投放　11. 势必　12. 抢占

四、下面几组词语意义或用法相近,很容易混淆,请把它们区别开来。
　　1. A. 建立　B. 创立　C. 创立　D. 建立
　　2. A. 限制　B. 控制　C. 控制　D. 限制
　　3. A. 忍受　B. 承受　C. 忍受　D. 承受
　　4. A. 复兴　B. 振兴　C. 复兴　D. 振兴
　　5. A. 挽回　B. 收回　C. 收回　D. 挽回

五、用所给的词语改写下列句子。
　　1. 企业必须在淡季后期的维护上倍加留意,否则有可能被其他进入者占据市场。
　　2. 瑞典政府不吝巨资建设信息高速公路。
　　3. 因为房产是最赚钱的工具,所以这个玩意儿最值得一掷千金。
　　4. 据报道,电子冰箱方兴未艾。
　　5. 联邦最高法院首席法官主要承担行政工作,负责主持最高法院每周的例会等。
　　6. 利润不断下滑,整个产业结构势必作大步的调整。
　　7. 这项工程建设,我们实施公开竞标方式。
　　8. 我俩的磨合期还没过去,或许才刚刚开始。

六、用正确的语序把所给的词语排列成句子,并加上适当的标点符号。
　　1. 大众认为没有人愿意付费访问网站。
　　2. 只靠广告很难支撑产品的长期运营。
　　3. 两百张光盘相当于20万册图书。
　　4. 网络广告业务将以翻倍的速度大幅度增长。
　　5. 点击率不再是判断在线广告效果的唯一标准。
　　6. 网络版的这一成就足以令报纸啧啧称羡。

七、分析下列句子的主干成分(主语中心语、谓语中心语、宾语中心语)和附加成分(定语、状语、补语)。

1. 市场开拓是(公司)(目前)(亟待解决的)(主要)问题。
2. 收购竞争之激烈,对手之强大,超乎(该公司的)意料。
3. 广告商青睐(那些)(最受大众欢迎的)网站。
4. (小李的)朋友[昨天]买了(一本)(新出版的)杂志。
5. (他这次没参加比赛的)(主要)原因是最近身体不太好。
6. [近年来],(亚洲)(各国)经济取得[飞速]发展。

八、造句。(略)

九、课堂辩论(略)

思考和练习

一、根据课文内容,给下面的每一道选择正确的答案。
　　1. D　2. B　3. A

二、根据课文内容,判断下面句子的正误。
　　1. 对　2. 错　3. 对　4. 错

三、指出画线的词语在句子中的意思。
　　1. B　2. A　3. B　4. C

四、根据课文内容,回答下面的问题。(略)

第5课　企业公关部门的7个主要职能

预习题

一、根据课文内容,给下列各题选择正确的答案。
　　1. B　2. C　3. A　4. C

二、根据课文内容,判断下列各题的正误。
　　1. 错　2. 错　3. 对　4. 对　5. 错　6. 错　7. 对　8. 错

三、根据课文内容回答下列问题。(略)

综合练习

一、用正确的语调朗读下面的句子。(略)

二、给下列词语选择正确的解释。
　　1. B　2. G　3. A　4. F　5. C　6. H　7. E　8. D

三、从所给的词语中,选出最合适的填入句中的括号里。
　　1. 阐述　2. 笼统　3. 务实　4. 偏差　5. 舆论　6. 未免
　　7. 规范　8. 行使　9. 妥善　10. 何况　11. 究竟　12. 从而

四、下列词语意义或用法比较接近,很容易混淆,请把它们区别开来。

1. A. 甚至　B. 乃至　C. 甚至　D. 乃至

2. A. 何况　B. 况且　C. 何况　D. 况且

3. A. 自然　B. 当然　C. 仍然　D. 当然　E. 自然　F. 仍然

4. A. 联系　B. 联络　C. 联系　D. 联络

5. A. 制订　B. 制定　C. 制订　D. 制定

五、用所给的词语改写下列句子。

1. 媒体要算最热闹的一行,除了电视直播,还有大量相关的娱乐节目。幸运观众的奖品,从大彩电到几百元的各种奖品,不一而足。

2. 尺寸偏差是一项直接对工程质量产生影响的重要指标。

3. 任何事物在刚起步的时候,总会存在这样或那样的不足,但如果平心静气地想一想,我们是不是太苛求了?

4. 命运只照顾那些信念执著、不畏艰险、务实奋进的创业者。

5. 简约风格的家具可以营造出清凉的空间感,因此最适合夏天。

6. 明基全系列产品今年囊括了17个奖项,总得奖数排名全球第三。

六、用正确的语序把所给的词语排列成句子,并加上适当的标点符号。

1. 可以预计,中国的对外贸易将会更上一层楼。

2. 各个银行在利率的计算方式上并不完全相同。

3. 财政部决定调整证券市场的交易印花税率。

4. 保险公司应当为客户提供更多的超值服务。

5. 他说话的声音比我响亮。

6. 小李的工作能力一点也不比老张差。

7. 这篇小说没有那篇那么有趣。

8. 我不如他念得流利。

七、仿造例句,用画线的词语造句。(略)

八、社会实践。(略)

思考和练习

一、根据课文内容,给下面的每一道题选择正确的答案。

1. D　2. A　3. C　4. C

二、根据课文内容,判断下面句子的正误。

1. 错　2. 对　3. 错　4. 错　5. 对　6. 对

三、根据课文内容,回答下面的问题。(略)

第6课　招聘面试中如何进行有效的提问？

预习题

一、根据课文内容,给下面的每一道题选择正确的答案。
　　1．B　2．B　3．A　4．C

二、根据课文内容,判断下面句子的正误。
　　1．对　2．错　3．错　4．错　5．对　6．错

三、根据课文内容,回答下面的问题。(略)

综合练习

一、用正确的语调朗读下列句子。(略)

二、给下列词语选择正确的解释。
　　1．E　2．G　3．I　4．K　5．F　6．B
　　7．L　8．C　9．J　10．H　11．A　12．D

三、从所给的词语中,选出最合适的填入句中的括号里。
　　1．妥当　2．候选人　3．团队精神　4．忌讳　5．协作　6．沟通
　　7．确认　8．应聘者　9．总结　10．素质　11．畅所欲言　12．敬佩

四、下列两组词语意义或用法相近,很容易混淆,请把它们区别开来。
　　1．A．测试　B．测评　C．测试　D．测验
　　2．A．挑选　B．筛选　C．筛选　D．挑选

五、用括号里的词完成下列句子。(略)

六、用正确的语序把所给的词语排列成句子,并加上适当的标点符号。
　　1．我们是否可以讨论一下具体问题？
　　2．在美国和欧洲也能买到中国茶叶。
　　3．这批设备终于全部推销完了。
　　4．经济特区和经济开放区是中国改革开放的产物。
　　5．这句广告词已在中国内地家喻户晓了。
　　6．扩大了的广场看上去更壮观。
　　7．双方应该寻求一个适当的沟通方式。
　　8．孩子们特别佩服他们的老师。

七、利用有关词缀的知识,解释下列句子中画线的词。
　　1．"出国热"指大量的人到国外去。"海归热"指大量的人从海外归来。
　　2．"生手"指新做某项工作,对工作还不熟悉的人。"熟手"指熟悉某项工作的人。

3."封闭式"和"开放式"指的是做某事的样式。在本句中分别指"只有一种答案的样式"、"有多种可能的样式"。

4."沙漠化"指使转变成为沙漠的状态。

5."反传统"指与世代相传的社会因素不同(的事物);"反主流"指与事情发展的主要方面不同(的事物)。

6."超标准"指超过某种规定的标准。

八、造句。(略)

九、小任务。(略)

阅读材料

一、根据课文内容,给下面的每一道题选择正确的答案。

1. C 2. A 3. D 4. A

二、根据课文内容,判断下面句子的正误。

1. 错 2. 对 3. 错 4. 错 5. 对 6. 错

三、根据课文内容,回答下面的问题。(略)

第7课 湖南卫视四轮驱动整合营销

预习题

一、根据课文内容,给下面的每一道题选择正确的答案。

1. D 2. D 3. B 4. C

二、根据课文内容,判断下面句子的正误。

1. 对 2. 对 3. 错 4. 对 5. 错 6. 错 7. 对 8. 对

三、根据课文内容,回答下面的问题。(略)

综合练习

一、用正确的语调朗读下列句子。(略)

二、给下列词语选择正确的解释。

1. G 2. E 3. I 4. H 5. J

6. B 7. C 8. A 9. D 10. F

三、从所给的词语中,选出最合适的填入句中的括号里。

1. 冠名 2. 构建 3. 代言 4. 落幕 5. 运作 6. 切入口

7. 旗鼓相当 8. 新锐 9. 整合 10. 覆盖 11. 轰动 12. 主流

四、下面几组词语意义或用法相近,很容易混淆,请把它们区别开来。

1. A. 引发 B. 引起 C. 引发 D. 引起

2. A. 制造 B. 打造 C. 打造 D. 制造

3. A. 放弃　B. 舍弃　C. 放弃　D. 放弃

五、用所给的词语改写下列句子。

1. 九十年代开放型经济迅猛发展,主要得益于上海浦东开发开放。

2. 中超在即将开幕的时候终于迎来了冠名商家。

3. 社区建设是构建和谐社会的基础和重要切入口。

4. 捆绑房产具有价格优势,客户同时购置两套物业所需的单价,肯定比分别购置的单价要低。

5. 金庸先生的创作证明了纯文学的一个理论观点,即"重要的不在于写什么,而在于怎么写"。

6.《乔家大院》成为央视 2006 年度一套黄金档隆重推出的开年大戏。

六、指出画线的词语在句子中的意思。

1. B　2. A　3. B　4. B　5. A　6. D

七、用正确的语序把所给的词语排列成句子,并加上适当的标点符号。

1. 海尔 20 年持续发展得益于处理好三个关系。

2. 日记是对学生进行心理健康教育的切入口。

3. 大众文化既是主流文化的营养基因。

4. 他们对两位候选人的评价是口碑好。

5. 博客的吸引力之一就在于它的自由。

6. 禽流感的扩散使部分股票呈现下降走势。

八、下列句子中哪个地方必须加上结构助词"的"?

1. B　2. A　3. C　4. D　5. B　6. D　7. B　8. A

九、造句。(略)

十、课堂辩论。(略)

思考和练习

一、根据课文内容,给下面的每一道题选择正确的答案。

1. C　2. B　3. B

二、根据课文内容,判断下面句子的正误。

1. 错　2. 错　3. 对　4. 错　5. 错　6. 对

三、指出画线的词语在句子中的意思。

1. B　2. A　3. C　4. B

四、根据课文内容,回答下面的问题。(略)

第8课　解读烟草走私

预习题

一、根据课文内容,选择正确的答案。

1. A　2. C　3. B　4. D

二、根据课文内容,判断下面句子的正误。

1. 对　2. 错　3. 错　4. 对　5. 对　6. 错

三、根据课文内容,回答下面问题。（略）

综合练习

一、用正确的语调朗读下面的句子。（略）

二、给下列词语选择正确的解释。

1. D　2. G　3. F　4. H　5. A　6. C　7. B　8. E

三、选择合适的词语填入句中的括号里。

1. 愈演愈烈　2. 状告　3. 势头　4. 有恃无恐　5. 不可告人

6. 乔装打扮　7. 不约而同　8. 同仇敌忾　9. 高压　10. 携手

11. 泛滥　12. 驱使　13. 归咎　14. 萎缩

四、辨析下面各组词的用法,并选择恰当的填入括号内。

1. A. 转变　B. 转变　C. 演变　D. 演变

2. A. 披露　B. 揭露　C. 揭露　D. 披露

3. A. 控制　B. 控制　C. 抑制　D. 抑制

4. A. 驱使　B. 促使　C. 驱使　D. 促使

5. A. 态势　B. 态势　C. 形势　D. 形势

五、用所给的词语改写下面的句子。

1. 本来,特大透水事故发生后,矿方应迅速组织抢救并上报,但他们却想方设法消灭痕迹,欺上瞒下。与此同时,一些嗜财如命的人也在助纣为虐。

2. 贝克总经理涉嫌违约被起诉,与经纪公司的纠纷正闹得沸沸扬扬。然而一波未平一波又起,他又惹上了新的麻烦。

3. 当天,美军虐囚事件中更多让人触目惊心的照片被澳大利亚媒体公布于众。

4. 目前,全国仅有10个省份在着手进行户籍改革"试点",改革城乡分割的二元户籍制度依然任重道远。

5. 10年间,我国大学学费猛涨二十倍,涨幅远远超过了国民收入的增长速度。人们不禁要问：是什么因素在推波助澜？

附录1　部分练习参考答案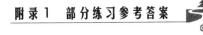

6. 最近一段时间以来,一些劣质商品经过乔装打扮,堂而皇之地进入了大型超市。

六、用指定的词语完成下面的句子。(略)

七、用正确的语序把所给的词语排列成句子,并加上适当的标点符号。

1. 德国队把比赛失利的原因归咎于裁判。
2. 新的措施将促使所有员工积极投入生产。
3. 他涉嫌参与赌博被警察逮捕。
4. 上市公司都不约而同地在今天披露了年报。
5. 烟草走私已经到了令人触目惊心的地步。
6. 目前税收制度还存在着诸多弊端。

八、下列句子中哪个地方必须加上结构助词"地"?

1. C　2. B　3. D　4. A　5. D　6. C　7. C　8. A

九、课堂辩论。(略)

思考和练习

一、根据课文内容,选择正确的答案。

1. B　2. C　3. A　4. C

二、根据课文内容,判断下面句子的正误。

1. 对　2. 错　3. 对　4. 错　5. 错

三、根据课文内容,回答下面的问题。(略)

第9课　中国汽车产业知识产权诉讼案例分析

预习题

一、根据课文内容,给下面的每一道题选择正确的答案。

1. D　2. C　3. B

二、根据课文内容,判断下面句子的正误。

1. 错　2. 对　3. 对　4. 对　5. 错　6. 对

三、根据课文内容,回答下面的问题。(略)

综合练习

一、用正确的语调朗读下列句子。(略)

二、给下列词语选择正确的解释。

1. D　2. H　3. K　4. F　5. B　6. A　7. C　8. M
9. E　10. O　11. N　12. G　13. L　14. I　15. J

249

三、从所给的词语中,选出最合适的填入句中的括号里。
　　1.阻碍　2.部署　3.维护　4.亮相　5.蓬勃　6.依赖
　　7.纠纷　8.完善　9.意识　10.景气　11.触犯　12.充分

四、下面几组词语意义或用法相近,很容易混淆,请把它们区别开来。
　　1. A.遵守　B.遵循　C.遵守　D.遵循
　　2. A.感觉　B.意识　C.意识　D.感觉
　　3. A.逐步　B.逐渐　C.逐步　D.逐渐
　　4. A.维护　B.保护　C.维护　D.爱护　F.保护
　　5. A.应用　B.使用　C.使用　D.采用

五、用所给的词语改写下列句子。
　　1.著名演员李大川第一次在这个小城亮相时就引起了轰动。
　　2.虽然政府投入了很多资金来帮助该地区发展各种产业,可当地的经济还是不景气。
　　3.因为这家民营企业的欺骗行为,老陈联合其他受害者向法院对其提起诉讼。
　　4.他承包的这项重大工程估计明年开春上马。
　　5.这件纠纷最好由法院做出审判。

六、用正确的语序把所给的词语排列成句子,并加上适当的标点符号。
　　1.必须充分重视人才的管理和使用。
　　2.仿制是不可避免的。
　　3.先发制人是制伏对手的好办法。
　　4.我们应该在考试之前做好充分的准备。
　　5.大兴安岭是中国的木材基地。
　　6.众多汽车拷贝纠纷正愈演愈烈。
　　7.他已经意识到了危险。
　　8.跨国企业用诉讼来排挤中国企业。

七、把下列句子改变为否定句和正反疑问句。
　　1.这部电影我看不懂,你得给我解释一下。(否定句)
　　　这部电影你看得懂看不懂?用不用我解释?(正反疑问句)
　　2.我昨天没看见小王。(否定句)
　　　你昨天看没看见小王?(正反疑问句)
　　3.那天我没从马上摔下来。(否定句)
　　　那天你从马上摔下来没有?(正反疑问句)

4. 昨天晚上我没挤上21路车。（否定句）

　　昨天晚上你挤上21路车没有？（正反疑问句）

5. 她没高兴得跳起来。（否定句）

　　她高兴得跳起来没有？（正反疑问句）

6. 她说汉语说得不流利。（否定句）

　　她说汉语说得流利不流利？（正反疑问句）

7. 我学不会这首歌。（否定句）

　　你学得会学不会这首歌？（正反疑问句）

8. 他没从学校跑回来。（否定句）

　　他从学校跑回来没有？（正反疑问句）

八、造句。（略）

九、主题讨论。（略）

十、社会实践。（略）

思考和练习

一、根据课文内容，给下列各题选择正确的答案。

　　1. B　2. B　3. B　4. D

二、根据课文内容，判断下列句子的正误。

　　1. 对　2. 错　3. 错　4. 对　5. 错　6. 对

三、指出画线的词语在句子中的意思。

　　1. C　2. B　3. B　4. B

四、根据课文内容，回答下面的问题。（略）

第10课　牛市、熊市及其市场特征

预习题

一、根据课文内容，选择正确的答案。

　　1. B　2. B　3. A　4. C

二、根据课文内容，判断下面说法的正误。

　　1. 错　2. 对　3. 对　4. 对　5. 错　6. 错　7. 错

三、根据课文内容，回答下面问题。（略）

综合练习

一、用正确的语调朗读下列句子。（略）

二、给下列词语选择正确的解释。

　　1. D　2. H　3. F　4. A　5. G　6. B　7. C　8. E

三、选择合适的词语填入句中的括号里。

1. 炒作 2. 下挫 3. 观望 4. 无动于衷 5. 弥漫 6. 僵持
7. 风吹草动 8. 崩溃 9. 接踵而至 10. 席卷 11. 沉迷 12. 心有余悸

四、区别下列各组词,并选择最恰当的填入括号里。

1. A. 保持 B. 维持 C. 维持 D. 保持
2. A. 大肆 B. 大肆 C. 大举 D. 大举
3. A. 稳健 B. 稳重 C. 稳健 D. 稳重
4. A. 下跌 B. 下跌 C. 回落 D. 回落
5. A. 重合 B. 重合 C. 吻合 D. 吻合

五、用所给的词语改写下面的句子。

1. 人们常说"早餐要吃饱,中餐要吃好,晚餐要吃少。"然而这不能一概而论,要视个人的具体情况而定。

2. 尽管亚洲已经逐渐走出1997年金融危机的阴影,但亚洲各国显然还对金融危机会再度出现心有余悸。

3. 印尼苏门答腊岛北面海域26日发生强烈地震并引发了海啸,席卷了东南亚多个国家。

4. 近年来,世界石油市场似乎变得越来越"弱不禁风"。即使有一点风吹草动,也会使石油价格快速上涨。

5. 网络游戏从"盛大的传奇"正式运营开始,就一发不可收拾,且几乎每年都有新的游戏问世。

6. 中国工商银行近日表示,工行不会因为股份制改革而大幅度裁减员工。

六、指出画线的词语在句中的意思。

1. C 2. B 3. D 4. C 5. A

七、把下面词语按正确的语序排列成句子,并加上适当的标点符号。

1. 沪深股市的连续下滑让很多投资者心有余悸。

2. 目前有相当一部分资金利用大盘回落的时机积极入市。

3. 市场有时对某个冷门股进行大肆炒作。

4. 市场开放程度的提高是促成股票走势强劲的关键因素。

5. 股价的高开低走说明场外资金采取逢低吸纳的策略。

6. 大盘的连续攀升足以反映投资者的高涨热情。

八、用层次分析法分析下列句子。
1. 这些‖投资者｜作了‖｜大量的｜｜｜市场｜｜｜｜调查。
　　偏正　主谓　　述宾　　　偏正　　　偏正
2. 他的‖表演｜赢得了‖观众的｜｜｜热烈｜｜｜｜掌声。
　　偏正　主谓　　述宾　　偏正　　　偏正
3. 这场‖纠纷｜反映了‖中国市场的｜｜｜不规范｜｜｜｜状况。
　　偏正　主谓　　述宾　　　偏正　　　　偏正
4. 沪深两市‖｜B股大盘｜呈现‖冲高回落｜｜｜｜态势。
　　　偏正　　　主谓　述宾　　偏正

九、课堂讨论。（略）

思考和练习

一、根据课文内容选择正确的答案。
1．C　2．A　3．C　4．B

二、根据课文内容,判断下面说法的正误。
1．对　2．错　3．错　4．错　5．对　6．对

三、根据课文内容,回答下面的问题。（略）

第11课　跨国投资对母国产业结构的影响

预习题

一、根据课文内容,给下面的每一道题选择正确的答案。
1．C　2．A　3．C　4．D

二、根据课文内容,判断下面句子的正误。
1．错　2．对　3．错　4．错　5．错　6．对

三、根据课文内容,回答下面的问题。（略）

综合练习

一、用正确的语调朗读下列句子。（略）

二、给下列词语选择正确的解释。
1．F　2．D　3．I　4．K　5．J　6．L
7．E　8．G　9．B　10．A　11．C　12．H

三、从所给的词语中,选出最合适的填入句中的括号里。
1．支柱　2．优化　3．产业结构　4．释放
5．前景　6．环节　7．骨干　8．市场份额
9．机会成本　10．扩张　11．机制　12．升级

四、下列几组词语意义或用法相近,很容易混淆,请把它们区别开来。
1. A. 工业 B. 产业 C. 产业 D. 工业
2. A. 必要 B. 必需 C. 必要 D. 必需
3. A. 大体上 B. 大体上 C. 总体上 D. 总体上
4. A. 合理 B. 合适 C. 合理 D. 合适

五、用括号里的词完成下列句子。(略)

六、用正确的语序把所给的词语排列成句子。
1. 中国政府一直在研究发达国家的经济模式。
2. 张先生大学毕业后在一家国际贸易公司工作。
3. 个人感受会影响人们的工作和前途。
4. 这家美国公司决定改变投资数额。
5. 这部电视剧从总体上看是成功的。
6. 科学技术为工业的发展开拓了广阔的前景。
7. 贵公司今年的市场份额在直线上升。
8. 他们公司控制了本地的鞋类市场。

七、造句。(略)

八、对经济不太发达的国家来说,外国资本的进入,对民族工商业的发展有利也有弊。请用总起分说的方式谈谈你对跨国投资的看法。(略)

九、小任务。(略)

思考和练习

一、根据课文内容,给下面的每一道题选择正确的答案。
1. B 2. A 3. D 4. B

二、根据课文内容,判断下面句子的正误。
1. 对 2. 错 3. 错 4. 对 5. 对 6. 错

三、根据课文内容,回答下面的问题。(略)

第12课 HR部门如何应对跨文化整合

预习题

一、根据课文内容,给下列各题选择正确的答案。
1. A 2. A 3. C 4. D

二、根据课文内容,判断下列各题的正误。
1. 错 2. 对 3. 对 4. 错 5. 错 6. 错 7. 对 8. 对

三、根据课文内容回答下列问题。(略)

综合练习

一、用正确的语调朗读下面的句子。（略）

二、给下列词语选择正确的解释。

1．D　2．H　3．F　4．B　5．A　6．G　7．C　8．E

三、从所给的词语中选择最合适的填入句子的括号中。

1．公众　2．薪酬　3．应对　4．坦诚　5．瞩目

6．妥协　7．规范　8．潜质　9．视野　10．反馈

四、下面几组词语意义或用法相近，很容易混淆，请把它们区别开来。

1．A．实施　B．实施　C．实行　D．实行

2．A．视野　B．视角　C．视野　D．视角

3．A．本身　B．亲身　C．本身　D．亲身

4．A．几乎　B．几乎　C．差点儿　D．差点儿

五、用所给的词语改写下列句子。

1．此次展会，星澜视频会议系统在同类产品中，光彩夺目，备受国内媒体瞩目。

2．时间在18岁与40岁之间划下了一道线，这条线随着心态和想法的不同渐渐地变宽，发展成为无法逾越的鸿沟。

3．如果在使用中遇到问题，消费者可以通过合法途径将情况反馈给我们。

4．如今的高校教育越来越注重第二课堂，以此发挥学生的潜质。

5．家长在重点培养孩子某一单项技能时，应循循善诱，切莫强迫孩子，也不要操之过急。

六、用正确的语序把所给的词语排列成句子，并加上适当的标点符号。

1．海外投资是拓宽全国社会保障基金投资渠道的重要举措。

2．一些财政状况困难的地区在争取项目过程中往往处于劣势。

3．发展的良机因为配套资金不足而从他们的指尖滑过。

4．土地供应政策要像金融货币政策那样，成为国家最重要的宏观调控手段。

5．从2006年5月8日起将个人住房公积金贷款利率上调0.18个百分点。

七、造句。（略）

八、社会实践。（略）

思考和练习

一、根据课文内容,给下面的每一道题选择正确的答案。
1. B 2. C 3. B 4. C

二、根据课文内容,判断下面句子的正误。
1. 对 2. 对 3. 错 4. 错 5. 对 6. 对

三、指出画线的词语在句子中的意思。
1. C 2. D 3. B 4. C 5. B

四、根据课文内容回答下列问题。(略)

附录 2 生词表

词语	拼音	词性	课文
		A	
案例	ànlì	（名）	第 12 课
		B	
百折不挠	bǎizhébùnáo	（成）	第 12 课阅读材料
把控	bǎkòng	（动）	第 1 课
曝光	bào guāng	（动）	第 5 课阅读材料
报价	bàojià	（名、动）	第 2 课阅读材料
报警	bào jǐng	（动）	第 3 课
保值	bǎozhí	（动）	第 2 课阅读材料
备案	bèi àn	（动）	第 11 课阅读材料
迸发	bèngfā	（动）	第 12 课
崩溃	bēngkuì	（动）	第 10 课
必不可缺	bìbùkěquē	（成）	第 6 课阅读材料
壁垒	bìlěi	（名）	第 11 课
变革	biàngé	（动）	第 12 课
遍及	biànjí	（动）	第 11 课阅读材料
标志	biāozhì	（动）	第 7 课
表白	biǎobái	（动）	第 7 课阅读材料
别出心裁	biéchūxīncái	（成）	第 6 课阅读材料
蹩脚	biéjiǎo	（形）	第 3 课
波动	bōdòng	（动）	第 2 课阅读材料
驳回	bóhuí	（动）	第 9 课阅读材料
薄弱	bóruò	（形）	第 8 课阅读材料

布局	bùjú	(名)	第9课阅读材料
不吝	búlìn	(动)	第4课
不绝于耳	bùjué'yú'ěr	(成)	第8课
不详	bùxiáng	(形)	第3课
不一而足	bùyī'érzú	(成)	第5课
不约而同	bùyuē'értóng	(成)	第1课
不争	bùzhēng	(形)	第7课阅读材料
步履	bùlǚ	(名)	第9课阅读材料
部署	bùshǔ	(动、名)	第9课

C

参与	cānyù	(动)	第11课阅读材料
操	cāo	(动)	第3课
操之过急	cāozhīguòjí	(成)	第12课
嘈杂	cáozá	(形)	第1课
策略	cèlüè	(名)	第7课
差价	chājià	(名)	第2课阅读材料
刹那	chànà	(名)	第12课阅读材料
阐述	chǎnshù	(动)	第5课
产业结构	chǎnyè jiégòu		第11课
猖獗	chāngjué	(形)	第8课
长治久安	chángzhì-jiǔ'ān	(成)	第12课阅读材料
畅所欲言	chàngsuǒ'yùyán	(成)	第6课
抄袭	chāoxí	(动)	第9课
彻底	chèdǐ	(形)	第3课
撤柜	chè guì	(动)	第5课阅读材料
沉迷	chénmí	(动)	第10课
承包	chéngbāo	(动)	第11课阅读材料
成本	chéngběn	(名)	第4课
承担	chéngdān	(动)	第3课阅读材料
呈现	chéngxiàn	(动)	第11课阅读材料
炽热	chìrè	(形)	第10课
充分	chōngfèn	(形)	第9课

冲击	chōngjī	（动、名）	第8课阅读材料
重合	chónghé	（动）	第10课
崇尚	chóngshàng	（动）	第8课阅读材料
出风头	chū fēngtou		第2课
出奇制胜	chūqí-zhìshèng	（成）	第6课阅读材料
触目惊心	chùmù-jīngxīn	（成）	第8课
传播	chuánbō	（动）	第7课
粗略	cūlüè	（形）	第3课阅读材料
存储	cúnchǔ	（动）	第6课阅读材料

D

待价而沽	dàijià'érgū	（成）	第4课
代言	dàiyán	（动）	第7课
当红	dānghóng	（动）	第7课阅读材料
倒闭	dǎobì	（动）	第10课阅读材料
导入	dǎorù	（动）	第6课
盗用	dàoyòng	（动）	第3课
登陆	dēng lù	（动）	第6课阅读材料
低谷	dīgǔ	（名）	第4课
低廉	dīlián	（形）	第2课
定位	dìngwèi	（动）	第2课
丢份	diū fèn	（动）	第8课阅读材料
东道国	dōngdàoguó	（名）	第11课
对接	duìjiē	（动）	第12课

E

额度	édù	（名）	第3课阅读材料

F

反馈	fǎnkuì	（动）	第12课
反思	fǎnsī	（动）	第1课阅读材料
反映	fǎnyìng	（动）	第3课
泛滥	fànlàn	（动）	第8课
贩私	fànsī		第8课
犯罪	fànzuì	（动）	第3课

范畴	fànchóu	（名）	第12课阅读材料
方兴未艾	fāngxīngwèi'ài	（成）	第4课
方案	fāng'àn	（名）	第4课
芳华	fānghuá	（名）	第12课阅读材料
放松	fàngsōng	（动）	第1课阅读材料
份额	fèn'é	（名）	第4课
风吹草动	fēngchuī-cǎodòng	（成）	第10课
丰富多彩	fēngfù-duōcǎi	（成）	第1课阅读材料
疯狂	fēngkuáng	（形）	第10课
缝隙	fèngxì	（名）	第7课
覆盖	fùgài	（动）	第7课
复审	fùshěn	（动）	第9课阅读材料
腐蚀	fǔshí	（动）	第8课阅读材料

G

改版	gǎi bǎn	（动）	第7课
干扰	gānrǎo	（动）	第8课阅读材料
尴尬	gāngà	（形）	第2课
赶场子	gǎn chǎngzi		第6课阅读材料
感慨	gǎnkǎi	（动）	第1课
高新	gāoxīn	（形）	第7课阅读材料
更名	gēngmíng	（动）	第7课
供给	gōngjǐ	（动）	第2课
公积金	gōngjījīn	（名）	第10课阅读材料
公众	gōngzhòng	（名）	第12课
沟通	gōutōng	（动）	第6课
构建	gòujiàn	（动）	第7课
挂钩	guàgōu	（动）	第2课
挂靠	guàkào	（动）	第5课
挂失	guà shī	（动）	第3课阅读材料
官司	guānsī	（名）	第9课阅读材料
观望	guānwàng	（动）	第10课
关注	guānzhù	（动）	第1课

关联	guānlián	（动）	第7课阅读材料
冠名	guànmíng	（动）	第7课
股东	gǔdōng	（名）	第10课阅读材料
骨干	gǔgàn	（名）	第11课
规范	guīfàn	（形）	第12课
规划	guīhuà	（名）	第1课阅读材料
规模	guīmó	（名）	第2课
归咎	guījiù	（动）	第8课
归属	guīshǔ	（动）	第9课
股权	gǔquán	（名）	第4课

H

行情	hángqíng	（名）	第2课
航天	hángtiān	（名）	第2课
豪华	háohuá	（形）	第4课
核对	héduì	（动）	第3课
核实	héshí	（动）	第3课阅读材料
黑幕	hēimù	（名）	第8课
衡量	héngliáng	（动）	第1课阅读材料
轰动	hōngdòng	（动）	第7课
鸿沟	hónggōu	（名）	第12课
弘扬	hóngyáng	（动）	第12课阅读材料
候选人	hòuxuǎnrén	（名）	第6课
黄金档	huángjīndàng	（名）	第7课
缓解	huǎnjiě	（动）	第2课
环节	huánjié	（名）	第11课
汇报	huìbào	（动）	第6课
晦涩	huìsè	（形）	第2课

J

加剧	jiājù	（动）	第8课阅读材料
架构	jiàgòu	（名）	第5课
兼并	jiānbìng	（动）	第11课阅读材料
艰难	jiānnán	（形）	第9课阅读材料

坚称	jiānchēng	（动）	第5课阅读材料
鉴定	jiàndìng	（动）	第5课阅读材料
僵持	jiāngchí	（动）	第10课
见利忘义	jiànlì-wàngyì	（成）	第8课阅读材料
建制	jiànzhì	（名）	第5课
焦点	jiāodiǎn	（名）	第2课
焦点	jiāodiǎn	（名）	第9课阅读材料
交割	jiāogē	（动）	第2课阅读材料
交投	jiāotóu	（名）	第10课
缴获	jiǎohuò	（动）	第8课
机制	jīzhì	（名）	第11课
基地	jīdì	（名）	第9课
基调	jīdiào	（名）	第10课
基于	jīyú	（介）	第1课
脊背	jǐbèi	（名）	第1课
接踵而至	jiēzhǒng'érzhì	（成）	第10课
揭露	jiēlù	（动）	第8课
结合	jiéhé	（动）	第1课阅读材料
解读	jiědú	（动）	第8课
劫难	jiénàn	（名）	第1课
截至	jiézhì	（动）	第11课阅读材料
戒心	jièxīn	（名）	第10课
机会成本	jīhuì chéngběn		第11课
缉获	jīhuò	（动）	第8课阅读材料
几率	jīlǜ	（名）	第2课阅读材料
忌讳	jìhuì	（动、名）	第6课
季军	jìjūn	（名）	第7课
纪实	jìshí	（动）	第7课
谨慎	jǐnshèn	（形）	第4课阅读材料
紧缩	jǐnsuō	（形）	第1课
进取	jìnqǔ	（动）	第6课阅读材料
进展	jìnzhǎn	（动）	第2课阅读材料

进程	jìnchéng	（名）	第11课
经纪人	jīngjìrén	（名）	第4课
精辟	jīngpì	（形）	第5课阅读材料
警告	jǐnggào	（动）	第9课阅读材料
景气	jǐngqì	（形）	第9课
净	jìng	（形）	第10课阅读材料
竞标	jìng biāo	（动）	第4课
境地	jìngdì	（名）	第1课阅读材料
敬佩	jìngpèi	（动）	第6课
境外	jìngwài	（名）	第11课阅读材料
纠纷	jiūfēn	（名）	第9课
纠纷	jiūfēn	（名）	第6课
举证	jǔzhèng	（动）	第9课阅读材料
巨头	jùtóu	（名）	第4课
局面	júmiàn	（名）	第1课
决策层	juécècéng	（名）	第5课
均	jūn	（副）	第5课阅读材料

K

开拓	kāituò	（动）	第11课
勘探	kāntàn	（动）	第2课
拷贝	kǎobèi	（动）	第9课
苛求	kēqiú	（动）	第5课
恐慌	kǒnghuāng	（形）	第10课
口碑	kǒubēi	（名）	第7课阅读材料
跨国投资	kuàguó tóuzī		第11课
跨国公司	kuàguó gōngsī		第11课阅读材料
款	kuǎn	（量）	第5课阅读材料
库存	kùcún	（名）	第9课阅读材料
亏损	kuīsǔn	（名）	第2课阅读材料
扩散	kuòsàn	（动）	第7课阅读材料
扩张	kuòzhāng	（动）	第11课

L

乐观	lèguān	（形）	第6课阅读材料
累积	lěijī	（动）	第10课阅读材料
理念	lǐniàn	（名）	第12课
理性	lǐxìng	（名）	第7课阅读材料
隶属	lìshǔ	（动）	第5课
连锁	liánsuǒ	（形）	第3课阅读材料
亮相	liàng xiàng	（动）	第2课阅读材料
疗养	liáoyǎng	（动）	第1课阅读材料
零售	língshòu	（动）	第4课阅读材料
零配件	língpèijiàn	（名）	第11课阅读材料
灵魂	línghún	（名）	第8课阅读材料
流失	liúshī	（动）	第9课
笼统	lóngtǒng	（形）	第5课
屡禁不止	lǚjìnbùzhǐ	（成）	第8课阅读材料
落幕	luò mù	（动）	第7课

M

门庭冷落	méntínglěngluò	（形）	第1课阅读材料
弥漫	mímàn	（动）	第10课
迷失	míshī	（动）	第5课
明智	míngzhì	（形）	第10课
敏感	mǐngǎn	（形）	第2课
磨合	móhé	（动）	第4课
漠视	mòshì	（动）	第10课
母国	mǔguó	（名）	第11课

N

囊括	nángkuò	（动）	第5课
泥牛入海	níniúrùhǎi	（成）	第6课阅读材料
逆势	nìshì	（动）	第4课阅读材料
挪用	nuóyòng	（动）	第3课

P

拍手称快	pāishǒu-chēngkuài	（成）	第1课

排挤	páijǐ	（动）	第9课
徘徊	páihuái	（动）	第10课
派头	pàitóu	（名）	第8课阅读材料
派息	pàixī	（动）	第10课阅读材料
攀升	pānshēng	（动）	第4课阅读材料
磐石	pánshí	（名）	第12课阅读材料
培训	péixùn	（动）	第3课阅读材料
培植	péizhí	（动）	第11课
配置	pèizhì	（动）	第1课
蓬勃	péngbó	（形）	第9课
偏差	piānchā	（名）	第5课
片面	piànmiàn	（形）	第5课阅读材料
批次	pīcì	（量）	第5课阅读材料
披露	pīlù	（动）	第8课
频繁	pínfán	（形）	第8课
频率	pínlǜ	（名）	第6课
平台	píngtái	（名）	第2课阅读材料
凭证	píngzhèng	（名）	第10课阅读材料
PK（动）	PK（动）		第7课阅读材料
破产	pòchǎn	（动）	第10课阅读材料
剖析	pōuxī	（动）	第5课阅读材料
铺垫	pūdiàn	（名）	第9课阅读材料

Q

启动	qǐdòng	（动）	第4课
旗鼓相当	qígǔ-xiāngdāng	（成）	第7课
起诉	qǐsù	（动）	第8课
启用	qǐyòng	（动）	第2课
牵扯	qiānchě	（动）	第8课
签约	qiānyuē	（动）	第7课阅读材料
前瞻	qiánzhān	（动）	第2课
前景	qiánjǐng	（名）	第11课
潜在	qiánzài	（形）	第8课阅读材料

潜质	qiánzhì	(名)	第12课
强劲	qiángjìng	(形)	第4课阅读材料
抢占	qiǎngzhàn	(动)	第4课
乔装打扮	qiáozhuāng-dǎbàn	(成)	第8课
惬意	qièyì	(形)	第1课
青睐	qīnglài	(动)	第1课
清算	qīngsuàn	(动)	第10课阅读材料
倾销	qīngxiāo	(动)	第11课
渠道	qúdào	(名)	第2课阅读材料
取而代之	qǔ'érdàizhī	(成)	第2课
诠释	quánshì	(动)	第12课
缺陷	quēxiàn	(名)	第11课
确认	quèrèn	(动)	第6课
驱使	qūshǐ	(动)	第8课
取决(于)	qǔjué(yú)	(动)	第12课阅读材料

R

热潮	rècháo	(名)	第7课
热捧	rèpěng	(动)	第7课阅读材料
人困马乏	rénkùn-mǎfá	(成)	第6课阅读材料
认同	rèntóng	(动)	第5课
认同	rèntóng	(动)	第7课阅读材料
任重道远	rènzhòng-dàoyuǎn	(成)	第8课
融合	rónghé	(动)	第7课阅读材料
如愿以偿	rúyuàn-yǐcháng	(成)	第6课阅读材料
若干	ruògān	(代)	第3课

S

散件	sǎnjiàn	(名)	第11课阅读材料
设计	shèjì	(动)	第6课
升级	shēngjí	(名)	第11课
胜任	shèngrèn	(动)	第6课阅读材料
生态	shēngtài	(名)	第1课
涉嫌	shèxián	(动)	第8课

涉足	shèzú	（动）	第4课阅读材料
施加	shījiā	（动）	第10课阅读材料
时尚	shíshàng	（名）	第1课阅读材料
实习	shíxí	（动）	第6课阅读材料
势必	shìbì	（副）	第4课
市场份额	Shìchǎng fèn'é		第11课
适得其反	shìdéqífǎn	（成）	第5课阅读材料
释放	shìfàng	（动）	第11课
势头	shìtóu	（名）	第8课
收益	shōuyì	（名）	第1课阅读材料
试验	shìyàn	（动）	第3课阅读材料
收购	shōugòu	（动）	第4课
受宠若惊	shòuchǒngruòjīng	（成）	第6课阅读材料
手段	shǒuduàn	（名）	第3课
首席	shǒuxí	（形）	第4课
受众	shòuzhòng	（名）	第7课
舒缓	shūhuǎn	（形）	第6课阅读材料
数额	shù'é	（名）	第10课阅读材料
数字化	shùzìhuà	（动）	第6课阅读材料
硕果	shuòguǒ	（名）	第7课
视野	shìyě	（名）	第12课
搜寻	sōuxún	（动）	第6课阅读材料
诉讼	sùsòng	（动）	第9课
素质	sùzhì	（名）	第6课

T

坦诚	tǎnchéng	（形）	第12课
特批	tèpī	（动）	第7课
提升	tíshēng	（动）	第12课
提示	tíshì	（动）	第3课
体验	tǐyàn	（动）	第3课阅读材料
替代	tìdài	（动）	第5课
替换	tìhuàn	（动）	第11课

甜头	tiántou	（名）	第2课
调低	tiáodī	（动）	第4课阅读材料
调整	tiáozhěng	（动）	第1课
同仇敌忾	tóngchóu-díkài	（成）	第8课
统筹	tǒngchóu	（动）	第5课
统合	tǒnghé	（动）	第12课
统统	tǒngtǒng	（副）	第3课
投放	tóufàng	（动）	第4课
团队精神	tuánduì jīngshén		第6课
推波助澜	tuībō-zhùlán	（成）	第8课
推广	tuīguǎng	（动）	第9课阅读材料
脱节	tuōjié	（动）	第12课阅读材料
拖延	tuōyán	（动）	第3课
脱颖而出	tuōyǐng'érchū	（成）	第6课阅读材料
妥当	tuǒdang	（形）	第6课
妥善	tuǒshàn	（形）	第5课
妥协	tuǒxié	（动）	第12课
拓宽	tuòkuān	（动）	第11课阅读材料
拓展	tuòzhǎn	（动）	第5课
凸现	tūxiàn	（动）	第2课阅读材料

W

完善	wánshàn	（形、动）	第9课
微量	wēiliàng	（名）	第10课
威胁	wēixié	（动）	第4课阅读材料
维持	wéichí	（动）	第10课
违反	wéifǎn	（动）	第9课阅读材料
帷幕	wéimù	（名）	第9课阅读材料
未尝不可	wèichángbùkě	（成）	第7课阅读材料
萎缩	wěisuō	（动）	第8课
稳定	wěndìng	（形）	第1课阅读材料
稳健	wěnjiàn	（形）	第2课
吻合	wěnhé	（动）	第7课阅读材料

无暇	wúxiá	（动）	第1课阅读材料
无疑	wúyí	（副）	第7课阅读材料
无动于衷	wúdòngyúzhōng	（成）	第10课
误差	wùchā	（名）	第3课阅读材料
务实	wùshí	（形）	第5课

X

席卷	xíjuǎn	（动）	第10课
吸纳	xīnà	（动）	第10课
下挫	xiàcuò	（动）	第10课
先贤	xiānxián	（名）	第12课阅读材料
闲适	xiánshì	（形）	第1课
先发制人	xiānfā-zhìrén	（成）	第9课
显而易见	xiǎn'éryìjiàn	（成）	第8课阅读材料
现实	xiànshí	（名、形）	第1课
享用	xiǎngyòng	（动）	第11课
效用	xiàoyòng	（名）	第12课阅读材料
协会	xiéhuì	（名）	第4课阅读材料
携手	xiéshǒu	（动）	第8课
协作	xiézuò	（动）	第6课
薪酬	xīnchóu	（名）	第12课
心得	xīndé	（名）	第6课阅读材料
心思	xīnsi	（名）	第1课
心仪已久	xīnyíyǐjiǔ	（成）	第6课阅读材料
心有余悸	xīnyǒuyújì	（成）	第1课
新锐	xīnruì	（形）	第7课
形同虚设	xíngtóngxūshè	（成）	第12课阅读材料
玄奥	xuán'ào	（形）	第12课阅读材料
轩然大波	xuānrándàbō	（成）	第5课阅读材料
虚拟	xūnǐ	（形）	第3课
需求	xūqiú	（名）	第9课
序幕	xùmù	（名）	第9课阅读材料

Y

压缩	yāsuō	（动）	第2课
延续	yánxù	（动）	第2课
偃旗息鼓	yǎnqí-xīgǔ	（成）	第2课
验证	yànzhèng	（动）	第3课阅读材料
遥控	yáokòng	（动）	第3课
杳无音讯	yǎowúyīnxùn	（成）	第6课阅读材料
业界	yèjiè	（名）	第4课阅读材料
依据	yījù	（名）	第10课阅读材料
依赖	yīlài	（动）	第9课
依托	yītuō	（动）	第2课
一望无际	yíwàng-wújì	（成）	第1课
一掷千金	yízhì-qiānjīn	（成）	第4课
一哄而上	yíhōng'érshàng	（成）	第7课阅读材料
一箭双雕	yíjiàn-shuāngdiāo	（成）	第9课
意识	yìshí	（动）	第9课
引进	yǐnjìn	（动）	第9课
引申	yǐnshēn	（动）	第6课
盈利	yínglì	（动）	第2课阅读材料
盈余	yíngyú	（名）	第10课阅读材料
营造	yíngzào	（动）	第5课
应对	yìngduì	（动）	第1课
应对	yìngduì	（动）	第12课
应聘者	yìngpìnzhě	（名）	第6课
有恃无恐	yǒushì-wúkǒng	（成）	第8课
有形	yǒuxíng	（形）	第8课阅读材料
有志于	yǒuzhìyú		第7课阅读材料
优化	yōuhuà	（动）	第11课
诱发	yòufā	（动）	第8课阅读材料
诱惑	yòuhuò	（动）	第8课
诱骗	yòupiàn	（动）	第3课
预计	yùjì	（动）	第4课

预算	yùsuàn	（名）	第4课
愈演愈烈	yùyǎnyùliè	（成）	第8课阅读材料
预测	yùcè	（动）	第4课阅读材料
原材料	yuáncáiliào	（名）	第11课阅读材料
元素	yuánsù	（名）	第1课
远见	yuǎnjiàn	（名）	第10课
舆论	yúlùn	（名）	第5课
蕴藏	yùncáng	（动）	第9课阅读材料
运作	yùnzuò	（动）	第7课
运作	yùnzuò	（动）	第12课阅读材料

Z

在线	zàixiàn	（动）	第4课阅读材料
在意	zàiyì	（动）	第3课
再度	zàidù	（副）	第8课阅读材料
暂停	zàntíng	（动）	第6课
扎堆	zhāduī	（动）	第1课
扎根	zhā gēn	（动）	第9课
诈骗	zhàpiàn	（动）	第3课
崭新	zhǎnxīn	（形）	第9课阅读材料
战略	zhànlüè	（名）	第4课
招致	zhāozhì	（动）	第11课
斟酌	zhēnzhuó	（动）	第1课
征服	zhēngfú	（动）	第7课阅读材料
争相	zhēngxiāng	（动）	第7课
争议	zhēngyì	（动）	第9课阅读材料
折射	zhéshè	（动）	第5课
支柱	zhīzhù	（名）	第11课
知名度	zhīmíngdù	（名）	第7课阅读材料
职能	zhínéng	（名）	第5课
指控	zhǐkòng	（动）	第8课
指标	zhǐbiāo	（名）	第10课

指数	zhǐshù	（名）	第2课
质地	zhìdì	（名）	第10课
炙手可热	zhìshǒukěrè	（成）	第1课阅读材料
制约	zhìyuē	（动）	第5课
中标	zhòng biāo	（动）	第4课
周期	zhōuqī	（名）	第10课
骤	zhòu	（形）	第8课阅读材料
抓获	zhuāhuò	（动）	第3课
转让	zhuǎnràng	（动）	第9课
状告	zhuànggào	（动）	第8课
赚取	zhuànqǔ	（动）	第2课阅读材料
注册	zhùcè	（动）	第10课阅读材料
主导	zhǔdǎo	（形）	第11课阅读材料
主流	zhǔliú	（名）	第7课
瞩目	zhǔmù	（动）	第12课
助纣为虐	zhùzhòuwéinüè	（成）	第8课
资料	zīliào	（名）	第3课阅读材料
咨询	zīxún	（动）	第3课阅读材料
资讯	zīxùn	（名）	第4课阅读材料
自主	zìzhǔ	（动）	第9课
自卑	zìbēi	（形）	第6课阅读材料
总额	zǒng'é	（名）	第11课阅读材料
总编	zǒngbiān	（名）	第7课
总裁	zǒngcái	（名）	第4课
总结	zǒngjié	（动、名）	第6课
走红	zǒu hóng	（动）	第4课
阻碍	zǔ'ài	（动）	第9课
钻空子	zuān kòngzi		第3课
遵循	zūnxún	（动）	第9课